企业纳税实务

主　编　吕宝军　刘　莹

副主编　蒋雨蔷　潘胜娇　杨宇欣

参　编　赵　静　康　莉　王苍林

主　审　陈育林

科学出版社

北　京

内 容 简 介

本书以现行税法和会计准则为依据，根据不同税种的核算要求，以企业报税工作岗位的典型工作任务为中心设置课程内容，其主要内容包括企业纳税实务认知、增值税纳税实务、消费税纳税实务、企业所得税纳税实务、个人所得税纳税实务、其他税种纳税实务等，涉及企业税收相关法规、税款计算、申报缴纳的专业知识和纳税工作流程，是一本"产教融合""校企协同""课岗证融合"的教材。

本书可作为高职高专院校会计专业及经济类相关专业的教材，也可供相关从业人员参考。

图书在版编目（CIP）数据

企业纳税实务/吕宝军，刘莹主编. —北京：科学出版社，2024.3
ISBN 978-7-03-076866-7

Ⅰ. ①企… Ⅱ. ①吕…②刘… Ⅲ. ①企业管理–税收管理–中国–高等职业教育–教材 Ⅳ. ①F279.235.4

中国国家版本馆 CIP 数据核字（2023）第 212765 号

责任编辑：杨 昕 宋 丽 / 责任校对：王万红
责任印制：吕春珉 / 封面设计：东方人华平面设计部

科 学 出 版 社 出版
北京东黄城根北街 16 号
邮政编码：100717
http://www.sciencep.com
三河市骏杰印刷有限公司 印刷
科学出版社发行 各地新华书店经销

＊

2024 年 3 月第 一 版　开本：787×1092 1/16
2024 年 3 月第一次印刷　印张：16 1/4
字数：380 000

定价：59.00 元

（如有印装质量问题，我社负责调换〈骏杰〉）
销售部电话 010-62136230 编辑部电话 010-62138978-2032

前　言

本书以现行税法和会计准则为依据，根据不同税种的核算要求，以企业报税工作岗位的典型工作任务为中心设置课程内容，将理论学习和技能培养相结合，并融入"1+X"财务共享服务职业技能等级证书的考试内容。本书主要特点如下。

1. 项目导向，任务驱动，突出理实一体化教学

本书围绕每个税种设置一个项目，每个项目包括教学目标、税法导航、项目概述、项目实施等。每个任务（子任务）包括任务目标、知识讲解、学中做、任务实施等，将"学中做"和"做中学"相结合，突出"理实一体化"教学。

2. 利用立体化教学资源，丰富拓展纸质教材内容

本书配套有辽宁省职业教育精品在线开放课程——企业纳税实务，该在线课程有大量微课视频、动画、在线题库、拓展资源等，同时在书中嵌入二维码，从而丰富纸质教材内容。

3. 融入"1+X"财务共享服务职业技能等级证书的考试内容

本书根据"1+X"财务共享服务职业技能等级证书的考试内容，在每个项目中特别设立"'1+X'技能任务"以提升学生纳税申报能力，将"岗课赛证"综合育人理念贯穿教学始终。

4. 校企深度融合，合作开发立体化教材

本书的编写由高职院校具有丰富课程教学经验的优秀教师和企业资深财务经理共同完成。校企双方通过深度探讨精选出企业报税真实案例，合作开发立体化教材。

5. 诚信为本，思政元素贯穿始终

本书的项目 2～项目 5 以"走进××税""××税精打细算""××税纳税申报"为主要框架，通过精算、细算、准算、惠算、巧算各税种，将"中华传统文化""社会主义核心价值观""工匠精神""生态文明教育"等课程思政元素融入教书育人全过程，培养学生爱国、诚信的社会主义核心价值观和精益求精的工匠精神，增强学生"绿水青山就是金山银山"的生态环保意识等。

本书由辽宁生态工程职业学院的吕宝军、刘莹任主编，辽宁生态工程职业学院的蒋雨蕾、潘胜娇、杨宇欣任副主编，陈育林担任主审，参与本书编写的人员还有辽宁生态工程

职业学院的王苍林，厦门网中网软件有限公司的赵静（注册会计师），新道科技股份有限公司的康莉。本书编写分工具体如下：吕宝军、蒋雨蕾编写项目 1、项目 5，刘莹编写项目 2、项目 4，潘胜娇编写项目 3，杨宇欣编写项目 6，思政案例由王苍林编写，案例、任务及软件操作步骤由赵静、康莉提供技术支持。本书由刘莹提出编写构思、拟订编写大纲和撰写要求，并负责对全书内容进行修正和定稿。

　　本书配套有在线开放课程"企业纳税实务"，该课程已入选辽宁省职业教育精品在线开放课，登录在线 MOOC 平台，可观看视频、下载素材，参加测验考试、互动讨论等。

　　由于编者水平有限，书中难免有不妥之处，敬请广大读者批评指正。

目 录

企业纳税实务认知 ◻

知识目标 ☞

- 掌握税收的概念和特征，明确征税对象分类，掌握税收构成要素。
- 了解税务登记的概念，掌握税务登记流程，了解税款征收方式，掌握税收缴纳程序，掌握纳税申报方式。
- 了解发票的定义，熟悉发票的种类，掌握发票的领购流程，掌握发票开具的具体要求，掌握发票丢失的处理方法。

能力目标 ☞

专业能力

- 应用纳税基本理论、基本方法的能力。
- 能够熟记税务登记流程及税收缴纳程序。
- 能够领购发票，具备开具发票及处理发票丢失的相关技能。

发展能力

- 能够在税务工作中发现问题、分析问题和解决问题。
- 在处理税务事项时，具备与各相关部门进行沟通交流的能力。
- 具备对数据、资料进行分析处理的能力。

社会能力

- 具备严谨、认真、踏实、诚信的职业素养。
- 具备遵纪守法的职业操守。
- 树立自主学习、自我提升、团队协作、广泛借鉴的学习理念。
- 具备专业性强、效率高的工作能力。

思政目标 ☞

- 树立依法诚信纳税意识。
- 培养诚信、严谨、精益求精的价值观。

重点难点 ☞

　　重点：征税对象分类；税收构成要素；税务登记流程；税收缴纳程序；纳税申报方式；发票的领购流程；发票丢失的处理方法。

　　难点：税收缴纳程序；纳税申报方式；发票的领购流程；发票丢失的处理方法。

企业纳税实务认知
思维导图

典型税案

江西省新余市税务局稽查局依法查处一起利用
软件企业税收优惠政策虚开增值税专用发票案件

江西省新余市税务局稽查局根据精准分析线索，依法查处了新余飞烁英泰软件开发有限公司利用软件企业税收优惠政策以及套取地方财政奖励政策虚开增值税专用发票案件。

经查，该企业伪装成软件开发企业，通过虚假软件开发等手段，利用软件企业税收优惠政策以及套取地方财政奖励政策，对外虚开增值税专用发票266份，价税合计金额2 498万元，涉嫌虚开增值税专用发票犯罪。目前，税务部门已将该案虚开线索移送公安机关。

新余市税务局稽查局有关负责人表示，将进一步发挥税务、公安、检察、法院、海关、人民银行、外汇管理等七部门联合打击机制作用，坚持以零容忍的态度对虚开发票、偷逃税等涉税违法犯罪行为重拳出击、严惩不贷。同时，加强对各类享受税费优惠政策企业的税费服务和税收监管，护航税费优惠政策落实落地。

（资料来源：国家税务总局江西省税务局网站 https://jiangxi.chinatax.gov.cn/art/2024/1/12/art_31105_1584100.html）

思政案例

税费优惠政策助力书写冰雪产业好文章（节选）

近日，沈阳市沈北新区冬季游暨沈阳市首届冰雪和温泉文化节正式拉开序幕，为广大市民和游客带来集参与性、趣味性、娱乐性、观赏性于一体的冰雪欢乐盛宴。

为助力冰雪运动与冰雪产业发展，迎接2028年第十五届全国冬季运动会，辽宁省税务系统积极落实减税降费政策，用税费优惠政策和高质量纳税服务助燃冰雪运动热情。

底气 税惠让扩建成为可能

"辽宁申办2028年全国冬季运动会成功啦！我们雪场更有期待啦！"锦州凌海东方华地城滑雪场负责人薄楠激动地说。东方华地城2023～2024年度雪场的建设主要以龙年的"龙"为主题，冰雪大世界占地面积1 000余亩，是涵盖滑雪区域、儿童游玩区域、雪地机车、快餐美食等集吃、玩一体的戏雪乐园。

该雪场预计本年度雪场接待4.5万人，预计营收约为320万元。"税务局不仅及时送来了税惠政策，及时到账的留底退税款更可谓是雪中送炭啊！让我们更有底气扩建雪场规模，税务干部们热情细致的服务更是让我们企业心里暖融融的。"财务负责人李宏伟感慨道。

在阜新，黄家沟滑雪场的项目改造已经全部完成。"税务部门上门'一对一'宣传辅导，帮助我们享受税收优惠政策。近三年，我们享受免税销售额200余万元，使我们有了更多的资金投入基础设施建设。"阜新黄家沟滑雪场财务负责人介绍道，"我们充分利用减免资金，先后对雪具大厅、游客服务中心、索道、雪道、电力及道路等项目建设进行升级改造，争取提供给游客更好的基础设施和服务。"

商机　税惠让梦想启航

冰天雪地的热情，如今还承载起冉冉升起的青少年运动员冠军之梦。据沈阳王伟滑雪管理咨询服务有限公司招生负责人介绍，作为东北三省内最知名的青少年滑雪项目训练团队，曾培养出辽宁省青少年冬季运动会首金和多名冠军，并向国家青年冬季运动会输送了一批好苗子。

"影响训练效果的重要因素是专业教练，六税两费减免让我们能够投入更多资金用于滑雪教练开支，更多的孩子在滑雪项目中被挖掘到天赋，青少年滑雪，未来可期!"提到发展，这位负责人信心满满。

为冰雪经济提供来自税务部门的温度，沈阳市沈河区税务局落实落细减税降费政策措施，为企业提供"面对面"上门服务和"一对一"跟踪辅导，开展"管家式"服务，对发票开具、纳税申报等网上办税业务进行"手把手"教学。针对发票用量较大的实际情况，积极联系相关部门，在政策允许范围内开辟绿色通道，推动冰雪经济提档升级、做优做强，努力为"冰天雪地"向"金山银山"转化注入税动力。

北京冬奥会之后，冰雪运动在辽宁丹东持续升温。丹东五龙高尔夫有限公司的滑雪场也开启了升级改造之路，国家税务总局丹东市振安区税务局靶向施策，"点对点"精准推送税费优惠政策的"红利账单"，仅在今年11月就辅导企业享受了税费优惠33万元，为企业在滑雪旺季来临之前整修雪道、购买滑雪板、雪地摩托等滑雪用具提供了充足的资金支持。

温暖　税惠让企业轻装前行

"滑雪场这几年的发展离不开各类税费优惠政策出台，特别是咱国家税务总局辽阳市弓长岭区税务局的支持，每次一有新政策，税务局会有专门的工作人员线上线下给我们进行问题答疑和申报指导，让我们能及时享受到最足额的政策优惠，这些资金被我们用来进行雪具采购和雪道升级，以便为滑雪爱好者提供更好的服务。继北京冬奥会举行以后，我们陆续开展了儿童冬令营等活动，让更多青少年走近、了解冰雪运动。"辽阳市弓长岭区滑雪场财务负责人王春杰表示，"近三年，滑雪场累计享受各类税费优惠政策减免31万余元，特别是2022年大规模增值税留抵退税、"六税两费"减免等税费优惠政策更让企业受益良多。"

春风劲吹，赋能加力。下一步，辽宁税务部门将继续推进"便民办税春风行动"的各项便民举措，用好用足税费优惠助力冰雪产业发展，让更多人可以感受冰雪之美、畅享冰雪魅力，加快把"冷资源"变成"热经济"，为助力地方冰雪产业发展、培养更多运动人才做出积极贡献。

（资料来源：国家税务总局辽宁省税务局网站 http://liaoning.chinatax.gov.cn/art/2024/1/16/art_6649_119961.html?LMCL=uShBPB）

══════ 税法导航 ══════

《中华人民共和国税收征收管理法》（以下简称《税收征收管理法》）

══════ 项目概述 ══════

本项目是企业纳税实务学习的基础，介绍税收的概念、特征、税种、税务登记及纳税申报、税款缴纳等内容，以及发票的定义、管理、种类及发票的填写方法。

任务  走进税收

【任务目标】 1. 掌握税收的概念和特征。

2. 明确征税对象分类。

3. 掌握税收构成要素。

4. 理解纳税基本理论、基本方法。

1.1.1 认知税收

1. 税收的概念

税收是国家为了实现其职能，凭借政治权力，按照法律规定的标准和程序，参与国民收入再分配，强制地、无偿地取得财政收入的一种分配形式。

税收的具体含义如下：

（1）税收是一种工具，其使用的目的是为国家取得财政收入，从而满足社会公共需求。

（2）税收是由国家来掌握和运用的，征税权归国家所有。

（3）税收是根据法律的规定，强制征收纳税单位和个人的收入并将其转移到政府手中，形成财政收入。

税收由国家征收，行使征税权的主体是国家。税收是政府取得财政收入的最佳、最有效的形式。税收的本质是作为权力主体的国家在取得财政收入的分配活动中，与社会集团、社会成员之间形成的一种特定分配关系，它不仅是社会总产品分配关系的有机组成部分，也是整个社会生产关系的有机组成部分。

2. 税收的特征

税收的具体特征如下：

1）强制性

强制性主要是指国家以社会管理者的身份，用法律、法规等形式对征收捐税加以规定，并依照法律强制征税。

强制性体现在以下两个方面。

（1）税收分配关系的建立具有强制性，即税收征收完全凭借国家拥有的政治权力。

（2）税收的征收过程具有强制性，即一旦出现了税务违法行为，国家就可以依法进行处罚。

2）无偿性

无偿性主要是指国家征税后税款即成为财政收入，不再归还纳税人，也不支付任何报酬。税收的无偿性与国家凭借政治权力进行收入分配的本质相联系。

无偿性体现在以下两个方面。

（1）政府获得税收收入后无须向纳税人直接支付任何报酬。

（2）政府征得的税收收入不再直接返还给纳税人。

3）固定性

固定性主要是指税收是按照国家法令规定的标准征收的，在征税之前以法令的形式预先规定了征税对象、征税额度和征税方法等，有一个较稳定的适用期间，是一种固定的连续收入。对于预先规定的税收标准，征税和纳税双方都必须共同遵守，非经国家法令修订或调整，征纳双方都不得违背或改变这个固定的比例或数额以及其他制度规定。

税收的三个基本特征是统一的整体。其中，强制性是实现税收无偿征收的有力保证，无偿性是税收本质的体现，固定性是强制性和无偿性的必然要求。

3. 税收的职能

税收的职能包括组织财政收入职能、调节经济职能和监督反映职能。

1）财政收入职能

税收是国家强制地、无偿地取得财政收入的一种手段，是国家财政收入的保证。因此，财政收入职能是税收最原始、最基本的职能。

税收的组织财政收入职能是由税收的本质决定的。正因为税收具有强制性、无偿性和固定性，它才成为国家取得财政收入最直接、最有效、最可靠的手段。例如，税收在保证财政收入稳定、及时、均衡、可靠等方面远远超越其他财政收入形式。

发挥税收财政职能要处理好以下几方面问题。

（1）税收在财政收入中的地位。税收的组织财政收入职能发挥程度首先取决于税收在财政收入中的地位。若税收比重过低，则意味着人们把较多的财政收入任务放在其他财政收入形式上，税收筹集资金功能发挥不充分；当税收成为最主要的财政收入形式时，意味着税收受到人们普遍重视，其组织财政收入职能得到较大的发挥。

（2）税收总量。当税收确立其最主要财政收入形式的地位后，确定税收总量实际上就是确定财政收入总量。确定税收总量应当坚持既满足国家履行职能的需要，又不超过社会经济负担能力的原则。

（3）税收筹集资金的结构形式。发挥税收的组织财政收入职能需要借助若干具体税种，这就涉及税种结构形式问题。税种结构形式问题包括税种数量和各税种收入在税收总额中所占比例等问题，科学合理的税种结构有利于发挥税收的组织财政收入职能。

2）调节经济职能

税收的调节经济职能是指税收反作用于经济的职能，它体现了税收在参与分配、组织财政收入过程中调节经济运行、协调经济比例、刺激经济增长及服务于特定经济目标的能力。税收调节有广义和狭义之分。广义的税收调节包括直接调节和间接调节。其中，直接调节可以直接改变国民收入分配比例；间接调节利用税收分配改善纳税人或负税人的物质利益观，以此诱导其调整自己的经营活动，并朝着国家要求的方向努力。狭义的税收调节仅指间接调节。

税收调节经济的范围相当广泛，能够覆盖社会再生产的各个环节及社会经济生活的各个角落，因而税收在国家经济调控体系中居于重要地位，是掌握在国家手中的最重要的经济杠杆。

发挥税收调节经济职能的直接依据是国家确定的一定时期的经济目标和经济政策，如产业政策、分配政策、投资政策和区域发展政策等。决定调节功能发挥作用的最终根据是各种经济规律，只要国家确定的各项政策和计划目标符合客观经济规律，就为发挥税收的调节经济职能提供了前提和基础。

3）反映监督职能

反映监督职能是指利用税收对整个经济生活和税收征纳情况实行有效的反映和监督。税收在参与分配过程中涉及国民经济各部门和社会再生产各环节，税收的数量和构成必然反映社会经济状况，反映国民经济各部门的比例关系和社会再生产各环节是否协调。

此外，税收还能反映纳税人产品结构、销售状况、成本水平、企业纯收入等方面的信息。

税收反映监督职能的发挥是与税收分配范畴自身的特点分不开的。税收涉及面广、综合性强，无论是宏观经济比例还是微观经济问题，都会在税收上有所反映，深入研究反映经济运行状况的税收信息指标，特别是一些先行指标，能为国家的经济决策提供更科学、更可靠的依据。

4. 税收法律关系

税收法律关系包括主体、客体和内容。

1）主体

税收法律关系的主体为双主体，是指税收法律关系中依法享有权利和承担义务的双方当事人，其中一方为税务机关，另一方为纳税人。

（1）征税主体。国家是真正的征税主体，税务机关通过获得授权成为法律意义上的征税主体。

判断一个行政机关是否具备行政主体资格，关键看其是否经过法律授权。税务机关成为征税主体，是因为它有国家的法定授权。税务机关行使的征税权极具程序性，不能自由放弃或转让。

作为征税主体的税务机关不仅包括国家各级税务机关，还包括履行征税职责的海关。

海关主要负责关税、船舶吨税的征收和管理，此外还负责代征进口环节的增值税、消费税。

（2）纳税主体。纳税主体通常是指纳税人，即法律、行政法规规定负有纳税义务的单位和个人。纳税主体的划分方法见表1-1。

表 1-1　纳税主体的划分方法

划分方法	划分类别	说明
按照纳税主体在民法中的不同身份划分	自然人、法人及非法人单位	不同纳税主体在税收法律关系中享受的权利和承担的义务不尽相同
按照征税权行使范围不同划分	居民纳税人、非居民纳税人	

2）客体

税收法律关系的客体是指税收法律关系主体的权利和义务共同指向的对象，即征税对象。

3）内容

税收法律关系的内容是指税收法律关系主体所应享有的权利和承担的义务，这是税收法律关系中最实质的东西，即税法的灵魂。

学中做 1-1

李彭是一名会计专业的大学一年级学生，他在学习税法课程后思考个人缴纳的税额是否返还的问题。

解析：税收具有无偿性。国家征税以后，纳税人缴纳的实物或货币即为国家所有，国家不需要直接支付给纳税人任何代价或报酬，也不再直接返还给纳税人。

1.1.2　定位税种

1. 按照征税对象分类

按照征税对象分类，税收可分为以下五类。

1）流转税

流转税以商品或服务的流转额为征税对象。流转额具体包括两种：①商品流转额，即商品交换的金额，对于销售方来说，它是销售商品的收入额；对于购买方来说，它是商品采购金额；②非商品流转额，即各种劳务收入或者服务性业务收入的金额。由此可见，流转税除了涉及的征税对象非常广泛外，涉及的税种也很多。流转税的基本特点是：以商品流转额或非商品流转额为计税依据，在生产经营及销售环节征收，收入不受成本费用变化的影响，但对价格变化较为敏感。我国现行的增值税、消费税、关税都属于这类税种。

2）所得税

所得税以所得额为征税对象，对纳税人应纳税所得额征税，便于调节国家与纳税人之间的利益分配关系，使两者很好地结合起来。科学合理的所得税可以促进社会经济健康发展，保证国家财政收入稳步增长，以及调动纳税人纳税的积极性。所得税的特点是：征税对象不是一般收入，而是总收入减除各种成本、费用及其他允许扣除项目以后的应纳税所得额，征税数额受成本、费用、利润高低影响较大。我国现行的企业所得税、个人所得税都属于这类税收。

3）财产税

财产税是以纳税人所拥有或支配的财产为征税对象征收的一类税。对财产征税需要更多考虑纳税人的负担能力，这不仅有利于公平税负和缓解财富分配不均的现象，还有利于发展生产、限制消费和合理利用资源。这类税收的特点是：税收负担与财产价值、数量关系密切，能够体现量能负担、调节财富、合理分配的原则。我国现行的房产税、车船税、契税都属于这类税收。

4）行为税

行为税是指为了调节某些行为并以这些行为作为征税对象征收的一类税。行为税也称特定行为目的税，它是国家为了实现某种特定目的，以纳税人的某些特定行为作为征税对象的税种。国家开征行为税的主要目的是根据一定时期的客观需要限制某些特定行为。这类税收的特点是：征税的选择性较为明显，税种较多，并具有较强的时效性，甚至有的还具有因时因地制宜的特点。我国现行的印花税、城市维护建设税、车辆购置税、船舶吨税都属于这类税收。

5）资源税

资源税是对开发、利用和占有国有自然资源的单位和个人征收的一类税。资源税具有受益税性质，征收阻力小，并且资源税的税源较为广泛，因而合理开征资源税不仅有利于财政收入稳定增长，也有利于合理开发和利用国家的自然资源和某些社会资源。这类税种的特点是：税负高低与资源级差收益水平密切相关，征税范围的选择较为灵活。我国现行的资源税属于这类税种。

税种按照征税对象分类的具体内容见表 1-2。

表 1-2　税种按照征税对象分类

类型	税种
商品（货物）和劳务税类	增值税、消费税、关税
所得税类	企业所得税、个人所得税、土地增值税
财产和行为税类	房产税、契税、车船税、印花税
货源税和环境保护税类	资源税、环境保护税、城镇土地使用税
特定目的税类	城市维护建设税、车辆购置税、耕地占用税、烟叶税、船舶吨税

2. 按照计税依据分类

按照计税依据分类，税收可分为以下三类。

1）从价税

从价税是以征税对象的价格为依据，按照一定的百分比税率计征的一种税。例如，增值税以增值额为计税依据，企业所得税以所得额为计税依据。

2）从量税

从量税是以征税对象的重量、体积、容积、数量为依据征收的一种税。例如，车船税以车辆数量和船舶吨位为标准计税，城镇土地使用税以平方米为标准计税，汽油、柴油以升为标准计税。

3）复合税

复合税是从价税和从量税的结合，是既以征税对象的价格又以其数量为标准计征的税种。例如，卷烟消费税以销售数量和核定价格为计税依据，白酒消费税以斤数和出厂价格为计税依据。

3. 按照税负能否转嫁分类

按照税负能否转嫁分类，税收可分为以下两类。

1）直接税

直接税是指纳税义务人同时是税收的实际负担人，纳税人不能或不便把税收负担转嫁给他人的税种。直接税的纳税人不仅表面上负有纳税义务，实际上也是税收承担者，即纳税人与负税人一致。

直接税以归属于私人的所得和财产为征税对象，主要包括所得税、房产税、契税、车船税、车辆购置税、城市维护建设税等。

直接税的优点具体如下：

（1）直接税的纳税人较难转嫁其税负。

（2）直接税可以采用累进税率结构，根据私人所得和财产多少决定其负担水平；同时，采用累进税率使税收收入较有弹性，可以在一定程度上自动平抑国民经济剧烈波动。

（3）对于直接税中的所得税，在计算其征税标准时，可以根据纳税人本人及家庭的生活状况设置各种扣除制度及负所得税制度等，使个人的基本生存权利得到保障。

直接税的缺点具体如下：

（1）税收损失较大，纳税人直接负担重，征收阻力大，易发生逃税、漏税现象。

（2）征税要求高。征收方法复杂，税务机关要有较高的核算水平和管理水平。

2）间接税

间接税是纳税人能将税负转嫁给他人负担的税收。对于属于间接税税收的纳税人，虽然表面上负有纳税义务，但是实际上已将税款加在所销售商品的价格上，由消费者负担或以其他方式转嫁给他人，即纳税人与负税人不一致。

间接税是对商品和劳务征税，商品生产者和经营者通常均将税款附加或合并于商品价格或劳务收费标准中，从而使税负发生转移。间接税主要包括增值税、消费税、关税、资源税、城镇土地使用税、耕地占用税、印花税等。

间接税的优点具体如下：

（1）间接税几乎可对一切商品和劳务征收，征税对象普遍，税源丰富；对于商品生产者和经营者，无论成本高低、有无盈利及盈利多少，商品和劳务一经售出，税金即可实现。因此，间接税具有保证财政收入的内在功能。

（2）间接税的税收最终由消费者负担，有利于节省消费、奖励储蓄。

（3）间接税的计算和征收无须考虑纳税人的各种复杂情况，并且采用比例税率，较为简便易行。

间接税的缺点具体如下：间接税不仅具有"累退性"特点，而且收入缺乏弹性，一旦提高税率就容易使价格上涨，从而抑制需求并导致税收减少。因此，间接税不能体现现代税法的税负公平原则和量能纳税原则。

4. 按照税收管理权限和税收收入归属分类

按照税收管理权限和税收收入归属分类，税收可分为以下三类。

1）中央税

中央税是指管理权限归中央，税收收入归中央支配和使用的一类税。中央税包括消费税、车辆购置税、关税、船舶吨税和海关代征的增值税等。

2）地方税

地方税是指管理权限归地方，税收收入归地方支配和使用的一类税。地方税包括房产税、城镇土地使用税、耕地占用税、契税、土地增值税、车船税、烟叶税、环境保护税等。

3）共享税

共享税是指主要管理权限归中央，税收收入由中央和地方共享且按一定比例分成的一类税。共享税包括增值税、资源税、企业所得税等。

中央地方共享税收比例划分见表 1-3。

表 1-3　中央地方共享税收比例划分

税种	中央	地方
增值税（不含进口环节由海关代征的部分）	50%	50%
企业所得税	中国铁路总公司、各银行总行及海洋石油企业，其余部分的 60%	其余部分的 40%
个人所得税（除储蓄存款利息所得外）	60%	40%
资源税	海洋石油企业	其余部分
城市维护建设税	中国铁路总公司、各银行总行、各保险公司总公司	其余部分
印花税	证券交易	其余部分

5. 按照税收与价格关系分类

按照税收与价格关系分类，税收可分为以下两类。

1）价内税

价内税是指税款包含在商品价格中且作为价格构成部分的税种。例如，消费税。

价内税由销售方承担税款。销售方取得的货款即为其销售款，税款由销售方承担并从其销售款中扣除。因此，税款计算公式为

$$税款＝销售额×税率$$

2）价外税

价外税是指税款不包含在商品价格中的税，属于价税分离的税种。例如，增值税。

价外税由购买方承担税款。销售方取得的货款包括销售款和税款两部分。税款＝销售额×税率，销售款等于货款（含税价格）减去税款，即为不含税价格。因此，税款计算公式演变为

$$税款＝[货款÷（1＋税率）]×税率$$

价内税与价外税直接的区别是税款计算公式不同。

计算价内税税款以含税价格为基础，计算公式为

$$税款＝含税价格×税率$$

计算价外税税款以不含税价格为基础，计算公式为

$$税款＝[含税价格÷（1＋税率）]×税率＝不含税价格×税率$$

学中做 1-2

悦美服装有限公司为增值税一般纳税人，其适用增值税税率为 13%。2022 年 3 月，该公司销售一批衣服，价税合计货款额为 113 000 元，试计算这笔业务的增值税销项税额为多少？

解析：增值税为价外税。

销项税额＝[货款÷（1＋税率）]×税率＝[113 000÷（1＋13%）]×13%＝13 000（元）。

1.1.3 识别税制要素

1. 纳税人

纳税人又称纳税义务人，是指税法规定的直接负有纳税义务的单位和个人。从法律角度划分，纳税义务人主要包括法人和自然人两种。法人是指依法成立并能独立行使权利和承担义务的组织。自然人是指负有纳税义务的个人，如个体工商户、有应税收入或应税财产的个人。

纳税人与负税人、扣缴义务人的区别如下：

负税人是指实际负担税款的单位和个人。若税负不能转嫁，则纳税人与负税人一致；若税负可以转嫁，则纳税人与负税人不一致。

扣缴义务人是指负有代扣税款义务的单位和个人，其既不是纳税人也不是负税人。

例如，若张某取得了工资薪金所得，则张某既是相关的个人所得税的纳税义务人，也是负税人，其所在单位是扣缴义务人。

2. 征税对象

征税对象也叫课税对象，是指税法规定的征税标的物，即对什么征税。税法通过规定征税对象确定征税的依据。不同的税种有不同的征税对象，这是一个税种区别于另一个税种的主要标志。此外，不同税种名称由来及性质差别也主要取决于不同的征税对象。例如，个人所得税的名称源于对个人所得额课征的一种税。

征税对象可从质和量两方面进行划分。

（1）质的具体化是指征税范围和税目。其中，征税范围是指税法规定的征税对象的具体内容或范围，即征税征收的界限，凡是列入征税范围的，都应征税。税目是指税法规定应征税的具体项目，是征税对象的具体化，体现了征税的广度。例如，消费税中烟属于征税范围，其税目包括卷烟、雪茄烟、烟丝等。

（2）量的具体化是指计税依据和计税标准。它们与税类、税种、税基、税源等共同补充和延伸了征税对象的功能，并使其具体化。

计税依据是计算应纳税额所依据的标准。一般来说，从价计征的税收以计税金额为计税依据（计税金额是指征税对象数量乘以计税价格数额）；从量计征的税收以征税对象的重量、容积、体积、数量等为计税依据。

3. 税率

税率是指应征税额与计税金额之间的比例，是计算税额的尺度。税率的高低直接关系国家财政收入和纳税人负担。税率体现征税的深度。税率主要有比例税率、累进税率和定额税率三种基本形式。

1）比例税率

比例税率是指对同一征税对象，不论其数额大小，都按同一比例征税。采用比例税率，税额占征税对象的比例总是相同的。比例税率是最常见的税率之一，应用广泛。比例税率具有横向公平性，其主要优点是计算简便，便于征收和缴纳；其缺点是难以体现税收公平原则。例如，企业所得税的基本税率为25%。

2）累进税率

累进税率是指按照征税对象数额大小规定不同等级，并且随着征税数额增大而提高的税率。具体做法是把征税对象按照数额大小划分为若干等级，规定最低税率、最高税率和若干等级的中间税率，不同等级的征税数额分别适用不同的税率，征税数额越大，适用税率越高。累进税率一般适用于征收所得税，可以充分体现对纳税人"收入多的多征、收入少的少征、无收入的不征"的税收原则，从而有效地调节纳税人的收入，正确处理税收负担的纵向公平问题。累进税率的优点是能够体现税收公平原则，缺点是计算复杂。

我国现行税法体系采用的累进税率形式主要包括超额累进税率和超率累进税率。

（1）超额累进税率。超额累进税率是把征税对象按照数额大小划分为若干等级，每一等级规定一个税率，税率依次提高，但每一纳税人的征税对象依其所属等级同时适用几个税率分别计算，将计算结果相加后得出应纳税款。

采用超额累进税率的代表税种为个人所得税，如计算其中的"综合所得"（含工资薪金所得、劳务报酬所得、稿酬所得、特许权使用费所得等）。

学中做 1-3

某纳税人本月劳务报酬所得的应纳税所得额为 30 000 元，若其适用表 1-4 中所列的超额累进预扣率，则该纳税人本月应预缴的个人所得税税额是多少？

劳务报酬所得三级超额累进预扣率表见表 1-4。

表 1-4　劳务报酬所得三级超额累进预扣率表

级数	全"月"（或次）应纳税所得额	预扣率/%	速算扣除数
1	不超过 20 000 元	20	0
2	超过 20 000 元且不超过 50 000 元的部分	30	2 000
3	超过 50 000 元的部分	40	7 000

解析：该纳税人本月应预缴税额＝20 000×20%＋10 000×30%－2 000＝5 000（元）。

（2）超率累进税率。超率累进税率是以征税对象数额的相对率划分若干级距，分别规定相应的差别税率，相对率每超过一个级距，对超过的部分就按高一级税率计算征税。采用超率累进税率的代表税种为土地增值税。

3）定额税率

定额税率又称固定税率，是按征税对象的计量单位直接规定应纳税额的税率形式。征税对象的计量单位主要有吨、升、平方米、件、辆等。定额税率一般适用从量定额计征的某些征税对象，实际是从量比例税率。定额税率的优点是税率与征税对象的价值量无关，不受征税对象价值量变化的影响。例如，甲类啤酒的消费税税率为 250 元/吨。

4. 纳税地点

纳税地点是指根据各个税种纳税对象的纳税环节和有利于对税款的源泉进行控制而规定的纳税人（含代征、代扣、代缴义务人）的具体纳税地点。

5. 纳税期限

纳税期限是指纳税人按照税法规定缴纳税款的期限。

纳税期限有以下三种形式。

（1）按期纳税，如一般情况下的消费税。

（2）按次纳税，如耕地占用税。

（3）按年计征，分期预缴或缴纳。例如，企业所得税按年计征，分期预缴；房产税、城镇土地使用税按年计征，分期缴纳。

6. 税收减免

减免税是对某些纳税人或征税对象的鼓励或照顾措施。减税是从应征税款中减征部分税款；免税是免征全部税款。

1）减免税的基本形式

减免税的基本形式主要有三种，分别为税基式减免、税率式减免和税额式减免。

（1）税基式减免。这是通过直接缩小计税依据的方式实现的减税、免税，具体包括起征点、免征额、项目扣除及跨期结转等。其中，起征点是征税对象达到一定数额开始征税的起点；免征额是在征税对象的全部数额中免予征税的数额。

起征点与免征额同为征税与否的界限。对于纳税人来说，在其收入没有达到起征点或没有超过免征额的情况下，都不征税，两者是一样的。

但它们又有明显的区别：①当纳税人收入超过起征点时，对其收入全额征税；当纳税人收入超过免征额时，只对超过的部分征税；②当纳税人收入恰好达到起征点时，按其收入全额征税；当纳税人收入恰好与免征额相同时，免予征税。两者相比可知，享受免征额的纳税人要比享受同额起征点的纳税人税负轻。此外，起征点只能照顾一部分纳税人，免征税额可以照顾其适用范围内的所有纳税人。

起征点与免征额的比较见表 1-5。

表 1-5 起征点与免征额的比较

项目	起征点	免征额
定义	征税对象达到一定数额开始征税的起点	征税对象的全部数额中免予征税的数额
税务处理	收入＜起征点，全额不征 收入≥起征点，全额征税	收入＝免征额，全额免征 收入＞免征额，只对超过的部分征税
适用范围	对一部分纳税人的税收优惠	对适用范围内的所有纳税人的税收优惠

学中做 1-4

小张 3 月份取得的应税收入为 1 000 元。

假设税法规定的起征点为 600 元，税率为 10%，则应纳税额为多少？

解析：应纳税额＝1 000×10%＝100（元）。

假设税法规定的免征额为 600 元，税率为 10%，则应纳税额为多少？

应纳税额＝（1 000－600）×10%＝40（元）。

（2）税率式减免。这是通过直接降低税率的方式实现的减税、免税，具体包括重新确定税率、选用其他税率、零税率等形式。

（3）税额式减免。这是通过直接减少应纳税额的方式实现的减税、免税，具体包括全部免征、减半征收、核定减免率、抵免税额及另定减征税额等。

2）减免税的具体分类

减免税具体分类如下：

（1）法定减免。法定减免由各税种基本法规规定，具有长期适用性。

（2）临时减免。临时减免又称"困难减免"，主要是照顾纳税人的特殊困难，具有临时性。

（3）特定减免。特定减免是法定减免的补充，分为无期限和有期限两种。大多特定减免是有期限的。

7. 税收加征

税收加征是指在应纳税额的基础上加征一定比例税额的措施，具体包括地方附加、加成征收和加倍征收三种形式。

地方附加简称附加，是地方政府按照国家规定的比例随同正税一起征收的列入地方预算外收入的一种款项。通常把按照税法规定税率征收的税款称为正税，把在正税以外按照税收附加率征收的附加称为附加税，如教育费附加。税收附加率由国家统一规定，地方政府不能擅自改变。对于各种附加款项，国家也规定了专门的用途和使用范围，地方不得自行变更。地方附加的征收是为了给地方政府筹集一部分财力用于发展地方事业。

加成征收简称加成，是在按照法定计税依据和税率计算的应纳税额的基础上额外征收一定比例的税额，如劳务报酬个人所得税。

加倍征收简称加倍，是在按照法定计税依据和税率计算的应纳税额的基础上加征一定倍数的税额（一倍为应纳税额的 100%）。

税收加征的实质是税率的延伸，是在法定税率不变的情况下加重纳税人税收负担的一种措施，通常适用于所得税，并仅在应纳税所得额超过一定数额时使用。

【任务实施】

张欣 2022 年 5 月劳务报酬所得的应纳税所得额为 70 000 元，他询问其任职企业的会计吴明缴纳个人所得税的问题。问题如下：

（1）计算张欣取得的劳务报酬预缴税额适用哪种税率？

（2）张欣 5 月应预缴税额为多少？

解析：

（1）其适用劳务报酬所得三级超额累进预扣率，见表 1-4。

（2）根据劳务报酬所得三级超额累进预扣率表，计算张欣 5 月应预缴税额 = 20 000×20% + 30 000×30% - 2 000 + 20 000×40% - 7 000 = 12 000（元）。

任务 1.2 企业涉税事项

走进税收

【任务目标】　1. 了解税务登记的概念。

2. 掌握税务登记流程。

3. 了解税款征收方式。

4. 掌握税收缴纳程序。

5. 掌握纳税申报方式。

6. 能够独立进行税务登记、税收缴纳。

1.2.1　税务登记

1. 税务登记的概念

税务登记是税务机关根据税法规定，对纳税人的生产经营活动进行登记管理的一项法定制度，也是纳税人依法履行纳税义务的法定手续。

税务登记是税务机关对纳税人实施税收管理的首要环节和基础工作，是征纳双方法律关系成立的依据和证明，也是纳税人必须依法履行的义务。

2. 税务登记范围

税务登记范围的具体内容如下：

（1）从事生产经营的纳税人。

（2）未从事生产经营但依法负有纳税义务的单位和个人。

（3）负有代扣代缴、代收代缴义务的单位和个人。

（4）临时取得应税收入或发生应税行为的纳税人除外。

（5）只缴纳个人所得税、车船税的纳税人除外。

（6）国家机关、个人、流动性农村小商贩除外。

3. 税务登记机关

根据税收法律规定，税务登记机关负责税务登记的开业登记、变更登记、注销登记、税务登记证验证和换证及非正常户处理、报验登记等有关事项，按照国务院规定的税收征收管理范围实施属地管理，采取联合登记或分别登记的方式办理税务登记。

"五证合一、一照一码"是进一步深化行政审批制度改革，提高市场准入便利化程度的商事登记制度改革。自2016年10月1日起，在全国范围内全面实施"五证合一、一照一码"登记制度。

1）"五证合一、一照一码"的含义

"五证合一"是将原来由工商行政管理部门核发的工商营业执照、质量技术监督部门核发的组织机构代码证、税务部门核发的税务登记证、劳动保障行政部门核发的社会保险登记证和统计部门核发的统计登记证统一改成了带有统一社会信用代码的营业执照。

"一照一码"中的"一照"是指五证合为一张营业执照；"一码"是指统一社会信用代码。

2）"五证合一、一照一码"登记制度改革的政策依据

"五证合一、一照一码"登记改革的政策依据如下：《国务院办公厅关于加快推进"五证合一、一照一码"登记制度改革的通知》（国办发〔2016〕53号）和《工商总局等五部门关于贯彻落实〈国务院办公厅关于加快推进"五证合一"登记制度改革的通知〉的通知》（工商企注字〔2016〕150号）。

3）"五证合一"的具体内容

"五证合一"的具体内容如下：

（1）一表申请。创业者办理企业注册登记手续时，只需要填写一张申请表，然后向登记窗口提交一套登记材料即可。

（2）一窗受理。企业登记申请表和登记材料由工商登记窗口受理，质量技术监督局、税务机关、社会保障部门、公安机关等不再办理企业组织机构代码证、税务登记证、社会保险登记证和刻章许可证。

（3）一企一码。一个企业主体只能有一个"统一代码"，一个"统一代码"只能赋予一个企业主体。

（4）一网互联。全省相关部门通过省级部门专线联网进行数据交换，实现信息跨层级、跨区域、跨部门共享和有效应用。

（5）一照通用。"五证合一"执照在全国通用，相关各部门均须予以认可。

4. 税务登记办理

企业办理"一照一码"营业执照、税务登记的具体流程如下。

（1）"一照一码"营业执照申请核发的具体流程如下：

① 登录市场监督管理局网上服务平台进行企业名称预先核准。

② 在企业名称预先核准后，领取企业名称预先核准通知书，并在网上服务平台进行相关信息录入。

③ 到相关市场监督管理部门提交纸质材料。

④ 市场监督管理部门受理审核企业"一照一码"登记材料，审核通过后，由工商行政管理部门颁发营业执照。

（2）在税务窗口办理税务登记和税务事项备案的具体内容如下：

① 报告存款账户账号，办理财务会计制度备案。

② 使用储蓄扣税或根据网上申报系统的需要签订银税协议。

③ 新设立的分支机构需要办理企业所得税汇总纳税总分机构信息备案。

④ 有出口业务的企业需要办理出口退（免）税资格备案。

⑤ 财产登记。

⑥ 车船登记。

⑦ 新设机构登记。

⑧ 税费种登记。

5. 税务登记内容

税务登记包括开业税务登记，变更税务登记，停业、复业税务登记，注销税务登记等。

1）开业税务登记

开业税务登记是指从事生产经营活动的纳税义务人经工商行政管理部门批准开业并颁发营业执照，其应当自领取营业执照之日起30日内向所在地主管税务机关申报办理税务登记，也称注册登记。

（1）税务登记范围具体如下：

① "多证合一"登记模式的纳税人（含领取了加载统一社会信用代码证照的企业、农民专业合作社、个体工商户及其他组织）无须单独到税务机关办理税务登记，其领取的证照可作为税务登记证件使用。

② "多证合一"改革除外的其他组织（事业单位、社会组织、境外非政府组织等）应当依法到税务机关办理税务登记，并领取税务登记证件。

> **注意**
>
> "五证合一"登记制度改革并不是将税务登记取消，税务登记的法律地位仍然存在，只是政府简政放权，将此环节"一窗受理"，核发一个加载了法人和其他组织统一社会信用代码的营业执照，这个营业执照在税务机关完成信息补录后具备税务登记证的法律地位和作用。

（2）税务登记的时限要求具体如下：

若纳税人提交的税务登记资料齐全、符合法定形式、填写内容完整，则税务机关受理后即时办结。

新办纳税人"套餐式"服务一般包括以下涉税事项：电子税务局开户、登记信息确认、财务会计制度及核算软件备案、纳税人存款账户账号报告、增值税一般纳税人登记、发票票种核定、增值税专用发票最高开票限额审批、实名办税、增值税税控系统专用设备初始发行、发票领用。

（3）办理开业税务登记的具体程序如下：

① 纳税人必须提出书面申请报告，并提供如下证件资料：营业执照；有关章程、合同、协议书；银行账号证明；法定代表人或业主的居民身份证、护照或者回乡证等其他合法证件；总机构所在地主管税务机关证明；主管税务机关要求提供的其他有关证件资料。

② 填报税务登记表。

③ 领取税务登记证件。

2）变更税务登记

变更税务登记是指纳税人原税务登记表上的内容发生变化，需要向原税务登记机关申报办理税务登记变更手续。

（1）纳税人发生下列情形之一的，应当按照规定时限办理变更税务登记：①改变纳税人名称、法定代表人的；②改变住所、经营地点的（不含改变主管税务机关的）；③改变经济性质或企业类型的；④改变经营范围、经营方式的；⑤改变产权关系的；⑥改变注册资金的。

（2）变更税务登记的时限要求具体如下：

① 纳税人在市场监督管理部门办理注册登记后，应当自市场监督管理部门办理变更登记之日起30日内向原税务登记机关申报办理变更税务登记。

② 纳税人不需要在市场监督管理部门办理登记的或者其变更登记的内容与工商登记内容无关的，应当自税务登记内容实际发生变化之日起 30 日内，或者自有关机关批准或者宣布变更之日起30日内，持有关证件到原税务登记机关申报办理变更税务登记。

（3）办理变更登记的具体程序如下：

① 纳税人提出书面申请报告，并提供如下证件资料：营业执照；变更登记内容的有关证明文件；主管税务机关发放的原税务登记证件（含税务登记证及其副本、税务登记表等）；其他有关证件。

② 纳税人填报变更税务登记表。

3）停业、复业税务登记

停业、复业税务登记，是指实行定期定额征收方式的纳税人，因自身经营的需要暂停经营或恢复经营而向主管税务机关申请办理的税务登记手续。

停业登记程序：纳税人在申报办理停业登记时，应如实填写停业申请登记表，说明停业理由、停业期限、停业前的纳税情况和发票的领、用、存情况，并结清应纳税款、滞纳金及罚款。税务机关应收存其税务登记证件及副本、发票领购簿、未使用完的发票和其他税务证件。

复业登记程序：纳税人应当于恢复生产、经营之前，向税务机关提出复业登记申请，经确认后，办理复业登记。纳税人按期复业的，以核准停业期止日期作为复业日期；提前复业的，以提前复业的日期作为复业日期。纳税人须按时领取原封存的税务登记证件等资料。须延长停业时间的，应在停业期满前提出申请，由主管税务机关重新核批停业期限。

对停业期满未申请延期复业的纳税人，主管税务机关主动实施复业处理，视为正常营业纳税人管理，并将原封存的税务登记证件交还纳税人。

4）注销税务登记

注销税务登记是指纳税人发生解散、破产、撤销及其他情形，不能继续履行纳税义务，向税务机关申请办理终止纳税义务的税务登记管理制度。

（1）纳税人发生下列情形之一的，应当按照规定时限办理注销税务登记：

① 纳税人发生解散、破产、撤销的。

② 纳税人被市场监督管理部门吊销营业执照的。

③ 纳税人因住所、经营地点或产权关系变更而涉及改变主管税务机关的。

④ 纳税人应当办理注销税务登记的其他情况。

（2）注销税务登记的时限要求具体如下：

① 一般情况下，纳税人先向原税务机关申报注销税务登记，后向市场监督管理部门申请办理注销登记。具体流程：纳税人首先应向税务机关结清应纳税款、滞纳金、罚款、缴销发票、税务登记证件和其他税务证件；清税完毕后，税务机关向纳税人出具《清税证明》，纳税人持《清税证明》到原登记机关办理注销。

② 特殊情形：纳税人按照规定不需要在市场监督管理部门办理注销登记的，应当自有关机关批准或者宣告终止之日起 15 日内申报办理注销税务登记；纳税人被市场监督管理部门吊销营业执照的，应当自营业执照被吊销之日起 15 日内申报办理注销税务登记。

（3）向市场监督管理部门申请办理简易注销登记的纳税人，符合下列情形之一的，可免予到税务机关办理《清税证明》：

① 未办理过涉税事宜的。

② 办理过涉税事宜，但未领用发票、无欠税（滞纳金）及罚款且没有其他未办结涉税事项的。

6. 增值税一般纳税人的认定

1）办理增值税一般纳税人认定的条件

根据《增值税一般纳税人登记管理办法》的规定，办理增值税一般纳税人登记管理办法如下：

（1）为了做好增值税一般纳税人（以下简称"一般纳税人"）登记管理，根据《中华人民共和国增值税暂行条例》及其实施细则有关规定，制定本办法。

（2）增值税纳税人（以下简称"纳税人"），年应税销售额超过财政部、国家税务总局规定的小规模纳税人标准（以下简称"规定标准"）的，除本办法第四条规定外，应当向主管税务机关办理一般纳税人登记。

本办法所称年应税销售额，是指纳税人在连续不超过 12 个月或四个季度的经营期内累计应征增值税销售额，包括纳税申报销售额、稽查查补销售额、纳税评估调整销售额。

销售服务、无形资产或者不动产（以下简称"应税行为"）有扣除项目的纳税人，其应税行为年应税销售额按未扣除之前的销售额计算。纳税人偶然发生的销售无形资产、转让不动产的销售额，不计入应税行为年应税销售额。

（3）年应税销售额未超过规定标准的纳税人，会计核算健全，能够提供准确税务资料的，可以向主管税务机关办理一般纳税人登记。

本办法所称会计核算健全，是指能够按照国家统一的会计制度规定设置账簿，根据合法、有效凭证进行核算。

（4）下列纳税人不办理一般纳税人登记：

① 按照政策规定，选择按照小规模纳税人纳税的。

② 年应税销售额超过规定标准的其他个人。

（5）纳税人应当向其机构所在地主管税务机关办理一般纳税人登记手续。

（6）纳税人办理一般纳税人登记的程序如下：

① 纳税人向主管税务机关填报《增值税一般纳税人登记表》，如实填写固定生产经营场所等信息，并提供税务登记证件。

② 纳税人填报内容与税务登记信息一致的，主管税务机关当场登记。

③ 纳税人填报内容与税务登记信息不一致，或者不符合填列要求的，税务机关应当场告知纳税人需要补正的内容。

（7）年应税销售额超过规定标准的纳税人符合本办法第四条第一项规定的，应当向主管税务机关提交书面说明。

（8）纳税人在年应税销售额超过规定标准的月份（或季度）的所属申报期结束后 15日内按照本办法第六条或者第七条的规定办理相关手续；未按规定时限办理的，主管税务机关应当在规定时限结束后 5 日内制作《税务事项通知书》，告知纳税人应当在 5 日内向主管税务机关办理相关手续；逾期仍不办理的，次月起按销售额依照增值税税率计算应纳税额，不得抵扣进项税额，直至纳税人办理相关手续为止。

（9）纳税人自一般纳税人生效之日起，按照增值税一般计税方法计算应纳税额，并可以按照规定领用增值税专用发票，财政部、国家税务总局另有规定的除外。

本办法所称的生效之日，是指纳税人办理登记的当月 1 日或者次月 1 日，由纳税人在办理登记手续时自行选择。

（10）纳税人登记为一般纳税人后，不得转为小规模纳税人，国家税务总局另有规定的除外。

（11）主管税务机关应当加强对税收风险的管理。对税收遵从度低的一般纳税人，主管税务机关可以实行纳税辅导期管理，具体办法由国家税务总局另行制定。

2）申请办理一般纳税人的手续

申请办理一般纳税人的手续具体如下：

（1）申请。纳税人应当向主管税务机关提出书面申请报告，并提供合格办税人员证书及年度销售（营业）额等有关证件资料，分支机构还应提供总机构的有关证件或复印件，领取《增值税一般纳税人申请认定表》，一式三份。

（2）填表。纳税人应当按照《增值税一般纳税人申请认定表》所列项目逐项如实填写，并于 10 日内将《增值税一般纳税人申请认定表》报送主管税务机关。

（3）报批。纳税人报送的《增值税一般纳税人申请认定表》和有关证件资料，经主管税务机关审核、报有权国家税务机关批准后，在其《税务登记证》副本"资格认定"栏内加盖"增值税一般纳税人"戳记。纳税人按照规定期限到主管税务机关领取一般纳税人税务登记证副本。

3）一般纳税人的年检

一般纳税人必须按照主管税务机关的要求准确核算进销项税额，提供纳税资料，及时足额缴纳应纳税款，依法使用增值税专用发票，并接受主管税务机关组织的每年一次的一般纳税人资格查验和管理。

（1）一般纳税人有下列情形之一的，应当按照主管税务机关的要求定期整改，并在 6 个月内不得抵扣进项税额，不得领购专用发票。

① 年销售额未达到规定标准的一般纳税人和认定为一般纳税人的个体经营者，会计核算不健全或者不能向主管税务机关提供准确纳税资料的。

② 未按《增值税专用发票使用规定》领购、开具和保管增值税专用发票的。

③ 拖欠税款严重，不积极采取措施缴纳税款，经主管税务机关屡催无效的。

（2）一般纳税人有下列情形之一的，凡年销售额未达到规定标准的企业及年销售额达到规定标准的个体经营者均取消一般纳税人资格，按小规模纳税人办理；年销售额达到规定标准的企业不得抵扣进项税额，按销售额依照增值税税率计算缴纳税款，不得领购专用发票，并缴清结存的专用发票。

① 有虚开专用发票的违法犯罪行为。

② 有偷税、骗取出口退税的违法犯罪行为。

③ 年销售额未达到规定标准的一般纳税人和认定为一般纳税人的个体经营者超过规定期限仍不能健全会计核算，或者不能向主管税务机关提供准确纳税资料的。

④ 年销售额达到规定标准被认定为一般纳税人的企业，会计核算不健全，或者不能向主管税务机关提供准确纳税资料的。

⑤ 无固定生产经营场所的。

学中做 1-5

张磊打算变更税务登记，他在市场监督管理部门办理注册登记之后，应当在什么时间段向原税务登记机关申报办理变更税务登记？

解析：纳税人在市场监督管理部门办理注册登记后，应当自市场监督管理部门办理变更登记之日起 30 日内向原税务登记机关申报办理变更税务登记。

1.2.2 纳税申报

1. 纳税申报的含义

纳税申报是指纳税人依照税法规定，定期就计算缴纳税款的有关事项向税务机关提交书面报告的法定手续。纳税申报是确定纳税人是否履行纳税义务及界定其承担法律责任的主要依据。

2. 纳税申报的主体

凡是按照国家法律、行政法规的规定负有纳税义务的纳税人或代征人、扣缴义务人（含享受减免税的纳税人），无论本期有无应纳、应缴税款，都必须按照税法规定的期限如实向主管税务机关办理纳税申报。

（1）依法已向主管税务机关办理税务登记的纳税人，具体如下：

① 各项收入均应纳税的纳税人。

② 全部或部分产品、项目或者税种享受减税、免税照顾的纳税人。

③ 当期营业额未达到起征点或没有营业收入的纳税人。

④ 实行定期定额纳税的纳税人。

⑤ 应当向主管税务机关缴纳企业所得税及其他税种的纳税人。

（2）按照规定不需要向主管税务机关办理税务登记及应当办理而未办理税务登记的纳税人。

（3）扣缴义务人和主管税务机关确定的委托代征人。

3. 纳税申报的期限

1）各税种的申报期限

各税种的申报期限具体如下：

（1）缴纳增值税、消费税的纳税人，以 1 个月为一期纳税的，于期满后 10 日内申报；以 1 日、3 日、5 日、10 日、15 日为一期纳税的，自期满之日起 5 日内预缴税款，于次月 1 日起 10 日内申报并结算上月应纳税款。

（2）缴纳企业所得税的纳税人应当在月份或者季度终了后 15 日内向其所在地主管税务机关办理预缴所得税申报；内资企业在年度终了后 45 日内、外商投资企业和外国企业在年度终了后 4 个月内向其所在地主管税务机关办理所得税申报。

（3）其他税种，税法已明确规定纳税申报期限的，按照税法规定的期限申报。

（4）其他税种，税法未明确规定纳税申报期限的，按照主管税务机关根据具体情况确定的期限申报。

2）申报期限的顺延

纳税人纳税申报期限的最后一日是法定公休日、节假日的，可以顺延。

3）延期办理纳税申报

纳税人、扣缴义务人按照规定的期限办理纳税申报或者报送代扣代缴、代收代缴税款报告表确有困难需要延期的，应当在规定的申报期限内向税务机关提出书面延期申请，经税务机关核准，在核准的期限内办理。

纳税人、扣缴义务人因不可抗力情形不能按期办理纳税申报或者报送代扣代缴、代收代缴税款报告表的，可以延期办理；但其应当在不可抗力情形消除后立即向税务机关报告。税务机关应当查明事实，予以核准。

经核准延期办理申报、报送事项的，应当在纳税期内按照上期实际缴纳的税额或者税务机关核定的税额预缴税款，并在核准的延期内办理税款结算。

4. **纳税申报方式**

1）直接申报

直接申报又称"上门申报"，是指纳税人在规定的申报期内直接到税务大厅办理纳税申报。

2）电子申报

电子申报是指纳税人以电话语音、电子数据交换和网络传输等形式向主管税务机关办理纳税申报。电子申报应当注意以下事项：

（1）有相对固定的网上申报操作人员。

（2）事先向主管税务机关申请，并报送网上申报操作人员身份证件。

（3）办理电子签名、电子印章及用户注册。

3）邮寄申报

邮寄申报是指纳税人经税务机关批准，在规定的申报期限内通过邮寄方式向主管税务机关办理纳税申报。邮寄申报应当注意以下事项：

（1）应当使用统一的纳税申报专用信封。

（2）以寄出的邮戳日期为实际申报日期。

4）简易申报和简并征期

简易申报是指纳税人按照税务机关核定的税额按期缴纳税款，以税务机关开具的完税凭证代替纳税申报。

简并征期是指经税务机关核准，纳税人可以选择以几个月、半年或一年为征期办理纳税申报。

5. **纳税人需要报送的纳税资料**

纳税人必须依照法律、行政法规规定或者税务机关依照法律、行政法规的规定确定的申报期限、申报内容如实办理纳税申报，报送纳税申报表、财务会计报表及税务机关根据实际需要要求纳税人报送的其他纳税资料。

6. **违反纳税申报规定的法律责任**

违反纳税申报规定的法律责任具体如下：

（1）纳税人未按照规定的期限办理纳税申报的，或者扣缴义务人、代征人未按照规定的期限向主管税务机关报送代扣代缴、代收代缴税款报告表的，由主管税务机关责令限期改正，可以处二千元以下罚款；逾期不改正的，可以处二千元以上一万元以下罚款。

（2）一般纳税人不按规定申报并核算进项税额、销项税额和应纳税额的，除按照上述规定处罚外，在一定期限内取消其进项税额抵扣资格和专用发票使用权，其应纳增值税税额一律按照销售额和规定的税率计算征税。

学中做 1-6

张磊需要进行纳税申报，他可以采用哪种方式进行纳税申报？

解析：张磊可以根据自己的实际情况选择直接申报、电子申报、邮寄申报、简易申报和简并征期等纳税申报方式。

1.2.3　税款缴纳

1. 税款征收的认知

税款征收是税务机关依照税收法律、法规的规定将纳税人应当缴纳的税款组织入库的一系列活动的总称。

2. 税款征收方式

税款征收方式是指税务机关根据各税种的不同特点和纳税人的具体情况确定的计算征收税款的方法和形式。税款征收方式具体如下：

（1）查账征收。查账征收是指税务机关按照纳税人提供的账表所反映的经营情况，依照适用税率计算缴纳税款的方式。查账征收适用于财务会计制度较为健全且能认真履行纳税义务的纳税单位。

（2）查定征收。查定征收是指税务机关根据纳税人的从业人员、生产设备、原材料消耗等因素，在正常生产经营条件下对其生产的应税产品查实核定产量和销售额，并据以征收税款的一种方式。查定征收适用于账册不够健全但能控制原材料或进销货的纳税单位。

（3）查验征收。查验征收是指税务机关对纳税人的应税商品通过查验数量，按照市场一般销售单价计算其销售收入，并据以征收税款的方式。查验征收适用于经营品种较为单一，经营地点、经营时间、商品来源不固定的纳税单位。

（4）定期定额征收。定期定额征收是指一些营业额、所得额不能准确计算的小型工商户，经过自报评议，由税务机关核定一定时期的营业额和所得税附征率，对其实行多税种合并征收的方式。定期定额征收适用于无完整考核依据的小型纳税单位。

（5）代扣代缴、代收代缴征收。代扣代缴是指支付纳税人收入的单位和个人从所支付的纳税人收入中扣缴其应纳税款并向税务机关解缴的行为。代收代缴是指与纳税人有经济往来关系的单位和个人借助经济往来关系向纳税人收取其应纳税款并向税务机关解缴的行为。这两种征收方式适用于税源零星分散且不易管控的纳税人。

（6）委托代征。委托代征是指税务机关为了解决税务专管员人力不足的矛盾，根据国家法律、法规的授权，以及加强税款征收、保障国家税收收入的实际需要，依法委托其他部门和单位代为执行税款征收任务的一种税款征收方式。委托代征方式适用于小额、零散税源的征收。

（7）其他征收方式。

3. 税款缴纳的基本规定

税款缴纳的基本规定具体如下：

（1）税务机关应当依照法律、行政法规的规定征收税款，不得违反法律、行政法规的规定开征、停征、多征或者少征税款。

（2）扣缴义务人依照法律、行政法规的规定履行代扣、代收税款的义务。对法律、行政法规没有规定负有代扣、代收税款义务的单位和个人，税务机关不得要求其履行代扣、代收税款义务。

（3）纳税人、扣缴义务人按照法律、行政法规规定或者税务机关依照法律、行政法规规定的确定期限缴纳或者解缴税款。

（4）纳税人未按规定期限缴纳税款的，扣缴义务人未按规定期限解缴税款的，税务机关除责令限期缴纳外，从滞纳税款之日起按日加收滞纳税款千分之二的滞纳金。

（5）税务机关征收税款时及扣缴义务人代扣、代收税款时，必须给纳税人开具完税凭证。

（6）纳税人、扣缴义务人、纳税担保人在纳税问题上与税务机关发生争议时，必须先按照税务机关根据税法确定的税款缴纳税款及滞纳金，然后可以向上一级主管税务机关申请复议。

4. 税款缴纳方式

纳税人应当按照主管税务机关确定的征收方式缴纳税款。

（1）自核自缴。生产经营规模较大、财务制度健全、会计核算准确、一贯依法纳税的企业，经主管税务机关批准，企业依照税法规定自行计算应纳税款，自行填写、审核纳税申报表，自行填写税收缴款书，到开户银行解缴应纳税款，按照规定向主管税务机关办理纳税申报，并报送纳税资料和财务会计报表。

（2）申报核实缴纳。生产经营正常、财务制度基本健全、账册凭证完整、会计核算较为准确的企业依照税法规定计算应纳税款，自行填写纳税申报表，按照规定向主管税务机关办理纳税申报，并报送纳税资料和财务会计报表。经主管税务机关审核并填开税收缴款书，纳税人按照规定期限到开户银行缴纳税款。

（3）申报查定缴纳。财务制度不够健全、账簿凭证不完备的固定业户，应当如实向主管税务机关办理纳税申报，并提供其生产能力、原材料、能源消耗情况及生产经营情况等，经主管税务机关审查测定或实地查验后，填开税收缴款书或者完税凭证，纳税人按照规定期限到开户银行或者税务机关缴纳税款。

（4）申报定额缴纳。生产经营规模较小、确无建账能力或者账证不健全、不能提供准确纳税资料的固定业户，按照主管税务机关核定的营业（销售）额和征收率，并按规定期限向主管税务机关申报缴纳税款。

（5）转账缴纳。转账缴纳是指纳税人及扣缴义务人根据税务机关填制的缴款书通过开户银行转账缴纳税款的方式。

（6）银税一体化缴纳。税务机关在税款征收工作中利用现代信息技术，与有关银行、国库联网后进行纳税人应纳税款的划解,以方便和简化纳税人的缴税手续,提高税款划解的效率,该征税方法具体分为以下三类。

① 预储账户缴税。这是指纳税人在指定银行开设税款预储账户,按期提前储入税款,并在规定期限内由税务机关通知银行直接划解税款的方式。

② 支票缴税。支票缴税须在税务机关、银行、国库三家实现计算机联网后方可实施。该缴税方式不要求纳税人开立税款指定银行账户,只需纳税人在其任意资金账户按期提前储入当期应纳税款,并在规定期限内将缴税支票交由税务机关通过国库用倒交换方式划解税款,纳税人不必再到银行划款。

③ 税务、国库、银行联网实时缴税。实时缴税须在税务机关、银行、国库三家实现计算机联网后方可实施。该缴税方式不要求纳税人开立税款指定银行账户,只需纳税人在其任意资金账户按期提前储入当期应纳税款,并在规定期限内由税务机关通过国库直接划解税款,纳税人不必再到银行划款。

(7)现金缴纳。现金缴纳是指纳税人用现金缴纳税款的一种方式。

(8)委托代征缴纳。委托代征缴纳是指委托代征单位按照税务机关规定的代征范围和要求以税务机关的名义向纳税人征收零散税款的方式。

5. 税款延期缴纳

纳税人或扣缴义务人必须按照法律、法规规定的期限缴纳税款,但有特殊困难不能按期缴纳税款的,可以按照《税收征收管理法》的规定申请延期缴纳税款。

(1)纳税人的特殊困难包括以下情况:

① 水、火、风、雹、海潮、地震等人力不可抗拒的自然灾害。

② 可供纳税的现金、支票及其他财产等遭遇偷盗、抢劫等意外事故。

③ 国家经济政策调整的直接影响。

④ 短期货款拖欠。

(2)纳税人申报延期缴纳税款的具体操作程序如下:

① 向主管税务机关填报《延期缴纳税款申请审批表》,进行书面申请。

② 主管税务机关审核无误后,必须经纳税人所在省、自治区、直辖市国家税务机关批准方可延期缴纳税款。

延期缴纳税款的期限最长不能超过三个月,并且同一笔税款不得滚动审批。

6. 税款的退还和追征制度

1)税款的退还

《税收征收管理法》第五十一条规定:"纳税人超过应纳税额缴纳的税款,税务机关发现后应当立即退还;纳税人自结算缴纳税款之日起三年内发现的,可以向税务机关要求退还多缴的税款并加算银行同期存款利息,税务机关及时查实后应当立即退还;涉及从国库中退库的,依照法律、行政法规有关国库管理的规定退还。"

税务机关在办理税款退还时应当注意以下几个问题。

（1）税款退还的前提。税款退还的前提是纳税人已经缴纳了超过应纳税额的税款。

（2）税款退还的范围。税款退还的范围具体如下：

① 技术性差错或结算性质的退税。

② 为加强收入管理，规定纳税人先按应纳税额如数缴入国库，经核实再从中退还应退部分。

（3）税款退还的方式。税款退还的方式具体如下：

① 税务机关发现后立即退还。

② 纳税人发现后申请退还。

（4）税款退还的时限。税款退还的时限具体如下：

① 纳税人自结算缴纳税款之日起三年内发现的多缴税款，可以要求退还。

② 税务机关发现的多缴税款，应当立即退还。

③ 对纳税人超过应纳税额缴纳的税款，无论是税务机关发现的，还是纳税人发现后提出退还申请的，税务机关核实后都应立即办理退还手续，不应拖延。

2）税款的追征

《税收征收管理法》第五十二条规定："因税务机关的责任，致使纳税人、扣缴义务人未缴或者少缴税款的，税务机关在三年内可以要求纳税人、扣缴义务人补缴税款，但是不得加收滞纳金。

因纳税人、扣缴义务人计算错误等失误，未缴或者少缴税款的，税务机关在三年内可以追征税款、滞纳金；有特殊情况的，追征期可以延长到五年。

对偷税、抗税、骗税的，税务机关追征其未缴或者少缴的税款、滞纳金或者所骗取的税款，不受前款规定期限的限制。"

7. 税收保全措施和税收强制执行措施

1）税收保全措施

税收保全措施是指税务机关在规定的纳税期限之前，对有逃避纳税义务行为的纳税人，限制其处理可用作缴纳税款的存款、商品、货物等财产的一种行政强制措施。

（1）时间点在规定的纳税期限之前。

（2）对象是从事生产经营且有逃避纳税义务行为的纳税人（不含非生产经营的纳税人）。

（3）行政行为经县以上税务局（分局）局长批准。

（4）前提是责令限期缴纳。税务机关在限期内发现纳税人有明显的转移、隐匿其应纳税的商品、货物及其他财产或应纳税收入迹象的，可责成纳税人提供纳税担保。不能提供纳税担保的，经县以上税务局（分局）局长批准，税务机关可采取税收保全措施。

（5）实施范围是指应纳税款。

（6）税收保全具体措施如下：

① 税务机关书面通知纳税人开户银行或者其他金融机构冻结纳税人的金额相当于应纳税款的存款。

② 扣押、查封纳税人的价值相当于应纳税款的商品、货物或者其他财产。

③ 从事生产经营的纳税人、扣缴义务人未按规定期限缴纳或者解缴税款，纳税担保

人未按规定期限缴纳所担保的税款，由税务机关责令限期缴纳，逾期仍未缴纳的，经县以上税务局（分局）局长批准，税务机关可以书面通知其开户银行或者其他金融机构从其存款中扣缴税款；扣押、查封、依法拍卖或者变卖价值相当于应纳税款的商品、货物或者其他财产，以拍卖或者变卖所得抵缴税款。

（7）生活必需品不保全不强制执行。机动车辆、金银饰品、古玩字画、豪华住宅或者一处以外的住房可保全可强制执行。单价 5 000 元以下的其他生活用品不保全不强制执行。

2）税收强制执行措施

税收强制执行措施是指税务机关在采取一般税收管理措施无效的情况下，为了维护税法的严肃性和国家征税的权力所采取的税收强制手段。

（1）时间点：欠税，未按规定期限缴纳或者解缴税款，责令限期缴纳，逾期仍未缴纳。

（2）对象：从事生产经营的纳税人（不含非生产经营的纳税人）；扣缴义务人；纳税担保人。

（3）行政行为：经县以上税务局（分局）局长批准。

（4）前提条件：从事生产经营的纳税人、扣缴义务人未按规定期限缴纳或者解缴税款，纳税担保人未按规定期限缴纳所担保的税款，由税务机关责令限期缴纳，逾期未缴纳的，经县以上税务局（分局）局长批准，税务机关可采取强制执行措施。

（5）实施范围：应纳税款、滞纳金和罚款。

（6）税收强制执行具体措施如下：

① 书面通知纳税人开户银行或者其他金融机构从其存款中扣缴税款（扣缴）。

② 扣押、查封、依法拍卖或者变卖纳税人价值相当于应纳税款的商品、货物或者其他财产，以拍卖或者变卖所得抵缴税款（查封扣押＋拍卖变卖）。

（7）生活必需品不保全不强制执行。机动车辆、金银饰品、古玩字画、豪华住宅或者一处以外的住房可保全可强制执行。单价 5 000 元以下的其他生活用品不保全不强制执行。

3）税收保全措施与税收强制执行措施的区别

（1）适用对象不同。税收保全措施仅适用于纳税义务人；税收强制执行措施适用于纳税义务人、扣缴义务人和纳税担保人。

（2）实施条件不同。对当期应纳税款实施税收保全措施的条件是责令限期缴纳在前，提供纳税担保居中，税收保全措施断后。实施税收强制执行措施的条件是责令限期缴纳在前，税收强制执行措施断后。

（3）实施时间不同。税收保全措施是对当期的纳税义务在税法规定的纳税期限届满之前实施的；税收强制执行措施是在税法规定的纳税期限届满且责令限期届满之后实施的。

（4）执行金额不同。采取税收保全措施时，仅以纳税人当期应纳税款作为执行金额；采取税收强制执行措施时，应以纳税人应纳税款连同滞纳金一并作为执行金额。

（5）采取方式不同。采取税收保全措施的方式是书面通知金融机构冻结存款或扣押、查封商品、货物或其他财产，冻结、查封、扣押纳税人财产仅是对纳税人的财产处分权的一种限制，并未剥夺纳税人的财产所有权。采取税收强制执行措施的方式是书面通知金融机构从纳税人的存款中扣缴税款或以依法拍卖或者变卖商品、货物及其他财产所得抵缴税款，扣缴、拍卖、变卖纳税人财产可以直接使纳税人的财产所有权发生变更。

8. 违反税款缴纳规定的法律责任

1）欠税及其处罚

欠税及其处罚的具体内容如下：

（1）纳税人、扣缴义务人在规定期限内不缴或者少缴应纳或应解缴的税款，主管税务机关应当责令其限期缴纳，逾期仍未缴纳的，主管税务机关除采取强制执行措施追缴其不缴或者少缴的税款外，并处以不缴或者少缴税款五倍以下的罚款。

（2）纳税人欠缴应纳税款，采取转移或者隐匿财产的手段，致使税务机关无法追缴欠缴的税款，数额在一万元以上不满十万元的，处三年以下有期徒刑或者拘役，并处或者单处欠缴税款一倍以上五倍以下罚金；数额在十万元以上的，处三年以上七年以下有期徒刑，并处欠缴税款一倍以上五倍以下罚金。

（3）代征人不缴或者少缴已代征税款，由主管税务机关追缴其不缴或者少缴的税款，并可对其处以不缴或者少缴税款五倍以下罚款。

2）未按规定扣缴、代征税款及其处罚

未按规定扣缴、代征税款及其处罚的具体内容如下：

（1）扣缴义务人应扣未扣、应收未收税款的，由扣缴义务人缴纳其应扣未扣、应收未收的税款。扣缴义务人已将纳税人拒绝代扣、代收的情况及时报告税务机关的除外。

（2）代征人未按委托代征证书的要求征收税款的，由代征人缴纳应征而未征或者少征的税款。受托代征人已将纳税人拒绝缴纳的情况或者其因故不能代征税款的情况及时报告税务机关的除外。

3）偷税及其处罚

偷税及其处罚的具体内容如下：

（1）偷税是指纳税人采取伪造、变造、隐匿、擅自销毁账簿、记账凭证，在账簿上多列支出或者不列、少列收入，或者进行虚假纳税申报的手段，不缴或者少缴应纳税款的行为。

（2）扣缴义务人采取前项所列手段，不缴或者少缴已扣、已收税款，偷税数额占应缴税额的百分之十以上并且偷税数额在一万元以上的，除依法追缴税款外，由司法机关依法处罚；偷税数额不满一万元或者偷税数额占应纳税额不到百分之十的，由主管税务机关依法追缴其不缴或者少缴的税款，并处以五倍以下罚款。

4）骗税及其处罚

骗税及其处罚的具体内容如下：

（1）骗税主要是指纳税人采取对所生产或者经营的商品假报出口等欺骗手段骗取国家出口退税款的行为。骗税数额在一万元以下的，由主管税务机关追缴其骗取的出口退税款，并处以所骗税款五倍以下罚款。骗税数额在一万元以上的，除由主管税务机关追缴其骗取的出口退税款外，还应由司法机关依法处罚。

（2）企业事业单位以外的单位或个人骗取国家出口退税款的，除由税务机关追缴其骗取的出口退税款外，还应由司法机关依法处罚；骗税数额较小、未构成犯罪的，由主管税务机关追缴其骗取的出口退税款，并处以骗取税款五倍以下罚款。

5）抗税及其处罚

抗税及其处罚的具体内容如下：

（1）抗税是指纳税人以暴力、威胁方法拒不缴纳税款的行为。纳税人抗税情节轻微、未构成犯罪的，由主管税务机关追缴其拒缴的税款，并处以拒缴税款五倍以下罚款。纳税人抗税情节严重、构成犯罪的，由司法机关依法处罚。

（2）纳税人以暴力方法抗税致人重伤或者死亡的，由司法机关按照伤害罪、杀人罪从重处罚，并依照前项规定处以罚金。

学中做 1-7

税收保全措施是指税务机关在规定的纳税期限之前，对有逃避纳税义务行为的纳税人，限制其处理可用作缴纳税款的存款、商品、货物等财产的一种行政强制措施。请问税务机关对单价多少的生活必需品不采取税收保全措施和税收强制执行措施？

解析：税务机关对单价不超过5 000元的生活必需品不采取税收保全措施和税收强制执行措施。

【任务实施】

2022年6月，李华应聘一家企业的会计岗位。在面试考核过程中，企业负责人就报税会计岗位业务职能向李华提出以下几个问题。

（1）企业初创时期如何办理税务登记？

（2）若企业在经营过程中原有登记信息发生变更，则应如何到税务机关办理变更登记？

（3）当企业发生破产、解散、撤销时，应该如何办理注销手续和清税手续？

解析：李华针对企业负责人提出的问题依次进行解答。

（1）熟悉我国现行税收体系，划分企业类型，判断企业不同经营环节应当缴纳的税费；办理工商登记，取得加载法人和其他组织统一社会信用代码的营业执照；到税务机关办理增值税一般纳税人登记及涉税事务登记；到税务部门领购普通发票和增值税专用发票；设置涉税经济业务的会计科目及会计账簿。

（2）纳税人提出书面申请报告，并提供如下证件资料：营业执照；变更登记的有关证明文件；主管税务机关发放的原税务登记证件（含税务登记证及其副本、税务登记表等）；其他有关证件。纳税人填报变更税务登记表。

（3）一般情形：先向税务机关申报注销税务登记，后向市场监督管理部门办理注销登记。具体流程如下：首先结清应纳税款、滞纳金、罚款，缴销发票、税务登记证件和其他税务证件。清税完毕后，税务机关出具"清税证明"，纳税人持"清税证明"到原登记机关办理注销。

特殊情形：纳税人按照规定不需要在市场监督管理部门办理注销登记的，应当自有关机关批准或者宣告终止之日起15日内申报办理注销税务登记；纳税人被市场监督管理部门吊销营业执照的，应当自营业执照被吊销之日起15日内申报办理注销税务登记。

"1+X"技能任务 发票管理

【技能任务目标】 1. 了解发票的定义并熟悉发票的种类。

2. 掌握发票的领购流程。

3. 掌握发票开具的具体要求。

4. 掌握发票丢失的处理方式。

5. 能够根据经济业务开具发票。

1. 发票的定义

发票是指在购销商品、提供或接受服务以及从事其他经营活动中，开具、收取的收付款凭证。发票是财务收支的法定凭证，是会计核算的原始依据，也是审计机关、税务机关执法检查的重要依据。

2. 发票的管理

根据《中华人民共和国发票管理办法》（以下简称《发票管理办法》）的规定，国务院税务主管部门统一负责全国的发票管理工作。省、自治区、直辖市国家税务局和地方税务局（以下统称省、自治区、直辖市税务机关）依据各自的职责，共同做好本行政区域内的发票管理工作。财政、审计、市场监督管理、公安等有关部门在各自职责范围内，配合税务机关做好发票管理工作。

3. 发票的种类

发票按照开具方式分为增值税发票管理新系统开具发票和非增值税发票管理新系统开具发票。

1）增值税发票管理新系统开具发票

增值税发票管理新系统开具发票主要有增值税专用发票、普通发票、机动车销售统一发票和二手车销售统一发票。

（1）增值税专用发票是指增值税一般纳税人销售货物或者提供应税劳务时开具的发票，是购买方支付增值税税额并可按照增值税有关规定据以抵扣进项税额的凭证。

① 纸质专用发票的基本联次为三联，具体如下：第一联为记账联，由销售方开具并留存核算收入；第二联为抵扣联，由销售方交付购买方，购买方报送主管税务机关认证抵扣和留存备查；第三联为发票联，由销售方交付购买方，购买方留存核算成本费用。

② 增值税专用发票通常只限于增值税一般纳税人领用使用。

③ 一般纳税人有下列情形之一的，不得领用开具专用发票。

a. 会计核算不健全，不能向税务机关准确提供增值税销项税额、进项税额、应纳税额数据及其他有关增值税税务资料的。

b. 有《税收征收管理法》规定的税收违法行为，拒不接受税务机关处理的。

c. 有下列行为之一，经税务机关责令限期改正而仍未改正的：虚开专用发票；私自印制专用发票；向税务机关以外的单位和个人买取专用发票；借用他人专用发票；未按规定开具专用发票；未按规定保管专用发票和专用设备；未按规定申请办理防伪税控系统变更发行；未按规定接受税务机关检查。

（2）普通发票主要由小规模纳税人使用。增值税一般纳税人在不能开具专用发票时也可使用普通发票。

常见的增值税普通发票的基本联次为三联，具体如下：第一联为存根联，收款方或开票方留存备查；第二联为发票联，付款方或受票方作为付款原始凭证；第三联为记账联，收款方或开票方作为记账凭证。

（3）增值税专用发票与增值税普通发票抵扣情况见表1-6。

表 1-6　增值税专用发票与增值税普通发票抵扣情况

项目	增值税专用发票	增值税普通发票
是否有抵扣联	有	没有
能否抵扣进项税额	能	一般情况下，不能抵扣进项税额 特殊情况下，能够抵扣进项税额，具体如下： ① 农产品收购发票 ② 农产品销售发票 ③ 收费公路通行费增值税电子普通发票（征税发票） ④ 国内旅客运输服务的增值税电子普通发票

2）非增值税发票管理新系统开具发票

非增值税发票管理新系统开具发票包括通用（机打、手工、定额）发票、门票、过路（过桥）费发票、客运发票、火车票、飞机行程单等。

此外，用票单位可以书面向税务机关要求使用印有本单位名称的发票。

4. 发票的领用

1）领用发票的纳税人范围

（1）依法办理税务登记或领取营业执照的单位和个人。

（2）依法不需要办理税务登记或领取营业执照、需要临时使用发票的单位和个人，凭购销商品、提供或接受服务及从事其他经营活动的书面证明、经办人身份证明，直接向经营地税务机关申请代开发票。

（3）临时到本省、自治区、直辖市以外从事经营活动的单位或者个人，应当向机构所在地的税务机关填报《跨区域涉税事项报告表》，凭所在地税务机关的证明，向经营地税务机关领用经营地的发票。

对按照规定需要领用经营地发票的，应在按照要求提供保证人或缴纳保证金的前提下，向经营地税务机关领用。

2）首次领用发票

首次领用发票主要包括发票票种核定、增值税发票（增值税税控系统）最高开票限额和最高领用数量审批、增值税税控系统专用设备初始发行、发票领用等涉税事项。

（1）发票票种核定。发票票种分为普通发票和专用发票两种。

（2）增值税发票最高开票限额和最高领用数量审批。

① 申领限额。增值税专用发票最高开票限额不超过 10 万元，每月最高领用数量不超过 25 份。

增值税普通发票最高开票限额不超过 10 万元，每月最高领用数量不超过 50 份。

② 审批。增值税专用发票最高开票限额由一般纳税人申请，税务机关依法审批。

一般纳税人申请专用发票最高开票限额不超过 10 万元的，主管税务机关不需要事前进行实地查验。

（3）增值税税控系统专用设备初始发行。

① 使用增值税专用发票的纳税人或纳入增值税发票管理新系统的纳税人，应按规定向批准发行的机构领购金税盘（税控盘）、报税盘等专用设备。

② 纳税人在领购金税盘（税控盘）、报税盘后，应到主管税务机关办理专用设备的初始发行。主管税务机关依据综合征收管理软件同步的税务登记信息、资格认定信息、税种税目认定信息、票种核定信息、离线开票时限、离线开票总金额等信息对专用设备进行发行。

（4）新办纳税人首次申领增值税发票时间。同时符合下列条件的新办纳税人首次申领增值税发票，主管税务机关应当自受理申请之日起两个工作日内办结，有条件的主管税务机关当日办结。

① 纳税人的办税人员、法定代表人已经进行实名信息采集和验证（需要采集、验证法定代表人实名信息的纳税人范围由各省税务机关确定）。

② 纳税人有开具增值税发票需求，主动申领发票。

③ 纳税人按照规定办理税控设备发行等事项。

（5）首次领购流程。纳税人首次领购增值税发票的，需要先到税务机关进行票种核定。需要开具增值税专用发票的纳税人，还要先进行增值税一般纳税人登记，经税务机关审批增值税专用发票最高开票限额；已纳入增值税小规模纳税人自行开具增值税专用发票试点范围的纳税人，可以不办理增值税一般纳税人登记手续，经税务机关审批增值税专用发票最高开票限额。纳税人在初次使用增值税税控系统专用设备开具发票之前，须由税务机关对增值税税控系统专用设备进行初始发行，将开票所需的各种信息载入金税盘（税控盘）、报税盘。

完成上述事项后，纳税人凭经办人身份证明原件、发票领用簿，由税务机关受理领购发票事项并即时办结。

3）后续申领发票

在纳税人后续经营活动中，若首次申领发票时办理的涉税事项未发生变化，就按首次申领增值税发票票种核定标准，持续按照规定领用发票。

若纳税人经营活动或者其他条件发生变化，则应重新或补充办理相应的发票领用涉税事项，具体如下：

（1）名称变更或纳税识别号变更。

（2）小规模纳税人选择自行开具增值税专用发票。

（3）提高发票最高开票限额和增加发票领用数量。

（4）实行纳税辅导期管理的一般纳税人。

4）发票领购渠道

根据各省具体情况，可在办税服务厅、电子税务厅、移动终端、自助办税终端办理。

已经实现办税人员实名信息采集和验证的纳税人，可以自愿选择使用网上申领方式领用发票。纳税人要对其报送材料的真实性和合法性承担责任。

5. 发票的开具

1）基本规定

销售商品、提供服务以及从事其他经营活动的单位和个人，对外发生经营业务收取款项，收款方应当向付款方开具发票；特殊情况下，由付款方向收款方开具发票。

2）发票的开具要求

开具发票的具体要求如下：

（1）发票必须独立使用。任何单位和个人不得转借、转让、代开发票；未经税务机关批准，不得拆本使用发票；禁止倒买倒卖发票、发票监制章和发票防伪专用品。

（2）不得扩大使用范围和超限额填开。用票单位和个人填开发票，不得超越规定的生产经营范围，不得自行扩大发票使用范围。发票只能在票面限额规定的范围内填开，超限额填开一律无效。

（3）保证开具的发票真实、完整。纳税人必须如实开具发票，做到按照号码顺序填开，填写项目齐全、内容真实、字迹清楚，全部联次一次复写、打印，内容完全一致，并在发票联加盖发票专用章。

（4）发票限于领购单位和个人在本省、自治区、直辖市范围内开具。

3）专用发票的开具范围

不得开具专用发票的具体情形如下：

（1）销售货物或者提供应税劳务适用免税规定的。

（2）向消费者个人、小规模纳税人销售货物或者提供应税劳务的。

（3）销售自己使用过的不得抵扣且未抵扣进项税额的固定资产。

（4）销售旧货。

（5）商业企业一般纳税人零售的烟、酒、食品、服装、鞋帽（不含劳保专用部分）、化妆品等消费品。

4）虚开发票行为

（1）虚开发票行为界定如下：

① 为自己开具与实际经营业务状况不符的发票。

② 介绍他人开具与实际经营业务状况不符的发票。

③ 让他人为自己开具与实际经营业务状况不符的发票。

④ 为他人开具与实际经营业务状况不符的发票。

（2）税务行政处罚方式及处罚幅度具体如下：

① 没收违法所得。

② 虚开金额在 1 万元以下的，处以 5 万元以下罚款。

③ 虚开金额超过 1 万元的，处以 5 万元以上 50 万元以下罚款。

④ 构成犯罪的，依法追究刑事责任。

5）税务机关代开发票

需要临时使用发票的单位和个人，可以凭购销商品、提供或者接受服务及从事其他经营活动的书面证明、经办人身份证明，直接向经营地税务机关申请代开发票。

依法应当缴纳税款的，税务机关应当先征收税款，再开具发票。

代开专用发票的具体情形如下：

（1）已办理税务登记的小规模纳税人可以向主管税务机关申请代开。

（2）租方开具增值税发票的，由受托单位代其向主管税务机关按照规定申请代开增值税发票。

6. 发票的保管、保存和缴销

（1）开具发票的单位和个人应当建立发票使用登记制度，设置发票登记簿，并定期向主管税务机关报告发票使用情况。

（2）使用发票的单位和个人应当妥善保管发票。发生发票丢失情形时，应当于发现丢失当日书面报告税务机关（按照最新规定，无须登报声明作废）。

（3）开具发票的单位和个人，应当在办理变更或者注销税务登记的同时办理发票和发票领购簿的变更或缴销手续。使用增值税发票管理新系统的纳税人发生注销或票种变更的，须在增值税发票管理新系统中对未开具的发票进行退回或作废操作，并携带增值税发票、专用设备及相关资料到主管税务机关办理发票退回或缴销手续。

（4）开具发票的单位和个人应当按照规定存放和保管发票，不得擅自损毁；已经开具的发票存根联和发票登记簿应当保存 5 年，保存期满，报税务机关查验后销毁。

7. 发票丢失

1）发票丢失新政策

（1）不需要开具"已报税证明单"。当前税务已经实现增值税专用发票及机动车销售统一发票报税信息的共享共用。纳税人丢失发票的发票联、抵扣联后，无须前往税务机关申请开具《丢失增值税专用发票已报税证明单》，可凭相应发票的其他基本联次复印件，作为增值税进项税额的抵扣凭证、退税凭证或记账凭证。

政策依据：《国家税务总局关于增值税发票综合服务平台等事项的公告》（国家税务总局公告 2020 年第 1 号）。

（2）无须登报声明遗失。根据《国家税务总局关于公布取消一批税务证明事项以及废止和修改部分规章规范性文件的决定》（2019 年 7 月 24 日国家税务总局令第 48 号公布）附件 1《取消的税务证明事项目录》，自 2019 年 7 月 24 日起，发票丢失登报作废声明不再提交，取消登报要求。

2）发票丢失后的处理方法

（1）纳税人同时丢失已开具增值税专用发票或机动车销售统一发票的发票联和抵扣联：可将加盖销售方发票专用章的相应发票记账联复印件（注意，一般销售方的记账联不要求加盖发票专用章，如果受票方丢失发票联和抵扣联，则需要对记账联加盖发票专用章后把复印件交付受票方使用），作为记账凭证、退税凭证或抵扣凭证。纳税人丢失已开具增值税专用发票或机动车销售统一发票的发票联或抵扣联：丢失发票联，纳税人可将抵扣联复印件作为记账凭证；丢失抵扣联，纳税人可将发票联复印件作为退税凭证或抵扣凭证。

政策依据：《国家税务总局关于增值税发票综合服务平台等事项的公告》（国家税务总局公告 2020 年第 1 号）。

（2）丢失增值税专用发票记账联。增值税专用发票记账联丢失应当怎样处理没有明确规定。一般情况下，可以用发票联或抵扣联等其他联次复印件作为记账凭证。

> **注意**
>
> 丢失记账联一方保存好提供发票复印件一方的相关证明。

证明要点：与原件一致，加盖原件保存单位公章或个人签章。

（3）丢失普通发票记账联。丢失普通发票记账联，纳税人需要取得发票联复印件，由提供发票联复印件的单位出具相关证明，并由提供人加盖签章。

证明要点：与原件核对无误，加盖原件保存单位公章或个人签章。

（4）丢失普通发票发票联。虽然文件中没有明确规定，但是在实际操作中纳税人需要取得原开票单位加盖公章的证明且注明原来凭证号码、金额、摘要等，由经办单位会计机构负责人、会计主管、单位领导审批后作为原始凭证。

> **注意**
>
> 由提供发票联复印件单位出具相关证明，并由提供人加盖签章。证明要点：与原件一致，加盖原件保存单位公章或个人签章。

> **提示**
>
> 各省对丢失普通发票如何入账的规定不一致，具体以当地主管税务机关执行为准。

（5）丢失机动车销售统一发票。机动车销售统一发票丢失后的处理方法参照丢失增值税专用发票处理方法。

学中做 1-8

李华是一家公司的会计，如果她在工作中因个人疏忽将发票的发票联丢失，那么他应该如何处理？

解析：若纳税人丢失发票联，则可将抵扣联复印件作为记账凭证。

技能任务实施

网上发票领用申请

业务说明：纳税人登录国家税务总局省级电子税务局，进行网上发票领用申请操作。

（1）单击【我要办税】→【发票使用】按钮（图1-1）。

图1-1

（2）打开【发票使用】界面，单击【发票领用】→【网上领票申请】按钮（图1-2）。

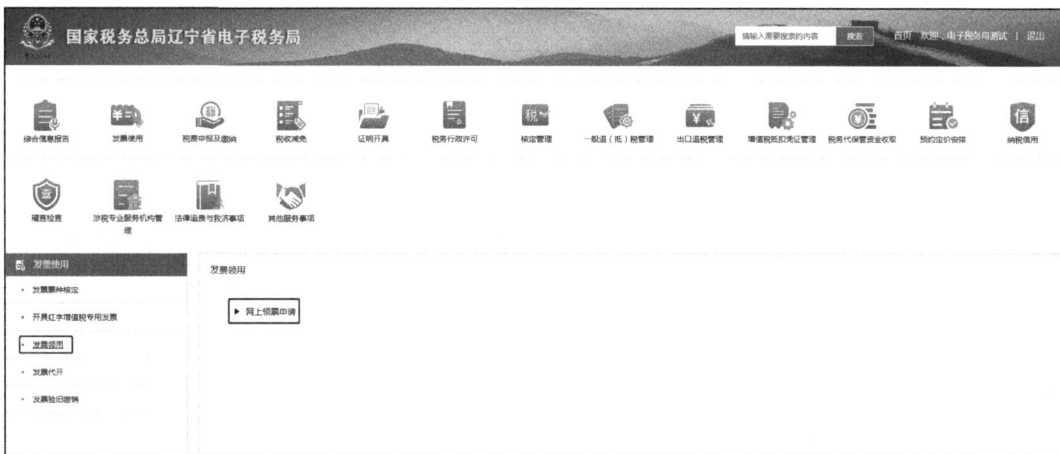

图1-2

快递领取：

（1）打开【网上领票申请】界面，在【取票方式】文本框中选择"快递领取"选项（图1-3）。

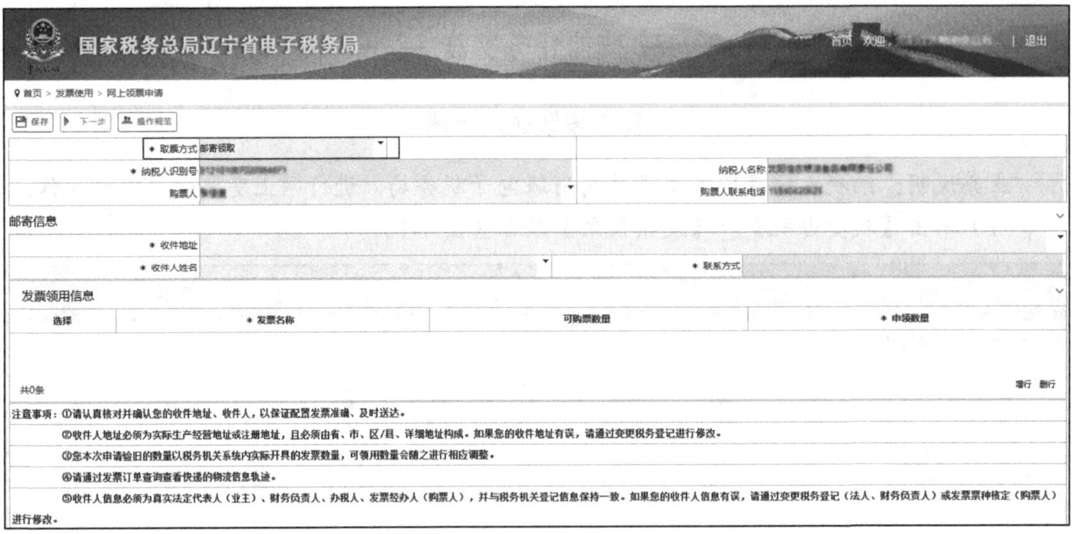

图 1-3

（2）单击"收件地址"下三角按钮，系统会自动带出注册地址或生产经营地址（图1-4）。

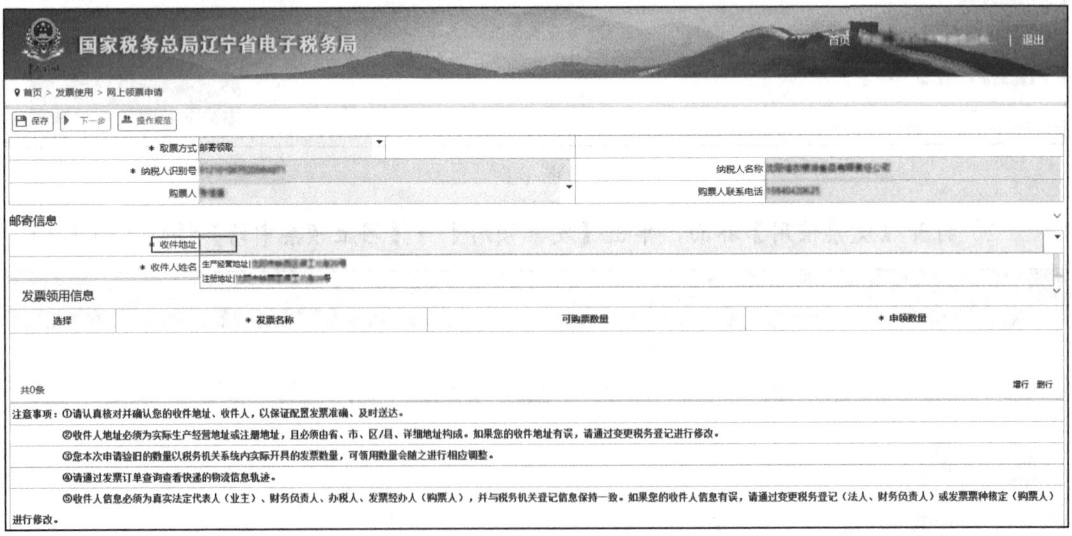

图 1-4

（3）单击"收件人姓名"下三角按钮，系统会自动带出法人、财务负责人等的姓名及其联系电话（图1-5）。

（4）在【发票领用信息】栏下，单击【增行】按钮，选择要领用发票的名称，并填写申领数量（图1-6）。

（5）单击【保存】按钮，系统弹出资费提醒框，单击【办理】按钮（图1-7）。

（6）单击【下一步】→【提交】按钮。

（7）待主管税务机关审批通过后，发票可以通过快递方式邮寄上门。

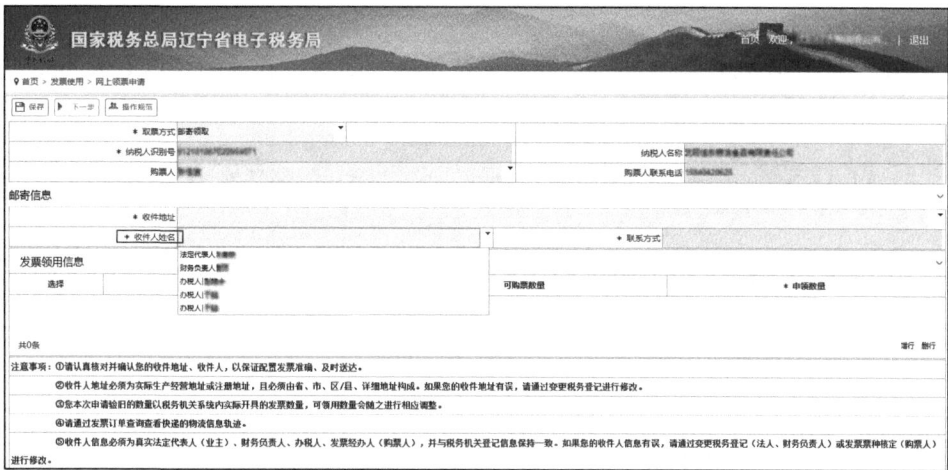

图 1-5

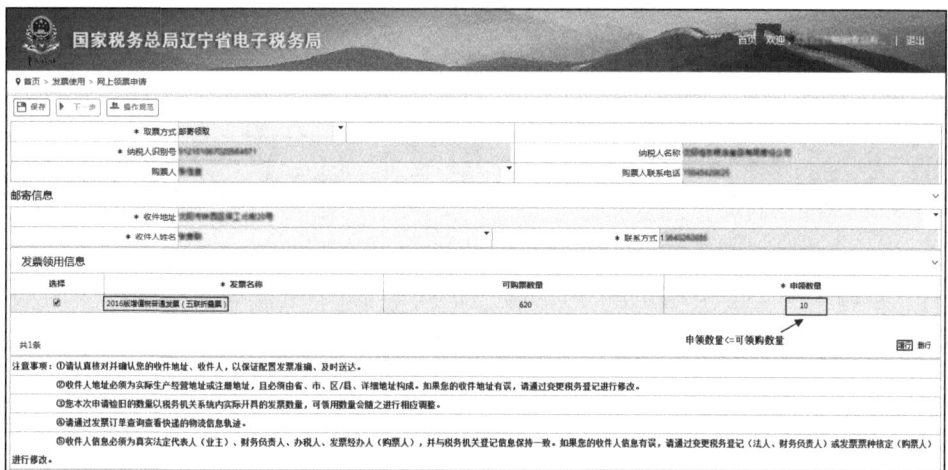

图 1-6

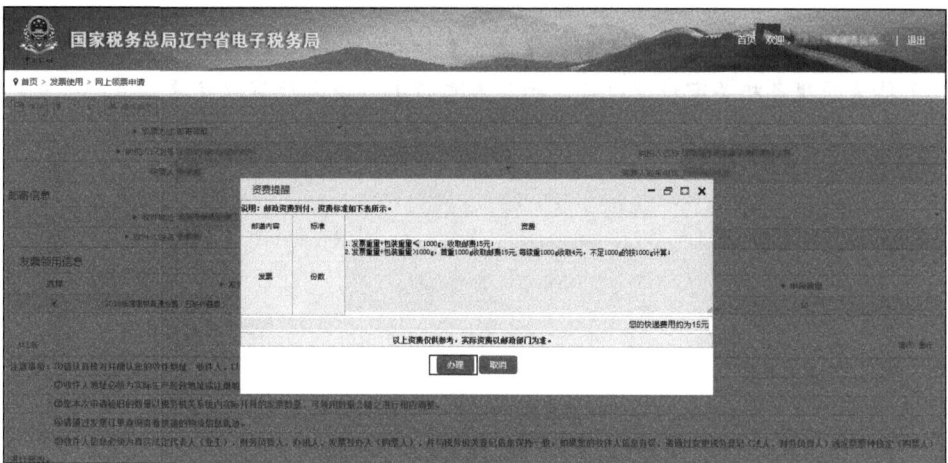

图 1-7

窗口领取:

(1) 在【取票方式】文本框中选择"窗口领取"选项,在【购票人】文本框中选择"购票人"选项(图1-8)。

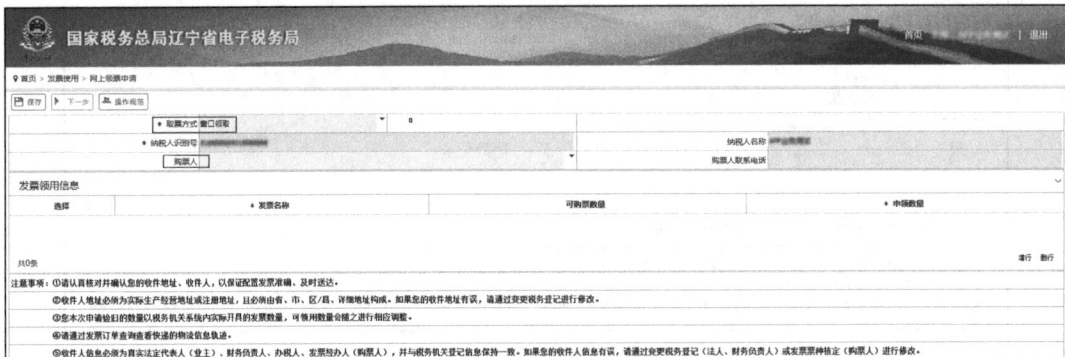

图1-8

(2) 在【发票领用信息】栏下,单击【增行】按钮,填写要领用发票的名称及申请数量(图1-9)。

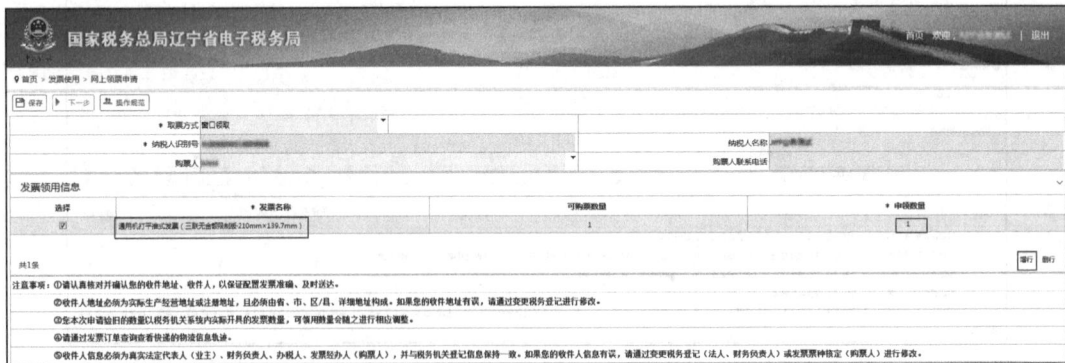

图1-9

(3) 单击【保存】→【下一步】→【提交】按钮。

(4) 待主管税务机关审批通过后,纳税人自行去办税大厅领取发票。

增值税纳税实务

知识目标 ☞
- 理解增值税的含义及特点。
- 掌握增值税的纳税人、征税范围、税率和征收率。
- 掌握一般纳税人和小规模纳税人应纳税额的计算方法。

能力目标 ☞

专业能力
- 能够判断增值税一般纳税人和小规模纳税人。
- 能够正确计算一般纳税人销项税额、进项税额。
- 能够熟练计算小规模纳税人增值税应纳税额。
- 能够根据企业业务资料进行增值税纳税申报。

发展能力
- 能够自主学习，对知识点进行归纳整理，并能独立思考、分析问题。
- 能够运用各种资源独立查阅有关资料，更新自己的知识库。
- 能够向其他财会人员宣传增值税相关法规政策。

社会能力
- 具备良好的职业道德，依法及时合理纳税，不偷税、不漏税、不逃税。
- 具备良好的沟通能力，能够正确处理个人、企业、政府三者之间的关系。
- 具备精益求精的工匠精神、高效的团队协作能力和严谨的工作态度。

思政目标 ☞
- 培养依法纳税、纳税光荣的意识。
- 培养正确价值观——公正、法治、爱国、敬业、诚信。
- 培养"诚信谨慎、精益求精"的会计工匠精神。

重点难点 ☞

重点：增值税纳税义务人、征税范围、税率和征收率；小规模纳税人应纳税额的计算方法。

难点：一般纳税人应纳税额的计算方法；增值税纳税申报。

增值税纳税实务

【典型税案】

辽宁省辽阳市税务局第二稽查局依法查处一起加油站偷税案件

近期，辽宁省辽阳市税务局第二稽查局根据精准分析线索，依法查处了辽阳市华联加油站有限公司偷税案件。

经查，该加油站通过隐匿销售收入、进行虚假申报等手段，少缴增值税等税费207.45万元，税务稽查部门依据《中华人民共和国行政处罚法》《中华人民共和国税收征收管理法》等相关规定，对该加油站依法追缴少缴税费、加收滞纳金并处罚款，共计357.91万元。

辽阳市税务局第二稽查局有关负责人表示，下一步将坚决依法严查严处各种偷逃税行为，坚决维护国家税法权威，促进社会公平正义，持续营造良好税收营商环境，促进相关企业和行业长期规范健康发展。

（资料来源：国家税务总局网站 https://www.chinatax.gov.cn/chinatax/n810219/c102025/c5206702/content.html）

【思政案例】

税收支持让辽宁民营企业"有感有得"（节选）

"辽宁省税务局出台支持民营经济发展举措，从政策有效供给、促进公平公正、搭建协作平台、提升发展质效、回应涉税诉求等方面，给出了服务民营经济振兴发展的'税务方案'，有效服务和推动了全省民营经济的健康发展。"近日，辽宁省工商业联合会在给国家税务总局辽宁省税务局的致谢信里，表达了对辽宁税务部门支持民营企业发展做法的认可和感谢。2023年，辽宁省税务局聚焦民营企业在发展过程中的急难愁盼问题，推出20条支持举措，有效推动全省民营企业发展，与全省各级工商业联合会通过联合组建商会税收服务站、联合开展"春雨润苗"专题活动、联合举办专题政策辅导会等方式，努力让民营企业有感有得。

税费政策红利更快落袋

"2023年，仅研发费用税前加计扣除政策和企业新购设备500万元以内企业所得税税前一次性扣除政策，就为我们节省了200多万元的资金。"葫芦岛龙源采油配套设备有限公司财务负责人周迎新说。

该公司是一家专业从事石油钻采专用设备研发、生产和制造的民营企业，也是辽宁专精特新"小巨人"企业。周迎新告诉记者，企业这两年的研发投入和设备采购量较大，流动资金比较紧张。2023年一系列支持企业创新的税费优惠政策，让企业实实在在享受了多项税费减免，有效缓解了资金紧张的情况。

沈阳东朝红革仪器仪表有限公司自2018年以来一直在加大研发投入，先后引进了3名高端人才，购进了一批先进生产设备。"这些支出让公司前几年一直处于亏损状态，但是我们的心里不慌，因为国家把高新技术企业弥补亏损的时间从5年延长到了10年，我们有信心把前期的投入赚回来。"该公司副总经理陶荣说。

为了让各项税费优惠政策精准落地，辽宁省税务局推出全面落实优惠政策、充分释放政策红利、精准辅导税费政策、实时反馈政策效应 4 项举措，上线涵盖 466 项税惠政策的"免申即享"服务，将政策红利以最快速度直达民营企业。"我们针对民营企业专门建立了政策落实的承接、回访等制度，跟踪管理服务质效，目的就是让税费政策红利更快落到企业口袋，让企业发展更安心、有信心。"辽宁省税务局征管和科技发展处处长张志伟说。

税费业务办理更加智能

"这个账单详细列出了我们公司可以享受的各种税费减免政策，不用自己计算，一目了然。"本溪市天宠辽砚文化产业有限公司财务经理孙文彬对税务部门精准推送税费减免账单的做法连声称赞。

税费减免账单是辽宁税务部门于 2023 年推出的一项便民举措。辽宁省税务局利用税收大数据筛选出政策适用人群，计算出税费减免账单，通过电子税务局、征纳互动平台等渠道向企业定点推送，企业在申报缴纳税费时，自动带出适用企业的相应税费减免选项，企业人员只需点击确认，无须再自行计算。

凤城市瑞沃尔制衣有限公司负责人钟玉贵说："现在去办税服务厅的次数越来越少，遇到税费方面的问题，90% 以上都能线上联系税务干部，解决的速度快，办税的成本还低。"目前，小规模纳税人申报时需要填报多张表格已成为历史，仅"一表集成"一项就为 130 余万小规模纳税人平均节省约 90% 的申报时间。

（资料来源：中国税务报网络报 http://www.ctaxnews.net.cn/paper/pad/con/202401/10/content_207843.html）

===== 税法导航 =====

《中华人民共和国增值税暂行条例》（以下简称《增值税暂行条例》）

===== 项目概述 =====

本项目是企业纳税实务学习的重点，详细介绍增值税的纳税人、征税范围、税率、征收率、优惠政策的运用，以及增值税一般计税方法下应纳税额的计算、简易计税方法下应纳税额的计算和进口货物应纳税额的计算。此外，还介绍增值税纳税申报的规定和如何进行纳税申报。本项目结合丰富案例，有助于提升增值税涉税业务处理水平及增强纳税人的责任风险意识。

任务 2.1　走进增值税

【任务目标】　1. 了解增值税纳税义务人的分类，掌握增值税征税范围。
　　　　　　　2. 掌握增值税税率和征收率。

3. 熟悉不同企业的增值税优惠政策。

4. 能够根据企业情况判断其是增值税一般纳税人还是小规模纳税人。

5. 根据企业经济业务选择适用的税率和税收优惠政策。

2.1.1　定位企业边界：增值税纳税人和征税范围

定位企业边界：增值税
纳税人和征税范围

1. 增值税的含义

增值税是以商品在流转过程中产生的增值额为计税依据征收的一种流转税。

我国现行的增值税是对在我国境内销售货物或者提供加工，修理修配劳务，销售服务、无形资产、不动产，以及进口货物的单位和个人，就其取得的货物或应税劳务的销售额及进口货物的金额计算税款，并实行税款抵扣制的一种流转税。

增值税具有如下特点：

（1）不重复征税，税收中性。从计税原理上讲，增值税以商品或劳务价值中的增值额为征税对象，可以避免对同一对象重复征税；同一货物在其各个生产、流通环节的税负大致相同，这使得增值税对生产经营活动及消费行为基本不发生影响。增值税具有税收中性特点，有利于生产专业化分工及提高社会经济资源利用效率。

（2）税源广阔，具有普遍性。增值税不仅可以对制造行业征收，也可以对贸易行业征收；不仅可以在生产环节征收，也可以在批发、零售及进口环节征收。一切从事生产经营活动并取得经营收入的单位和个人都应依法缴纳增值税。

（3）实行税款抵扣制，具有可操作性。商品新增价值或附加值在商品流通过程中是难以准确计算的，因此在增值税的实际操作中采用税款抵扣计算方法，即先根据货物或应税劳务销售额按照规定的税率计算税额，然后从中扣除上一道环节已纳增值税税额，其余额即为纳税人应缴纳的增值税税款。这种计算办法同样体现了不重复征税的特点。

（4）逐个环节价外征收，具有转嫁性。增值税是在商品交易额或劳务价值之外，由卖方向买方收取的，由买方所承担的增值税会通过销售活动全部转移至下一个环节（下一个买方），从而得到足额补偿。因此，从形式上讲，增值税税收负担是由不能再进行转嫁的最终消费者承担的。

2. 增值税纳税人

增值税纳税人是指在我国境内销售货物或者提供加工、修理修配劳务和销售服务、无形资产、不动产及进口货物的单位和个人。根据经营规模及会计核算水平，纳税人可分为一般纳税人和小规模纳税人。

单位以承包、承租、挂靠方式经营的，承包人、承租人、挂靠人（以下统称承包人）以发包人、出租人、被挂靠人（以下统称发包人）名义对外经营并由发包人承担相关法律责任的，以该发包人为纳税人，否则以承包人为纳税人。

在我国境外的单位或者个人在境内发生应税行为，若其在境内未设有经营机构，则以购买方为增值税扣缴义务人。

1）一般纳税人

增值税一般纳税人（以下简称一般纳税人）是指年应税销售额超过财政部、国家税务总局规定的小规模纳税人标准（自 2018 年 5 月 1 日起，年应税销售额为 500 万元）的纳税人。除税法另有规定外，纳税人应当向其机构所在地主管税务机关办理一般纳税人登记。

下列纳税人不可办理一般纳税人登记。

（1）按照政策规定选择按小规模纳税人纳税的纳税人（含非企业性单位及不经常发生应税行为的单位和个体工商户）。

（2）年应税销售额超过规定标准的其他个人。

除国家税务总局另有规定外，纳税人在登记为一般纳税人后，不得转为小规模纳税人。

2）小规模纳税人

增值税小规模纳税人（以下简称小规模纳税人）是指年应税销售额在规定标准以下，并且会计核算不健全，不能按照规定报送有关税务资料的增值税纳税人。

增值税小规模纳税人标准为年应征增值税销售额 500 万元及以下。年应税销售额包括纳税申报销售额、稽查查补销售额、纳税评估调整销售额等。

年应税销售额超过规定标准的其他个人不属于一般纳税人，年应税销售额超过规定标准但不经常发生应税行为的单位和个体工商户可以选择按小规模纳税人身份纳税。小规模纳税人不能抵扣增值税进项税额，可按简易计税办法计算缴纳增值税。发生应税行为时，若购买方索取增值税专用发票，小规模纳税人可以自愿使用增值税发票管理系统自行开具。

年应税销售额未超过规定标准的纳税人，若会计核算健全且能提供准确的税收会计科目，则可向主管税务机关申请办理一般纳税人资格登记，并在主管税务机关审批通过后成为一般纳税人。

> **注意**
>
> 年应税销售额是指纳税人在连续不超过十二个月或四个季度的经营期内累计应征增值税销售额，包括纳税申报销售额、稽查查补销售额、纳税评估调整销售额等。销售服务、无形资产或者不动产有扣除项目的纳税人，其应税行为年应税销售额按照未扣除之前的销售额计算。纳税人偶然发生的销售无形资产、转让不动产的销售额，不计入应税行为年应税销售额。若该销售额含税，则应按照适用税率或征收率将其换算为不含税销售额。

小规模纳税人和一般纳税人的划分标准见表2-1。

表 2-1　小规模纳税人和一般纳税人的划分标准

项目	小规模纳税人		一般纳税人
标准	年应税销售额≤500 万元		年应税销售额＞500 万元
特殊情况	其他个人（非个体户）	必须按小规模纳税人纳税	小规模纳税人会计核算健全，可以申请登记为一般纳税人
	① 非企业性单位 ② 不经常发生应税行为的企业	可以选择按小规模纳税人纳税	
计税方法	简易计税方法		一般计税方法

项目	小规模纳税人	一般纳税人
发票管理	使用增值税普通发票 小规模纳税人（除其他个人外）发生应税行为需要开具增值税专用发票时，可以自愿使用增值税发票管理系统自行开具	可以使用增值税专用发票

3. 增值税扣缴义务人

我国境外的单位或者个人在境内提供应税劳务，在境内未设有经营机构的，以其境内代理人为扣缴义务人；在境内没有代理人的，以购买方为扣缴义务人。

我国境外的单位或者个人在境内发生应税行为，在境内未设有经营机构的，以购买方为增值税扣缴义务人（财政部和国家税务总局另有规定的除外）。

4. 增值税的征税范围

增值税的征税范围包括销售货物、销售劳务、销售服务、销售无形资产、销售不动产和进口货物。

1）销售货物

这里的货物是指有形动产，包括电力、热力和气体等。热力交易时由水、气等介质承载，水、气等介质都是有物理存在的有形动产，交易时热及介质一并交易，因此热力也属于有形动产的货物。

2）销售劳务

这里的劳务是指针对货物的加工、修理修配劳务。加工是指受托加工货物，即委托方提供原料及主要材料，受托方按照委托方的要求制造货物并收取加工费的业务。

加工、修理修配劳务针对的对象是货物，其在本质上仍属于货物范畴，因此作为应税交易对象，劳务与货物适用相同的税率。在《中华人民共和国增值税法（征求意见稿）》中，劳务被划归为货物，不再单独作为一类对象。

3）销售服务

服务是指满足他人某种特殊需要的劳动。服务是无形的劳动，区别于有形的货物。服务和劳务都是无形的劳动，但服务是针对人的劳动，劳务是针对货物的劳动。

增值税应税交易服务包括交通运输服务、邮政服务、电信服务、建筑服务、金融服务、现代服务和生活服务七大类。

（1）交通运输服务。交通运输服务包括陆路运输服务、水路运输服务、航空运输服务和管道运输服务。

① 陆路运输服务。陆路运输服务包括铁路运输服务、公路运输服务、缆车运输服务、索道运输服务、地铁运输服务、城市轻轨运输服务等。

出租车公司向使用本公司自有出租车的出租车司机收取的管理费用，不是按照租赁服务缴纳增值税，而是按照陆路运输服务缴纳增值税。这是因为出租车司机和出租车公司之间存在劳动关系，出租车公司和出租车司机之间属于内部承包关系，而不是出租车公司把车出租给司机。

②　水路运输服务。水路运输服务是指通过江、河等水道或者海洋航道运送货物或者旅客的运输业务活动。

水路运输的程租、期租业务属于水路运输服务。程租业务是指运输企业为租船人完成某一特定航次的运输任务并收取租赁费的业务。期租业务是指运输企业将配备有操作人员的船舶承租给他人使用一定期限，承租期内听候承租方调遣，不论是否经营，均按天向承租方收取租赁费，发生的固定费用均由船东负担的业务。

③　航空运输服务。航空运输的湿租业务属于航空运输服务。湿租业务是指航空运输企业将配备有机组人员的飞机承租给他人使用一定期限，承租期内听候承租方调遣，不论是否经营，均按一定标准向承租方收取租赁费，发生的固定费用均由承租方承担的业务。

航天运输服务是指利用火箭等载体将卫星等飞行器发射到空间轨道的业务活动。航天运输服务按照航空运输服务缴纳增值税。

④　管道运输服务。管道运输服务是指通过管道设施输送气体、液体、固体物质的运输业务活动。

（2）邮政服务。邮政服务是指中国邮政集团公司及其所属的邮政速递物流公司、邮政储蓄银行等邮政企业提供的服务。例如，邮寄信函、邮寄包裹、报刊发行、邮品销售、邮政汇兑、邮政代理等。

邮政服务限定于中国邮政集团公司及其所属企业提供的服务。

（3）电信服务。电信服务包括基础电信服务和增值电信服务。

①　基础电信服务。基础电信服务是指提供语音通话服务及出租或者出售带宽、波长等网络元素的业务活动。

②　增值电信服务。增值电信服务是指提供短信和彩信服务、电子数据和信息的传输及应用服务、互联网接入服务等业务活动。例如，卫星电视信号落地转接服务属于增值电信服务，按照增值电信服务缴纳增值税。

（4）建筑服务。建筑服务是指各类建筑物、构筑物及其附属设施的建造、修缮、装饰，线路、管道、设备、设施等的安装，以及其他工程作业的业务活动。建筑服务包括工程服务、安装服务、修缮服务、装饰服务和其他建筑服务。

①　工程服务。工程服务是指新建、改建各种建筑物、构筑物的工程作业，包括与建筑物相连的各种设备或者支柱、操作平台的安装或者装设工程作业，以及各种窑炉和金属结构工程作业。

②　安装服务。安装服务是指生产设备、动力设备、起重设备、运输设备等各种设备、设施的装配、安置工程作业。固定电话、有线电视、宽带、水、电、燃气、暖气等经营者向用户收取的安装费、初装费、开户费、扩容费及其他类似收费，按照安装服务缴纳增值税。

③　修缮服务。修缮服务是指对建筑物、构筑物进行修补、加固、养护、改善，使之恢复原来的使用价值或者延长其使用期限的工程作业。

④　装饰服务。装饰服务是指对建筑物、构筑物进行修饰装修，使之美观或者具有特定用途的工程作业。

⑤　其他建筑服务。其他建筑服务是指上述工程作业之外的各种工程作业服务，如钻井（打井）、拆除建筑物或者构筑物、平整土地、园林绿化、疏浚（不含航道疏浚）、建筑物平移、

搭脚手架、爆破、矿山穿孔、表面附着物（岩层、土层、沙层等）剥离和清理等工程作业。

（5）金融服务。金融服务是指经营金融保险的业务活动。金融服务包括贷款服务、直接收费金融服务、保险服务和金融商品转让。

① 贷款服务。贷款服务是指各种占用、拆借资金取得的收入，包括金融商品持有期间（含到期）利息（保本收益、报酬、资金占用费、补偿金等）收入、信用卡透支利息收入、买入返售金融商品利息收入、融资融券收取的利息收入，以及融资性售后回租、押汇、罚息、票据贴现、转贷等业务取得的利息及利息性质的收入，按照贷款服务缴纳增值税。融资性售后回租是指承租方以融资为目的，将资产出售给从事融资性售后回租业务的企业后，从事融资性售后回租业务的企业将该资产出租给承租方的业务活动。

以货币资金投资收取的固定利润或者保底利润，按照贷款服务缴纳增值税。

② 直接收费金融服务。直接收费金融服务是指为货币资金融通及其他金融业务提供相关服务并且收取费用的业务活动。直接收费金融服务包括提供货币兑换、账户管理、资金结算、资金清算、金融支付等服务。

③ 保险服务。保险服务包括人身保险服务和财产保险服务。

④ 金融商品转让。金融商品转让是指转让外汇、有价证券、非货物期货和其他金融商品所有权的业务活动。其他金融商品转让包括基金、信托、理财产品等各类资产管理产品和各种金融衍生品的转让。

（6）现代服务。现代服务是指围绕制造业、文化产业、现代物流业等提供技术性、知识性服务的业务活动。现代服务包括研发和技术服务、信息技术服务、文化创意服务、物流辅助服务、租赁服务、鉴证咨询服务、广播影视服务、商务辅助服务和其他现代服务。

① 研发和技术服务。研发和技术服务包括研发服务、合同能源管理服务、工程勘察勘探服务、专业技术服务。

合同能源管理服务是指节能服务公司与用能单位以契约形式约定节能目标，节能服务公司提供必要的服务，用能单位以节能效果支付节能服务公司投入及其合理报酬的业务活动。

② 信息技术服务。信息技术服务是指利用计算机、通信网络等技术对信息进行生产、收集、处理、加工、存储、运输、检索和利用，并提供信息服务的业务活动。信息技术服务包括软件服务、电路设计及测试服务、信息系统服务、业务流程管理服务和信息系统增值服务。

③ 文化创意服务。文化创意服务包括设计服务、知识产权服务、广告服务和会议展览服务。

④ 物流辅助服务。物流辅助服务包括航空服务、港口码头服务、货运客运场站服务、打捞救助服务、装卸搬运服务、仓储服务和收派服务等。

⑤ 租赁服务。租赁服务包括融资租赁服务和经营租赁服务。

融资租赁服务是指具有融资性质和所有权转移特点的租赁活动。出租人购入承租人所要求的有形动产或者不动产租赁给承租人，合同期内租赁物所有权属于出租人，承租人只拥有使用权，合同期满付清租金后，承租人有权按照残值购入租赁物以拥有其所有权。不论出租人是否将租赁物销售给承租人，都属于融资租赁。融资性售后回租不按本税目缴纳增值税。

经营租赁服务是指在约定时间内将有形动产或者不动产转让他人使用且租赁物所有权不变更的业务活动。将建筑物、构筑物等不动产或者飞机、车辆等有形动产的广告位出租给其他单位或者个人用于发布广告，按照经营租赁服务缴纳增值税。车辆停放服务、道路通行服务（含过路费、过桥费、过闸费等）等按照不动产经营租赁服务缴纳增值税。水路运输的光租业务及航空运输的干租业务都属于经营租赁。光租业务是指运输企业将船舶在约定时间内出租给他人使用，不配备操作人员，不承担运输过程中发生的各项费用，只收取固定租赁费的业务活动。干租业务是指航空运输企业将飞机在约定时间内出租给他人使用，不配备机组人员，不承担运输过程中发生的各项费用，只收取固定租赁费的业务活动。

⑥ 鉴证咨询服务。鉴证咨询服务包括认证服务、鉴证服务和咨询服务。翻译服务和市场调查服务按照咨询服务缴纳增值税。

⑦ 广播影视服务。广播影视服务包括广播影视节目（作品）的制作服务、发行服务和播映（含放映，下同）服务。

⑧ 商务辅助服务。商务辅助服务包括企业管理服务、经纪代理服务、人力资源服务、安全保护服务。

⑨ 其他现代服务。其他现代服务是指除研发和技术服务、信息技术服务、文化创意服务、物流辅助服务、租赁服务、鉴证咨询服务、广播影视服务和商务辅助服务外的现代服务。

（7）生活服务。生活服务是指为满足城乡居民日常生活需求而提供的各类服务活动。生活服务包括文化体育服务、教育医疗服务、旅游娱乐服务、餐饮住宿服务、居民日常服务和其他生活服务。

① 文化体育服务。文化体育服务包括组织文艺创作、文艺表演等文化服务和举办体育比赛、体育表演等体育服务。

② 教育医疗服务。教育医疗服务包括提供学历教育和非学历教育等教育服务及诊断、治疗、康复等医疗服务。

③ 旅游娱乐服务。旅游娱乐服务包括组织安排游览、住宿、餐饮、购物等旅游服务及提供舞厅、酒吧、台球等娱乐服务。

④ 餐饮住宿服务。餐饮住宿服务包括餐饮服务和住宿服务。餐饮服务是指通过同时提供饮食和饮食场所的方式为消费者提供饮食消费服务的业务活动。住宿服务是指提供住宿场所及配套服务等的活动，包括宾馆、旅馆、旅社、度假村和其他经营性住宿场所提供的住宿服务。

⑤ 居民日常服务。居民日常服务是指主要为满足居民个人及其家庭日常生活需求提供的服务，包括市容市政管理、家政、婚庆、养老、殡葬、照料和护理、救助救济、美容美发、按摩、桑拿、氧吧、足疗、沐浴、洗染、摄影扩印等服务。

4）销售无形资产

销售无形资产是指转让无形资产所有权或者使用权的业务活动。无形资产是指不具有实物形态但能带来经济利益的资产。无形资产包括技术、商标、著作权、商誉、自然资源使用权和其他权益性无形资产。

5）销售不动产

销售不动产是指转让不动产所有权的业务活动。不动产是指不能移动或者移动后会引起性质、形状改变的有形财产，如建筑物、构筑物等。

6）进口货物

进口货物是指起运地在境外、目的地在境内的货物。根据增值税税法的规定，除部分进口货物免税外，我国对进口货物征收增值税。

5. 征税范围的特殊项目

（1）货物期货（含商品期货和贵金属期货）应当征收增值税，在期货的实物交割环节纳税。

（2）银行销售金银应当征收增值税。

（3）典当业销售死当物品和寄售业代委托人销售寄售物品，均应征收增值税。

（4）电力公司向发电企业收取的过网费应当征收增值税。

6. 征税范围的特殊行为

1）视同销售行为

（1）将货物交付其他单位或个人代销。

（2）销售代销货物。

（3）设有两个以上机构并实行统一核算的纳税人，将货物从一个机构移送至其他机构用于销售（相关机构设在同一县市的除外）。

（4）将自产或委托加工的货物用于非增值税应税项目。

（5）将自产或委托加工的货物用于集体福利或个人消费。

（6）将自产、委托加工或购进的货物对外投资。

（7）将自产、委托加工或购进的货物分配给股东或投资者。

（8）将自产、委托加工或购进的货物无偿赠送他人。

（9）单位和个体工商户向其他单位或个人无偿提供应税服务，但以公益活动为目的或以社会公众为对象的除外。

（10）财政部和国家税务总局规定的其他情形。

学中做 2-1

下列行为中，属于视同销售货物行为，应当征收增值税的是（　　　）。

A. 某商店为服装厂代销儿童服装

B. 某批发部门将外购的部分饮料用于集体福利

C. 某企业将外购的纯净水用于无偿赠送

D. 某企业将外购的洗衣粉用于个人消费

解析：答案为 A 和 C。选项 A 和 C 属于增值税视同销售货物行为；选项 B 和 D 是将外购的货物用于内部分配，不属于增值税视同销售行为。

学中做 2-2

某大型商场在中秋节期间开展"买一赠一"活动，活动规则是：购买一件裙子赠送一双同品牌袜子。该商场当月销售裙子 500 件，单位售价为 600 元，单位成本为 250 元；赠送袜子 500 件，单位售价为 20 元，单位成本为 10 元。请问该商场"买一赠一"活动是否属于视同销售行为？

解析："买一赠一"可以不认定为视同销售，但必须有严格的形式要求。如果赠品和主商品在同一张发票上注明，就可以证明随货赠送的商品实为有偿销售，其销售价格隐含在销售商品总售价中，可视为捆绑销售或者实物折扣，因此不适用增值税和企业所得税有关无偿赠送视同销售的相关规定。除此之外，一律按照无偿赠送视同销售计征增值税。

2）视同销售服务、无形资产或者不动产行为

（1）单位或者个体工商户向其他单位或者个人无偿提供服务，但用于公益事业或者以社会公众为对象的除外。

（2）单位或者个人向其他单位或者个人无偿转让无形资产或者不动产，但用于公益事业或者以社会公众为对象的除外。

（3）财政部和国家税务总局规定的其他情形。

3）混合销售行为

混合销售行为是指一项销售行为既涉及增值税应税货物又涉及应税服务。

解释：增值税应税服务税率档次多，并且大多与销售货物税率不同，当一项销售行为同时涉及销售货物和服务，使提供货物和服务具备内在联系和因果关系的时候，称为混合销售。

混合销售行为按照纳税人的主营项目划分应纳税种（按照销售货物征税还是按照销售服务征税）。从事货物生产、批发或者以零售为主的单位和个体工商户的混合销售行为，按照销售货物缴纳增值税；其他单位和个体工商户的混合销售行为，按照销售服务缴纳增值税。例如，酒店对顾客收取住宿费，其中一揽子包含了住宿、房间内一次性洗漱用品的费用，是典型的混合销售行为，按照"生活服务"计算缴纳增值税。

4）兼营行为

纳税人兼营销售货物、劳务、服务、无形资产或者不动产适用不同税率或者征收率的，应当分别核算适用不同税率或者征收率的销售额；未分别核算销售额的，从高适用税率。例如，某家电生产企业销售自产家电并负责运输（企业车队具有运输资质）。又如，某房地产中介公司既做二手房买卖，又提供经纪代理服务。

7. 不征收增值税项目

不征收增值税的项目具体如下：

（1）根据国家指令无偿提供的铁路运输服务、航空运输服务，属于《营业税改征增值税试点实施办法》第十四条规定的用于公益事业的服务。

（2）存款利息。

（3）被保险人获得的保险赔付。

（4）房地产主管部门或者其指定机构、公积金管理中心、开发企业及物业管理单位代

收的住宅专项维修资金。

（5）纳税人在资产重组过程中，通过合并、分立、出售、置换等方式，将全部或者部分实物资产及与其相关联的债权、负债和劳动力一并转让给其他单位和个人，其中涉及的不动产、土地使用权转让行为。

（6）纳税人在资产重组过程中，通过合并、分立、出售、置换等方式，将全部或者部分实物资产以及与其相关联的债权、负债和劳动力一并转让给其他单位和个人，其中涉及的不动产、土地使用权转让行为。

学中做 2-3

沈阳某药厂为小规模纳税人，其在疫情期间享受国家多种税收优惠，若每桶酒精原料进价为 40 元，售价为 50 元，则增值额是多少？应纳增值税税额是多少？

解析：增值额＝50－40＝10（元）。

应纳增值税税额＝增值额×税率＝10×1%＝0.1（元）。

2.1.2 识别企业形象：增值税税率、征收率

1. 增值税税率

增值税税率适用于一般纳税人。目前我国增值税税率分为四档：13%、9%、6%和零税率。

（1）一般纳税人销售或者进口货物、提供加工及修理修配劳务、提供有形动产租赁服务，除特殊规定外，税率为13%。

（2）纳税人销售或者进口下列货物，税率为 9%：农产品（含粮食）、食用植物油、自来水、暖气、冷气、热水、煤气、石油液化气、天然气、居民用煤炭制品、食用盐、农机、饲料、农药、农膜、化肥、沼气、二甲醚、图书、报纸、杂志、音像制品、电子出版物等。

需要注意的是，以粮食为原料加工的速冻食品、方便面、副食品和各种熟食品及淀粉，税率为13%；用鲜奶加工的各种奶制品（酸奶、奶酪、奶油等），税率为13%。

此外，自 2019 年 4 月 1 日起，增值税一般纳税人提供交通运输、邮政、基础电信、建筑、不动产租赁服务，销售不动产，转让土地使用权，税率为9%。

（3）增值税一般纳税人提供增值电信服务、金融服务、现代服务（有形动产租赁和不动产租赁服务除外）、生活服务、销售无形资产（不含转让土地使用权），税率为6%。

（4）纳税人出口货物，以及境内单位和个人发生的跨境应税行为，税率为零。零税率只是税率为零，并不等于免税。

（5）境内的单位和个人销售下列服务和无形资产，适用增值税零税率。

① 国际运输服务，具体包括在境内载运旅客或者货物出境、在境外载运旅客或者货物入境、在境外载运旅客或者货物。

② 航天运输服务。

③ 向境外单位提供的完全在境外消费的服务，具体包括研发服务、合同能源管理服务、设计服务、广播影视节目（作品）的制作和发行服务、软件服务、电路设计及测试服务、信息系统服务、业务流程管理服务、离岸服务外包业务、转让技术。

学中做 2-4

下列货物中，适用 9% 税率的有（　　）。

A. 利用工业余热生产的热水

B. 石油液化气

C. 淀粉

D. 蚊香、驱蚊剂

解析：答案：A 和 B。淀粉不属于农产品范围，适用 13% 税率。蚊香、驱蚊剂也适用 13% 税率。

2. 增值税征收率

我国增值税法定征收率是 3%，一些特殊项目适用 3% 征收率减按 2% 征收增值税。

1）适用 3% 征收率的情形

3% 征收率适用于小规模纳税人销售货物或者提供加工、修理修配劳务，销售应税服务、无形资产。实行简易征收的一般纳税人简易计税按照 3% 征收率（适用 5% 征收率的除外）。

一般纳税人销售下列自产货物，可以选择按照简易计税办法依照 3% 征收率计算缴纳增值税。

（1）县级及县级以下小型水力发电（装机容量不超过 5 万千瓦）单位生产的电力。

（2）建筑用和生产建筑材料所用的砂、土、石料。

（3）以自己采掘的砂、土、石料或其他矿物连续生产的砖、瓦、石灰。

（4）用微生物、微生物代谢产物、动物毒素、人或动物的血液或组织制成的生物制品（属于增值税一般纳税人的单采血浆站销售的非临床用人体血液，也可按照简易计税办法依照 3% 征收率计算应纳税额）。

（5）自来水。

（6）商品混凝土（仅限以水泥为原料生产的水泥混凝土）。

（7）寄售商店代销寄售物品。

（8）典当业销售死当物品。

（9）"营改增"[①]试点纳税人提供的交通运输等服务。

2）适用 5% 征收率的情形

适用 5% 征收率的具体情形如下：

（1）中外合作油（气）田开采（含中外双方签订石油合同合作开采陆上）的原油、天然气，征收率为 5%，不抵扣进项税额。

---

① 营业税改增值税，简称"营改增"，是指以前缴纳营业税的应税项目改成缴纳增值税。营改增的最大特点是减少重复征税，可以促使社会形成更好的良性循环，有利于企业降低税负。

（2）房地产开发企业中的小规模纳税人，销售或出租自行开发的房地产项目。

（3）小规模纳税人销售其取得（不含自建）的不动产，应以取得的全部价款和价外费用减去该项不动产购置原价或者取得不动产时作价后的余额为销售额，按照 5%征收率计算应纳税额；小规模纳税人销售其自建的不动产，应以取得的全部价款和价外费用为销售额，按照 5%征收率计算应纳税额。

（4）小规模纳税人出租其取得的不动产（不含个人出租住房）。

（5）其他个人销售其取得（不含自建）的不动产（不含其购买的住房），其他个人出租其取得的不动产（不含住房）。

3）其他减征征收率的情形

（1）小规模纳税人（除其他个人外）销售自己使用过的固定资产，减按 2%征收率征收增值税。

（2）个人出租住房，应当按照 5%征收率减按 1.5%计算应纳税额。

（3）疫情期间的税率优惠。

自 2020 年 3 月 1 日至 2020 年 12 月 31 日，对湖北省的小规模纳税人适用 3%征收率的应税销售收入免征增值税。除湖北省外，对其他省、自治区、直辖市的小规模纳税人适用 3%征收率的应税销售收入减按 1%征收率征收增值税。

（4）自 2020 年 5 月 1 日至 2023 年 12 月 31 日，从事二手车经销的纳税人销售其收购的二手车，由原来按照简易计税办法依照 3%征收率减按 2%征收增值税改为减按 0.5%征收增值税。

（5）旧货及特定固定资产（按照规定不得抵扣且未抵扣进项税额的固定资产）依照 3%征收率减按 2%征收增值税。

3. 兼营

纳税人销售货物、加工和修理修配劳务、服务、无形资产或者不动产适用不同税率或者征收率的，应当分别核算适用不同税率或者征收率的销售额；未分别核算销售额的，按照以下方法选择适用税率或者征收率。

（1）兼有不同税率的，从高适用税率。

（2）兼有不同征收率的，从高适用征收率。

（3）兼有不同税率和征收率的，从高适用税率。

学中做 2-5

刘备成立了一家刘氏公司，该公司为一般纳税人。若刘氏公司将空调出租给曹操，则该公司对外租赁空调要缴纳多少税额？

解析：刘氏公司对外出租空调属于出租有形动产，适用 13%税率；若空调月租金为 5 000 元，则应交税额 5 000×13%＝650（元）。若企业将空调和司机一起出租，则属于交通运输服务，适用 9%税率，这时，应交税额 5 000×9%＝450（元）。刘氏公司将空调和司机一起出租，既满足了客户需求，又合理合法节省了 4%的税款。

2.1.3　抓住税收红利：增值税税收优惠

1. 免征增值税项目

根据《中华人民共和国增值税暂行条例》第十五条的规定，免征增值税的项目如下：
（1）农业生产者销售的自产农产品（初级农产品）。
（2）避孕药品和用具。
（3）古旧图书（向社会收购的古书和旧书）。
（4）直接用于科学研究、科学试验和教学的进口仪器、设备。
（5）外国政府、国际组织无偿援助的进口物资和设备。
（6）由残疾人的组织直接进口供残疾人专用的物品。
（7）销售的自己使用过的物品。

2. 增值税起征点

针对个人而言，并不是所有收入都需要缴纳增值税，由此产生了"增值税起征点"的概念。个人发生应税行为的销售额未达到增值税起征点的，免征增值税；达到增值税起征点的，全额计算缴纳增值税。增值税起征点的适用范围仅限于个人，不包括登记为一般纳税人的个体工商户。增值税起征点具体幅度如下：
（1）按期纳税的，为月应税销售额 5 000～20 000 元（含本数）。
（2）按次纳税的，为每次（日）销售额 300～500 元（含本数）。
增值税起征点的调整由财政部和国家税务总局规定。省、自治区、直辖市财政厅（局）和税务局应当在规定的幅度内，根据实际情况确定本地区适用的增值税起征点，并报财政部和国家税务总局备案。

3. 增值税小规模纳税人最新优惠政策

（1）自 2023 年 1 月 1 日至 2027 年 12 月 31 日，小规模纳税人发生增值税应税销售行为，合计月销售额未超过 10 万元（以一个季度为一个纳税期的，季度销售额未超过 30 万元，下同）的，免征增值税（财政部 税务总局公告 2023 年第 19 号）。

小规模纳税人发生增值税应税销售行为，合计月销售额超过 10 万元但扣除本期发生的销售不动产的销售额后未超过 10 万元的，其销售货物、劳务、服务、无形资产取得的销售额免征增值税。

（2）自 2023 年 1 月 1 日至 2023 年 12 月 31 日，增值税小规模纳税人适用 3%征收率的应税销售收入，减按 1%征收率征收增值税；适用 3%预征率的预缴增值税项目，减按 1%预征率预缴增值税。

（3）自 2023 年 1 月 1 日至 2023 年 12 月 31 日，增值税加计抵减政策按照以下规定执行：

① 允许生产性服务业纳税人按照当期可抵扣进项税额加计 5%抵减应纳税额。生产性服务业纳税人，是指提供邮政服务、电信服务、现代服务、生活服务取得的销售额占全部

销售额的比重超过 50%的纳税人。

② 允许生活性服务业纳税人按照当期可抵扣进项税额加计 10%抵减应纳税额。生活性服务业纳税人，是指提供生活服务取得的销售额占全部销售额的比重超过 50%的纳税人。

③ 自 2023 年 1 月 1 日至 2027 年 12 月 31 日，允许先进制造业企业按照当期可抵扣进项税额加计 5%抵减应纳增值税税额（财政部 税务总局公告 2023 年第 43 号）。

先进制造业企业是指高新技术企业（含所属的非法人分支机构）中的制造业一般纳税人，高新技术企业是指按照《科技部 财政部 国家税务总局关于修订印发〈高新技术企业认定管理办法〉的通知》（国科发火〔2016〕32 号）规定认定的高新技术企业。先进制造业企业具体名单，由各省、自治区、直辖市、计划单列市工业和信息化部门会同同级科技、财政、税务部门确定。

先进制造业企业按照当期可抵扣进项税额的 5%计提当期加计抵减额。按照现行规定不得从销项税额中抵扣的进项税额，不得计提加计抵减额；已计提加计抵减额的进项税额，按规定做进项税额转出的，应在进项税额转出当期，相应调减加计抵减额。

【任务实施】

会计专业的小王毕业后，就职于一家贸易服务公司，从事会计助理工作。该公司属于小规模纳税人，财务经理给小王出的入职测试题是："我们公司作为小规模纳税人应该如何纳税？分两种情形考虑。"

（1）公司 2022 年 1 月货物销售额为 40 000 元，服务销售额为 30 000 元，不动产销售额为 20 000 元。请问：公司本月是否需要缴纳增值税？（以上均为不含税销售额）

（2）公司 2022 年 1 月货物销售额为 40 000 元，服务销售额为 30 000 元，不动产销售额为 100 000 元。请问：公司本月是否需要缴纳增值税？（以上均为不含税销售额）

解析：

（1）该小规模纳税人 2022 年 1 月合计销售额＝40 000＋30 000＋20 000＝90 000（元），未超过 100 000 元免税标准，该纳税人销售货物、服务和不动产取得的销售额 90 000 元，均可享受免税政策，不缴纳增值税。

（2）该小规模纳税人 2022 年 1 月合计销售额＝40 000＋30 000＋100 000＝170 000（元），剔除销售不动产后的销售额为 70 000 元，该纳税人销售货物和服务对应的销售额 70 000 元可以享受免税政策，销售不动产取得的销售额 100 000 元应当照章纳税。

任务 2.2 增值税精打细算

【任务目标】 1. 掌握一般方式下和特殊方式下的销售额计算方法，熟练计算一般纳税人销项税额。

2. 掌握准予抵扣的进项税额和不得抵扣的进项税额，熟练计算一般纳税人进项税额。

3. 熟练计算一般纳税人应纳税额和小规模纳税人应纳税额。

4. 熟练计算进口货物增值税应纳税额。

2.2.1　细算一般纳税人销项税额

细算一般纳税人
销项税额

1. 销项税额

销项税额是指增值税纳税人销售货物、提供应税劳务，或者销售服务、无形资产或者不动产，按照销售额和适用税率计算并向购买方收取的增值税税额。

$$销项税额＝销售额×税率＝组成计税价格×税率$$

纳税人提供适用不同税率或者征收率的应税行为，应当分别核算适用不同税率或者征收率的销售额；未分别核算的，从高适用税率。

纳税人兼营免税、减税项目的，应当分别核算免税项目和减税项目的销售额；未分别核算的，不得享受免税、减税。

销售额中包含的项目如下：

（1）向购买方收取的全部价款。

（2）消费税、关税等。

（3）价外费用，包括价外向购买方收取的手续费、补贴、基金、集资费、返还利润、奖励费、违约金、滞纳金、延期付款利息、赔偿金、代收款项、代垫款项、包装费、包装物租金、储备费、优质费、运输装卸费及其他各种性质的价外收费。

价外费用不包括以下项目：

（1）受托加工应征消费税的货物，由受托方代收代缴的消费税。

（2）同时符合以下条件的代垫运费：①承运部门的运输发票开具给购买方；②纳税人将该发票转交给购买方。

（3）符合条件代为收取的政府性基金或者行政事业性收费。

（4）销售货物的同时代办保险等向购买方收取的保险费，以及向购买方收取的代购买方缴纳的车辆购置税、车辆牌照费。

2. 含税销售额的换算

增值税实行价外税，计算销项税额时，销售额中不应含有增值税税额。但如果纳税人（含一般纳税人和小规模纳税人）在销售货物或提供劳务时将价款和税额合并定价，当发生销售额和增值税税额合并收取情况时，就必须将含税销售额换算成不含税销售额，并将其作为增值税的税基。换算公式如下。

一般计税方法：

$$不含税销售额＝含税销售额÷（1＋税率）$$

简易计税方法：

不含税销售额＝含税销售额÷（1＋征收率）

学中做 2-6

某企业 2022 年 8 月销售一批橄榄油的不含税销售额为 20 000 元，另外收取的包装费和运输费合计为 1 500 元，计算该企业此项业务的销项税额。

解析：包装费和运输费属于价外费用，视为含税收入，在并入含税额征税时，应将其换算成不含税收入。销项税额＝[20 000＋1 500÷（1＋9%）]×9%＝1 923.85（元）。

3. 特殊销售方式下销售额的确定

1）采取折扣方式销售

（1）折扣销售又叫商业折扣，它是指销货方在销售货物时，因购货方购货数量较大或与其有特殊关系等而给予购货方的价格优惠（直接打折）。

销售额和折扣额在同一张发票的"金额"栏分别注明的，可按折扣后的销售额征收增值税；未在同一张发票的"金额"栏注明折扣额的，折扣额不得从销售额中扣除。

（2）销售折扣又叫现金折扣，它是指销货方在销售货物或提供应税劳务后，为了鼓励购货方及早偿还货款而协议许诺给予购货方的一种折扣优待。销售折扣不得从销售额中扣除。

2）以旧换新方式销售业务

现行税法规定，纳税人采取以旧换新方式销售货物的（金银首饰除外），应按新货物的同期销售价格确定销售额；对金银首饰以旧换新业务，可按销售方实际收取的不含税的全部价款征收增值税。

学中做 2-7

某金饰店 8 月金银首饰零售销售额为 230 000 元，其中采用以旧换新方式销售金银首饰取得的实际销售收入为 30 000 元。若这批以旧换新的金银首饰零售价为 80 000 元，则销项税额如何确定？

解析：此项业务属于以旧换新方式销售货物，应按新货物的同期销售价格确定销售额，不得扣减旧货物的收购价格；对金银首饰以旧换新业务，可按销售方实际收取的不含税的全部价款征收增值税。

金饰店 8 月的销项税额＝230 000÷（1＋13%）×13%＝26 460.18（元）。

3）还本销售方式销售货物

还本销售是指销售方将货物出售后，按照约定时间一次或多次将购买货款部分或全部退还给购买方的一种销售方式。所退还的货款即为还本支出。现行税法规定，纳税人采取还本销售方式销售货物的，不得从销售额中减除还本支出。

4）采取以物易物方式销售货物

以物易物属于正常的购销业务，以各自发出的货物核算销售额并计算销项税额，以各自收到的货物核算购货额并计算进项税额。

5）直销企业增值税销售额的确定

自 2013 年 3 月 1 日起，直销企业先将货物销售给直销员，直销员再将货物销售给消费者的，直销企业的销售额为其向直销员收取的全部价款和价外费用。当直销员将货物销售给消费者时，应当按照现行税法规定缴纳增值税。

直销企业通过直销员向消费者销售货物的，直接向消费者收取货款，直销企业的销售额为其向消费者收取的全部价款和价外费用。

6）包装物押金

通常情况下，销货方向购货方收取包装物押金，购货方在规定时间内返还包装物，销货方再将收取的包装物押金返还。

（1）纳税人为销售货物而出租出借包装物收取的押金，单独记账核算的，时间在 1 年内且未过期的，不并入销售额征税。

（2）逾期（超过 12 个月）未收回包装物不再退还收取的包装物押金，并入销售额征税，计算公式如下：

$$应纳增值税税额＝逾期押金÷（1＋税率）×税率$$

（3）对酒类产品包装物押金规定如下：

对销售除啤酒、黄酒外的其他酒类产品收取的包装物押金，无论是否返还及如何会计核算，都应并入当期销售额征税。啤酒、黄酒包装物押金按照是否逾期处理。

学中做 2-8

酒厂本月向一小规模纳税人销售白酒，其开具的普通发票上注明金额为 92 800 元，同时收取单独核算的包装物押金 2 000 元（尚未逾期），逾期包装物押金 6 000 元。请问这个包装物押金是否应该并入销售额征税？

解析：①包装物押金单独记账核算的，时间在 1 年内且未过期的，不并入销售额征税。②包装物押金超过 1 年或者已经逾期的，无论是否退还都应并入销售额征税。③对销售除啤酒、黄酒外的其他酒类产品收取的包装物押金，无论是否返还及如何会计核算，都应并入当期销售额征税。

因此，酒厂本月包装物押金应该并入销售额，销项税额＝（92 800＋2 000）÷（1＋13%）×13%＝10 906.19（元）。

7）视同销售行为销售额确定

《增值税暂行条例实施细则》规定，价格明显偏低并无正当理由或者纳税人有视同销售货物行为而无销售额的，按照下列顺序确定销售额。

（1）按照纳税人最近时期同类货物的平均销售价格确定。

（2）按照其他纳税人最近时期同类货物的平均销售价格确定。

（3）按照组成计税价格确定。组成计税价格的计算公式如下：

$$组成计税价格＝成本×（1＋成本利润率）$$

一般成本利润率为 10%。属于应征消费税的货物，其组成计税价格中应加计消费税税额：

$$组成计税价格＝成本×（1＋成本利润率）＋消费税税额$$

$$组成计税价格＝成本×（1＋成本利润率）÷（1－消费税税率）$$

属于应征消费税的货物，依据消费税相关法规确定其成本利润率。

学中做 2-9

某保温杯厂（一般纳税人）将 300 个特制保温杯奖励给本厂职工，每个保温杯的成本为 100 元，无同类产品售价，成本利润率为 10%。请问该业务的销项税额是多少？

解析：该厂将自制保温杯作为集体福利发给本厂职工，此行为视同销售，其销项税额＝300×100×（1＋10%）×13%＝4 290（元）。

学中做 2-10

沈阳某商场为一般纳税人，该商场 2022 年 8 月对外销售 50 台冰箱，零售价为 3 000 元/台（含增值税），给予 9 折优惠，增值税税率为 13%。

情境一：出纳人员在开具增值税专用发票时将折扣额填在发票备注栏内，请问增值税销项税额是多少？

情境二：出纳人员在开具增值税专用发票时将折扣额与销售额在同一张发票的金额栏分别注明，请问增值税销项税额是多少？

解析：

情境一：出纳人员在开具增值税专用发票时将折扣额填在发票备注栏内，增值税销项税额＝3 000×50÷（1＋13%）×13%＝17 256.64（元）。

情境二：出纳人员在开具增值税专用发票时将折扣额与销售额在同一张发票的金额栏分别注明，可将折扣额从销售额中扣除。增值税销项税额＝3 000×50×0.9÷（1＋13%）×13%＝15 530.97（元）。

2.2.2　巧算一般纳税人进项税额

1. 准予抵扣的进项税额

税法规定准予抵扣的进项税额具体如下：

（1）从销售方取得的增值税专用发票上注明的增值税税额。

（2）从海关取得的海关进口增值税专用缴款书上注明的增值税税额。

（3）购进农产品，按照农产品收购发票或者销售发票上注明的农产品买价和 9%扣除率（若委托加工 13%税率货物的农产品，则按 10%扣除率）计算进项税额，即进项税额＝买价×扣除率。

学中做 2-11

一般纳税人从农业生产者手中购进免税农产品用于生产豆油并出售（适用增值税税率为 13%），收购凭证上注明价款为 40 000 元，应确认的进项税额是多少？

解析：一般纳税人购进用于生产或者委托加工 13%税率货物的农产品，按照 10%扣除率计算进项税额。进项税额＝40 000×10%＝4 000（元）。

学中做 2-12

某食品厂为一般纳税人，该食品厂 6 月从小规模纳税人（该纳税人适用 3%征收率）处购进免税农产品，收购凭证上注明收购价为 20 000 元，同时支付运输公司 6 000 元运费，并取得了运输公司开具的专用发票。根据规定，该食品厂准予抵扣的进项税额为多少？

解析：一般纳税人购进农产品，从按照简易计税方法依照 3%征收率计算缴纳增值税的小规模纳税人处取得增值税专用发票的，以增值税专用发票上注明的金额和 9%扣除率计算进项税额。准予抵扣的进项税额＝20 000×9%＋6 000÷（1＋9%）×9%＝2 295.41（元）。

（4）接受境外单位或者个人提供的应税服务，从税务机关或者境内代理人取得的解缴税款的《中华人民共和国税收通用缴款书》上注明的增值税额为进项税额。准予从销项税额中抵扣进项税额。

（5）不动产进项税额的抵扣。自 2019 年 4 月 1 日起，纳税人取得不动产或者不动产在建工程的进项税额可以在当年一次性抵扣。

（6）纳税人购进国内旅客运输服务，允许其进项税额从其销项税额中抵扣。纳税人未取得增值税专用发票的，暂时按照以下规定确定进项税额。

① 取得增值税电子普通发票的，进项税额为发票上注明的税额。

② 取得注明旅客身份信息的航空运输电子客票行程单的，按照下列公式计算进项税额：

$$航空旅客运输进项税额＝（票价＋燃油附加费）÷（1＋9\%）×9\%$$

③ 取得注明旅客身份信息的铁路车票的，按照下列公式计算进项税额：

$$铁路旅客运输进项税额＝票面金额÷（1＋9\%）×9\%$$

④ 取得注明旅客身份信息的公路、水路等其他客票的，按照下列公式计算进项税额：

$$进项税额＝票面金额÷（1＋3\%）×3\%$$

（7）加计抵减进项税额。自 2023 年 1 月 1 日至 2023 年 12 月 31 日，增值税加计抵减按照以下政策规定执行。

① 允许生产性服务业纳税人按照当期可抵扣进项税额加计 5%抵减应纳税额。

② 允许生活性服务业纳税人按照当期可抵扣进项税额加计 10%抵减应纳税额。

2. 不得从销项税额中抵扣的进项税额

下列项目的进项税额不得从销项税额中抵扣。

（1）用于简易计税方法计税项目、免征增值税项目、集体福利或者个人消费的购进货物、劳务、服务、无形资产或不动产。其中涉及的固定资产、无形资产、不动产仅指专用于上述项目的固定资产、无形资产（不含其他权益性无形资产）、不动产。

（2）非正常损失的购进货物以及相关的劳务和交通运输服务。

学中做 2-13

某企业为一般纳税人，该企业于 8 月初外购一批货物并支付增值税进项税额 180 000 元，8 月下旬因管理不善造成该批货物部分发生霉烂变质，经核实造成 1/3 损失。请问该企业 8 月可以抵扣的进项税额是多少?

解析: 购进货物非正常损失,其进项税额不得从当期销项税额中抵扣。因管理不善发生霉烂变质等损失属于非正常损失,该企业 8 月可以抵扣的进项税额 = 180 000 - 180 000 × 1/3 = 120 000(元)。

(3)非正常损失的在产品、产成品所耗用的购进货物(不包括固定资产)、劳务和交通运输服务。

(4)非正常损失的不动产,以及该不动产所耗用的购进货物、设计服务和建筑服务。

(5)非正常损失的不动产在建工程所耗用的购进货物、设计服务和建筑服务。

(6)购进的贷款服务、餐饮服务、居民日常服务和娱乐服务。

(7)国务院规定的其他项目。

上述第(4)项、第(5)项所称货物是指构成不动产实体的材料和设备,包括建筑装饰材料和给排水、采暖、卫生、通风、照明、通信、煤气、消防、中央空调、电梯、电气、智能化楼宇设备及配套设施。

固定资产是指使用期限超过 12 个月的机器、机械、运输工具及其他与生产经营有关的设备、工具、器具等有形动产。

学中做 2-14

沈阳某商场是一般纳税人,2022 年 6 月发生如下经济业务:

(1)从农产品经营者(小规模纳税人)购进一批白面(不适用进项税额核定扣除办法),取得的增值税专用发票上注明的金额为 500 000 元,税额为 15 000 万元,同时支付给运输单位运费 40 000 元(不含增值税),取得运输单位开具的增值税专用发票,注明不含税运输费 40 000 元。

(2)本月下旬将购进的农产品的 20%用于本企业职工福利。

如果你是该商场的税务会计,那么请问该商场当月将白面发给职工作为集体福利是否需要纳税?该笔业务当月可以抵扣的进项税额是多少?

解析: 该商场当月将白面发给职工作为集体福利,不得抵扣进项税额,因此该笔业务当月可以抵扣的进项税额 = 500 000 × (1 - 20%) × 9% = 36 000(元)。

同样,40 000 元运费只有 80%可以抵扣,即运输服务费抵扣的进项税额 = 40 000 × (1 - 20%) × 9% = 2 880(元)。

2.2.3　精算一般纳税人应纳税额

1. 增值税一般计税方法下应纳税额的计算

增值税计税方法主要包括一般计税方法和简易计税方法。一般纳税人通常采用一般计税方法计算增值税应纳税额。一般计税方法是指先按当期销售额和适用税率计算销项税额,然后以该销项税额对当期购进项目已经缴纳的税款(进项税额)进行抵扣,从而间接计算出对当期增值额部分的应纳税额。应纳税额计算公式如下:

当期应纳增值税税额＝当期销项税额－当期准予抵扣的进项税额

2. 一般纳税人销售货物或者劳务按照简易计税方法适用征收率情况

1）暂按简易计税方法依照 3%征收率

一般纳税人销售货物属于下列情形之一的，暂按简易计税方法，自 2014 年 7 月 1 日起依照 3%（2014 年 6 月 30 日之前征收率为 4%）征收率计算缴纳增值税。

（1）寄售商店代销寄售物品。

（2）典当业销售死当物品。

（3）经国务院或国务院授权机关批准的免税商店零售的免税品。

2）按照简易计税方法依照 3%征收率减按 2%征收

（1）一般纳税人销售自己使用过的不得抵扣且未抵扣进项税额的固定资产，按照简易计税方法，自 2014 年 7 月 1 日起依照 3%征收率减按 2%征收增值税（2014 年 6 月 30 日之前为 4%征收率减半征收增值税）。上述业务应当开具增值税普通发票，不得开具增值税专用发票，其销售额和应纳税额的计算公式如下：

$$销售额＝含税销售额÷（1＋3\%）$$
$$应纳税额＝销售额×2\%$$

（2）一般纳税人（一般指旧货经营单位）销售旧货，按照简易计税方法，自 2014 年 7 月 1 日起依照 3%征收率减按 2%征收增值税（2014 年 6 月 30 日之前为 4%征收率减半征收增值税），并且应当开具增值税普通发票，不得开具增值税专用发票。小规模纳税人销售旧货，减按 2%征收率征收增值税（这里是指小规模纳税人适用 3%征收率计算出不含税销售额后再减按 2%征收率征收增值税）。旧货是指进入二次流通的具有部分使用价值的货物（含 2013 年 8 月 1 日之前购入的不得抵扣且未抵扣进项税额的旧空调、旧摩托车和旧游艇等），但不包括个人自己使用过的物品。

《国家税务总局关于二手车经营业务有关增值税问题的公告》（国家税务总局公告 2012 年第 23 号）规定："经批准允许从事二手车经销业务的纳税人按照《机动车登记规定》的有关规定，收购二手车时将其办理过户登记到自己名下，销售时再将该二手车过户登记到买家名下的行为，属于《中华人民共和国增值税暂行条例》规定的销售货物的行为，应按照现行规定征收增值税。"自 2020 年 5 月 1 日至 2023 年 12 月 31 日，从事二手车经销的纳税人销售其收购的二手车，由原来按照简易计税办法依 3%征收率减按 2%征收增值税，改为减按 0.5%征收增值税（财政部 税务总局公告 2020 年第 17 号）。

（3）一般纳税人销售下列自产货物，可以选择按照简易计税方法，自 2014 年 7 月 1 日起依照 3%（2014 年 6 月 30 日之前征收率为 6%）征收率计算缴纳增值税。

① 县级及县级以下小型水力发电单位生产的电力。

② 建筑用和生产建筑材料所用的砂、土、石料。

③ 以自己采掘的砂、土、石料或其他矿物连续生产的砖、瓦、石灰（不含黏土实心砖、瓦）。

④ 用微生物、微生物代谢产物、动物毒素、人或动物的血液或组织制成的生物制品。

⑤ 自来水。

⑥ 商品混凝土（仅限以水泥为原料生产的水泥混凝土）。

⑦ 属于一般纳税人的单采血浆站销售的非临床用人体血液。

3. 一般纳税人销售服务、无形资产或者不动产按照简易计税方法适用征收率情况

1）应税服务

（1）公共交通运输服务。公共交通运输服务包括轮客渡、公交客运、地铁、城市轻轨、出租车、长途客运、班车。班车是指按照固定路线、固定时间运营并在固定站点停靠的运送旅客的陆路运输服务。

（2）经认定的动漫企业为开发动漫产品提供的动漫脚本编撰、形象设计、背景设计、动画设计、分镜、动画制作、摄制、描线、上色、画面合成、配音、配乐、音效合成、剪辑、字幕制作、压缩转码服务，以及在境内转让动漫版权。

（3）电影放映服务、仓储服务、装卸搬运服务、收派服务和文化体育服务。

（4）提供物业管理服务的纳税人向服务接受方收取的自来水水费，以扣除其对外支付的自来水水费后的余额为销售额，按照简易计税方法依照 3% 征收率计算缴纳增值税。

（5）非企业性单位中的一般纳税人提供的研发和技术服务、信息技术服务、鉴证咨询服务及销售技术、著作权等无形资产，可以选择简易计税方法按照 3% 征收率计算缴纳增值税。非企业性单位中的一般纳税人提供技术转让、技术开发和与之相关的技术咨询、技术服务，可以参照上述规定，选择简易计税方法按照 3% 征收率计算缴纳增值税。

（6）一般纳税人提供教育辅助服务，可以选择简易计税方法按照 3% 征收率计算缴纳增值税。

2）建筑服务

（1）一般纳税人以清包工方式提供的建筑服务，可以选择适用简易计税方法计税。以清包工方式提供建筑服务是指施工方不采购建筑工程所需的材料或只采购辅助材料，并收取人工费、管理费或者其他费用的建筑服务。

（2）一般纳税人为甲供工程提供的建筑服务，可以选择适用简易计税方法计税。甲供工程是指全部或部分设备、材料、动力由工程发包方自行采购的建筑工程。一般纳税人销售电梯的同时提供安装服务，其安装服务可以按照甲供工程选择适用简易计税方法计税。

（3）一般纳税人为建筑工程老项目提供的建筑服务，可以选择适用简易计税方法计税。建筑工程老项目是指建筑工程施工许可证注明的合同开工日期在 2016 年 4 月 30 日前的建筑工程项目，或者未取得建筑工程施工许可证的、建筑工程承包合同注明的开工日期在 2016 年 4 月 30 日前的建筑工程项目。

（4）一般纳税人跨县（市）提供建筑服务，适用一般计税方法计税的，应以取得的全部价款和价外费用为销售额计算应纳税额。纳税人应以取得的全部价款和价外费用扣除支付的分包款后的余额，按照 2% 预征率在建筑服务发生地预缴税款后，向机构所在地主管税务机关进行纳税申报。

（5）一般纳税人跨县（市）提供建筑服务，适用简易计税方法计税的，应以取得的全部价款和价外费用扣除支付的分包款后的余额为销售额，按照 3% 征收率计算应纳税额。纳税人应当按照上述计税方法在建筑服务发生地预缴税款后，向机构所在地主管税务机关进行纳税申报。

（6）建筑工程总承包单位为房屋建筑的地基与基础、主体结构提供工程服务，建设单位自行采购全部或部分钢材、混凝土、砌体材料、预制构件的，适用简易计税方法计税。

学中做 2-15

沈阳阳光建筑公司为一般纳税人，2019 年 8 月在吉林市承揽了一项建筑工程，合同总造价为 5 000 000 元。8 月预收含税工程款 1 200 000 元，当月支付含税分包款 200 000 元。假设该公司当月购买材料的进项税额为 10 000 元。请问：该公司当月应如何缴纳增值税？

解析：依据国家税务总局公告（2016 年第 17 号）的规定，一般纳税人跨县（市、区）提供建筑服务，按照以下规定预缴税款：

（1）一般纳税人跨县（市、区）提供建筑服务，适用一般计税方法计税的，以取得的全部价款和价外费用扣除支付的分包款后的余额，按照 2%预征率计算应预缴税款。

（2）一般纳税人跨县（市、区）提供建筑服务，适用简易计税方法计税的，以取得的全部价款和价外费用扣除支付的分包款后的余额，按照 3%征收率计算应预缴税款。

根据上述规定，分以下两种情况计算：

（1）如果该公司选择简易计税方法，则有

在辽宁省沈阳市税务局预缴税款＝（1 200 000－200 000）÷（1＋3%）×3%＝29 126（元）。

在吉林市税务局纳税申报时：

应纳增值税税额＝（1 200 000－200 000）÷（1＋3%）×3%＝29 126（元）。

应补（退）税额＝29 126－29 126＝0。

（2）如果该公司选择一般计税方法，则有

在辽宁省沈阳市税务局预缴税款＝（1 200 000－200 000）÷（1＋9%）×2%＝18 348（元）。

在吉林市税务局纳税申报时：

销项税额＝1 200 000÷（1＋9%）×9%＝99 082（元）。

进项税额＝10 000 元。

应纳税额＝销项税额－进项税额＝99 082－10 000＝89 082（元）。

应补（退）税额＝89 082－18 348＝70 734（元）。

学中做 2-16

某电子企业为一般纳税人，2022 年 7 月发生下列经济业务：

（1）销售 A 产品 50 台，不含税单价为 8 000 元，货款收到后向购买方开具了增值税专用发票，并将提货单交给了购买方。截至月底，购买方尚未提货。

（2）将 20 台新试制的 B 产品分配给投资者，B 产品单位成本为 6 000 元，该产品尚未投放市场。

（3）单位内部职工集体福利领用甲材料 1 000 千克，每千克成本为 50 元。

（4）企业某免征增值税项目领用甲材料 200 千克，每千克成本为 50 元，同时领用 A 产品 5 台。

（5）当月丢失库存乙材料 800 千克，每千克成本为 20 元，做待处理财产损益账务处理。

（6）当月发生购进货物的全部进项税额为 70 000 元。

其他资料：上月进项税额已全部抵扣完毕，本月取得的进项税额抵扣凭证均已申报抵扣。购销货物适用增值税税率均为 13%，税务局核定 B 产品的成本利润率为 10%。

要求：

（1）计算当月销项税额。

（2）计算当月可抵扣进项税额。

（3）计算当月应纳增值税税额。

解析：

（1）当月销项税额＝[50×8 000＋5×8 000＋20×6 000×（1＋10%）]×13%＝74 360（元）。

（2）当月可抵扣进项税额＝70 000－（50×1 000＋50×200＋20×800）×13%＝60 120（元）。

（3）当月应纳增值税税额＝74 360－60 120＝14240（元）。

2.2.4 惠算小规模纳税人应纳税额

1. 小规模纳税人增值税计算的一般规定

小规模纳税人销售货物，提供加工、修理修配劳务，销售服务、无形资产或者不动产，按照取得的销售额和增值税征收率计算应纳税额，但不得抵扣进项税额。计算公式如下：

$$应纳税额＝不含税销售额×征收率$$

纳税人采用销售额和应纳税额合并定价方法的，须对销售额进行价税分离。计算公式如下：

$$不含税销售额＝含税销售额÷（1＋征收率）$$

我国法定的增值税征收率是 3%，一些特殊项目适用 3%征收率减按 2%征收增值税。

小规模纳税人销售货物只能开具普通销货发票，不能使用增值税专用发票，其购进的货物无论是否取得增值税专用发票都不能抵扣进项税额，但购进税控收款机除外。

学中做 2-17

某食品厂为小规模纳税人，2022 年 7 月销售一批糕点并取得含税销售额 40 000 元，经主管税务机关核准购进一台税控收款机，取得的增值税普通发票注明价款 1 800 元。请问该食品厂当月应缴纳多少增值税税额？

解析：小规模纳税人购进税控收款机，无论其取得专用发票或普通发票都可以抵免税额。应纳税额＝40 000÷（1＋3%）×3%－1 800÷（1＋13%）×13%＝957.97（元）。

2. 小规模纳税人增值税计算的特殊规定

（1）小规模纳税人（除其他个人外）销售自己使用过的固定资产，减按 2%征收率征收增值税。这里是指小规模纳税人适用 3%征收率计算出不含税销售额后再减按 2%征收率征收增值税，其销售额和应纳税额的计算公式如下：

销售额＝含税销售额÷（1＋3%）

应纳税额＝销售额×2%

其他个人销售自己使用过的固定资产，可以免征增值税。

学中做 2-18

某小规模纳税人销售货物，取得收入 50 000 元；同时，该小规模纳税人销售自己使用过的一台设备，取得收入 4 000 元。请问该小规模纳税人应当缴纳多少增值税税额？

解析：应纳税额＝50 000÷（1＋3%）×3%＋4 000÷（1＋3%）×2%＝1 533.98（元）。

（2）小规模纳税人（除其他个人外）销售自己使用过的除固定资产外的物品，应按3%征收率征收增值税。

（3）小规模纳税人跨县（市）提供建筑服务，应以取得的全部价款和价外费用扣除支付的分包款后的余额为销售额，按照 3%征收率计算应纳税额。计算公式如下：

应纳税额＝含税销售额÷（1＋3%）×3%

（4）非房地产企业转让不动产。若转让其自建的不动产，则以取得的全部价款和价外费用为销售额，按照 5%征收率计算应纳税额；若转让其取得（不含自建）的不动产，则以取得的全部价款和价外费用扣除不动产购置原价或者取得不动产时的作价后的余额为销售额，按照 5%征收率计算应纳税额。

（5）房地产开发企业中的小规模纳税人采取预收款方式销售其自行开发的房地产项目，应在收到预收款时按照 3%预征率预缴增值税。

（6）小规模纳税人出租其取得的不动产（不含个人出租住房），按照 5%征收率计算应纳税额。个人出租住房的，按照 5%征收率减按 1.5%计算应纳税额。

学中做 2-19

某企业为小规模纳税人，主要从事保洁服务和保洁用品销售。该企业 2022 年 8 月提供保洁服务取得收入 150 000 元，销售保洁用品取得收入 100 000 元；购进的保洁用品配件被盗，账面成本为 2 000 元；经主管税务机关核准购进一台税控收款机，支付金额为 5 850 元，取得增值税普通发票。

如果你是该企业的会计人员，那么请问企业当月应当采用什么方法计算需要缴纳的增值税？应纳税额是多少？

解析：小规模纳税人购置税控收款机，经主管税务机关审核批准，可以依照规定计算抵免当期应纳增值税。小规模纳税人取得增值税专用发票的，可按发票上所列金额直接抵扣当期应纳增值税税额；取得普通发票的，按照以下公式计算抵扣当期应纳税额：可抵扣税额＝发票金额÷（1＋13%）×13%。小规模纳税人本月取得收入为 150 000＋100 000＝250 000（元）；购进的保洁用品配件被盗，该配件购进时不能抵扣进项税额，被盗时也不用在会计处理中记入"进项税额转出"；最后扣除税控收款机的税额。因此，应纳税额＝（150 000＋100 000）÷（1＋3%）×3%－5 850÷（1＋13%）×13%＝6 608.54（元）。

2.2.5　准算进口货物应纳税额

1. 进口货物增值税征收范围及相关规定

1）进口货物增值税的纳税人

进口货物增值税的纳税人是指进口货物的收货人或办理报关手续的单位和个人，包括国内一切从事进口业务的企业单位、事业单位、机关团体和个人。

2）进口货物增值税的征税范围

根据《增值税暂行条例》的规定，申报进入中华人民共和国海关境内的货物均应缴纳增值税。

3）进口货物征收增值税的相关规定

（1）进口货物的增值税由海关代征。

（2）个人携带或邮寄进境的自用物品，连同关税一并计征增值税。

（3）纳税人进口货物，其增值税纳税义务发生时间为报关进口的当天。进口货物应由进口人或其代理人向报关地海关申报纳税，应当自海关填发海关进口增值税专用缴款书之日起 15 日内缴纳税款。

2. 进口货物增值税应纳税额的计算

无论是一般纳税人还是小规模纳税人，申报进口货物都应缴纳增值税，而且都按组成计税价格和税法规定的税率计算应纳税额。小规模纳税人进口货物时，使用税率，不使用征收率。

进口货物增值税应纳税额的计算公式如下：

$$应纳税额＝组成计税价格×增值税适用税率$$

组成计税价格分为以下两种情况：

（1）进口货物只征收增值税的，其组成计税价格为

$$组成计税价格＝关税完税价格＋关税＝关税完税价格×（1＋关税税率）$$

（2）进口货物同时征收消费税的，其组成计税价格为

$$组成计税价格＝关税完税价格＋关税＋消费税$$
$$＝关税完税价格×（1＋关税税率）÷（1－消费税税率）$$

另外，根据税法规定，纳税人进口货物从海关取得的海关进口增值税专用缴款书上注明增值税税额的，可在计算本月增值税应纳税额时作为进项税额抵扣。

学中做 2-20

某公司 2022 年 8 月从美国进口一批服装，到岸价格为 60 000 美元，进口关税税率为 30%，货款已用先前购入的外汇支付。当日美元兑人民币外汇牌价为 1∶6.35。请计算进口环节应当缴纳的增值税税额。

解析：组成计税价格＝60 000×6.35＋60 000×6.35×30%＝495 300（元）。

进口环节增值税应纳税额＝495 300×13%＝64 389（元）。

学中做 2-21

沈阳某进出口公司（一般纳税人）2022 年 8 月报关进口 500 台电视机，每台电视机关税完税价格为 6 000 元，进口关税税率为 20%。已缴纳进口关税和海关代征的增值税，并已取得增值税完税凭证。这批进口电视机当月以每台不含税售价 8 000 元全部售出。

如果你是该企业的会计人员，那么请计算该企业当月进口环节和销售环节应缴纳的增值税税额。

解析：

（1）进口环节应纳税额。

组成计税价格＝关税完税价格＋关税＝500×6 000＋500×6 000×20%＝3 600 000（元）。

进口环节应纳税额＝3 600 000×13%＝468 000（元）。

（2）国内销售环节应纳税额。

应纳税额＝8 000×500×13%－468 000＝52 000（元）。

【任务实施】

2022 年 4 月，某电视机厂生产的最新型号彩色电视机，每台不含税销售单价为 5 000 元。当月发生如下经济业务：

（1）4 月 5 日，向各大商场销售 2 000 台电视机，并对在当月 20 天内付清 2 000 台电视机购货款的大商场给予 5%的销售折扣。

（2）4 月 8 日，发货给外省分支机构 200 台电视机用于销售，并支付发货运费，取得的货物运输业增值税专用发票上注明的运费为 5 000 元（不含税）。

（3）4 月 10 日，采取以旧换新方式从消费者个人手中收购旧型号电视机，销售 100 台新型号电视机，旧型号电视机每台折价为 500 元。

（4）4 月 15 日，购进一批生产电视机用原材料，取得的增值税专用发票上注明的价款为 2 000 000 元，增值税税额为 260 000 元，专用发票已认证。

（5）4 月 20 日，向某福利机构赠送 20 台电视机。

要求：计算当期应纳税额。

解析：业务（1）的销项税额＝2 000×5 000×13%＝1 300 000（元）。注意，销售折扣不应减少销售额和销项税额。

业务（2）的销项税额＝200×5 000×13%＝130 000（元）。允许抵扣的进项税额＝5 000×9%＝450（元）。发货给外省分支机构的 200 台电视机用于销售，应视同销售计算销项税额。同时，所支付的运费允许计入进项税额进行抵扣。

业务（3）的销项税额＝100×5 000×13%＝65 000（元）。以旧换新方式销售货物，应以新货物的同期销售价格确定销售额计算销项税额，不得扣减旧货物的收购价格；同时，收购的旧电视机不能计入进项税额进行抵扣（不可能从消费者手中取得增值税专用发票）。

业务（4）的进项税额为 260 000 万元，专用发票已认证，允许在当期全部抵扣。

业务（5）的销项税额＝20×5 000×13%＝13 000（元）。赠送电视机，应视同销售计算销项税额。

综上所述，当期应纳税额＝1 300 000＋130 000＋65 000＋13 000－450－260 000＝1 247 550（元）。

"1+X"技能任务 增值税纳税申报

【技能任务目标】 1. 熟悉增值税纳税义务发生的时间、纳税期限和纳税地点。

2. 掌握一般纳税人纳税申报表的填写和纳税申报流程。

增值税纳税申报

1. 增值税纳税义务发生时间

1）增值税纳税义务发生时间的基本规定

（1）纳税人销售货物、劳务、服务、无形资产或者不动产，其增值税纳税义务发生时间为收讫销售款项或者取得索取销售款项凭据的当天；先开具发票的，为开具发票的当天。

（2）纳税人进口货物，其增值税纳税义务发生时间为报关进口的当天。

（3）增值税扣缴义务发生时间为纳税人增值税纳税义务发生的当天。

2）增值税纳税义务发生时间的具体规定

（1）纳税人采取直接收款方式销售货物的，不论货物是否发出，其增值税纳税义务发生时间均为收到销售款项或取得索取销售款项凭据的当天。纳税人销售应税劳务的，其增值税纳税义务发生时间为提供劳务同时收讫销售款项或者取得索取销售款项凭据的当天。

（2）纳税人发生销售服务、无形资产或者不动产行为的，其增值税纳税义务发生时间为收讫销售款项或者取得索取销售款项凭据的当天；先开具发票的，为开具发票的当天。

取得索取销售款项凭据的当天是指书面合同确定的付款日期；未签订书面合同或者书面合同未确定付款日期的，为服务、无形资产转让完成的当天或者不动产权属变更的当天。

（3）纳税人采取托收承付和委托银行收款方式销售货物的，其增值税纳税义务发生时间为发出货物并办妥托收手续的当天。纳税人采取赊销和分期收款方式销售货物的，其增值税纳税义务发生时间为书面合同约定的收款日期的当天，无书面合同的或者书面合同没有约定收款日期的，为货物发出的当天。

（4）纳税人采取预收货款方式销售货物的，其增值税纳税义务发生时间为货物发出的当天，但生产销售生产工期超过 12 个月的大型机械设备、船舶、飞机等货物，为收到预收款或者书面合同约定的收款日期的当天。

（5）纳税人采取预收款方式提供租赁服务的，其增值税纳税义务发生时间为收到预收款的当天。

（6）纳税人提供建筑服务取得预收款，在收到预收款时，应以取得的预收款扣除支付的分包款后的余额按照规定的预征率预缴增值税。按照现行规定应在建筑服务发生地预缴增值税的项目，纳税人收到预收款时在建筑服务发生地预缴增值税。按照现行规定无须在建筑服务发生地预缴增值税的项目，纳税人收到预收款时在机构所在地预缴增值税。适用一般计税方法计税的项目，预征率为 2%；适用简易计税方法计税的项目，预征率为3%。

（7）纳税人委托其他纳税人代销货物的，其增值税纳税义务发生时间为收到代销单位的代销清单或者收到全部或者部分货款的当天；未收到代销清单及货款的，为发出代销货物满180天的当天。

（8）纳税人从事金融商品转让的，其增值税纳税义务发生时间为金融商品所有权转移的当天。

（9）纳税人提供建筑服务，被工程发包方从应支付的工程款中扣押的质押金、保证金，未开具发票的，以纳税人实际收到质押金、保证金的当天为其增值税纳税义务发生时间。

（10）纳税人发生视同销售货物行为（不含代销行为），其增值税纳税义务发生时间为货物移送的当天。纳税人发生视同销售服务、无形资产或者不动产行为的，其增值税纳税义务发生时间为销售服务、无形资产或者不动产权属变更的当天。

2. 增值税纳税期限

增值税的纳税期限具体如下：

（1）增值税的纳税期限分别为1日、3日、5日、10日、15日、1个月或1个季度。纳税人的具体纳税期限由主管税务机关根据纳税人应纳税额的大小分别核定；不能按照固定期限纳税的，可以按次纳税。

（2）纳税人以1个月或1个季度为1个纳税期的，自期满之日起15日内申报纳税；以1日、3日、5日、10日或者15日为1个纳税期的，自期满之日起5日内预缴税款，于次月1日起15日内申报纳税并结清上月应纳税款。

（3）扣缴义务人解缴税款的期限依照前两项规定执行，进口货物应当自海关填发税款缴纳书之日起15日内缴纳税款。

3. 增值税纳税地点

增值税的纳税地点具体如下：

（1）固定业户应当向其机构所在地或者居住地主管税务机关申报纳税。总机构和分支机构不在同一县（市）的，应当分别向各自所在地的主管税务机关申报纳税；经财政部和国家税务总局或者其授权的财政机关和税务机关批准，可以由总机构汇总向总机构所在地的主管税务机关申报纳税；跨县（市）提供建筑服务或者销售取得的不动产，应按规定在建筑服务发生地或不动产所在地预缴税款后，向机构所在地主管税务机关进行纳税申报。

（2）非固定业户应当向应税行为发生地主管税务机关申报纳税；未申报纳税的，由其机构所在地或者居住地的主管税务机关补征税款。

（3）其他个人提供建筑服务、销售或者租赁不动产、转让自然资源使用权，应当向建筑服务发生地、不动产所在地、自然资源所在地主管税务机关申报纳税。

（4）纳税人进口货物，应当向报关地海关申报纳税。

（5）扣缴义务人应当向其机构所在地或者居住地的主管税务机关申报缴纳其扣缴的税款。

4. 增值税纳税申报实务

1) 一般纳税人增值税纳税申报实务

（1）申报及缴纳程序。一般纳税人办理纳税申报需要经过发票认证、抄税、纳税申报、报税、税款缴纳等工作流程。

① 发票认证。一般纳税人本期申报抵扣的增值税专用发票必须先进行认证，纳税人可持增值税专用发票的抵扣联在办税服务厅认证窗口认证，或进行远程认证（网上增值税专用发票认证）。网上增值税专用发票认证是指一般纳税人月底前使用扫描仪采集增值税专用发票抵扣联票面信息，扫入认证专用软件（增值税发票抵扣联企业信息采集系统）生成电子数据，通过互联网报送税务机关，由税务机关进行解密认证，并将认证结果信息返回纳税人的一种专用发票认证方式。发票认证后，税务机关向纳税人下达"认证结果通知书"和"认证结果清单"。一般纳税人取得增值税发票（含增值税专用发票、机动车销售统一发票、收费公路通行费增值税电子普通发票，下同）后，可以自愿使用"增值税发票选择确认平台"查询、选择用于申报抵扣、出口退税或者代办退税的增值税发票信息。

② 抄税。抄税是指开票纳税人将防伪税控系统中当月开具的增值税发票的信息读入纳税人开具发票使用的 IC 卡中，然后将 IC 卡带到税务局报税。抄税在次月初进行，当企业进入开票系统时，开票子系统到了每月 1 日就会提示："金税卡已到抄税期，请您及时抄税。"此时，企业必须进行抄税处理工作。

③ 纳税申报。纳税申报主要是指纳税人提交纳税申报表等资料。广义的纳税申报包括抄税和报税。

纳税申报可分为上门申报和网上申报。纳税人在次月 1 日起 15 日内，不论其有无销售额，都应按照主管税务机关核定的纳税期限按期向当地税务机关申报。目前，我国绝大多数地区已经实行网上申报。

④ 报税。报税是纳税人在抄税和提交纳税申报表等资料后，持税控 IC 卡到税务机关，由税务人员将 IC 卡中的信息读入税务机关的金税系统。通过抄税，税务机关确保了所有开具的销项税发票都读入了金税系统；通过报税，税务机关确保了所有可抵扣的进项税发票都读入了金税系统。报税同样在次月初进行，是抄税之后的一个工作环节。

⑤ 税款缴纳。税务机关将纳税申报表单据送到实行税库银联网的纳税人的开户银行，由银行进行自动转账处理；未实行税库银联网的纳税人应当到税务机关指定的银行进行现金缴纳。

（2）纳税申报时需要提交的资料。一般纳税人纳税申报，必须实行电子信息采集。使用防伪税控系统开具增值税专用发票的纳税人必须在抄、报税成功后，方可向所在地税务机关办税服务厅进行纳税申报。纳税申报资料包括纳税申报表及其附列资料和纳税申报其他资料。具体需要提交的纳税申报资料如下：

① 增值税及附加税费申报表（一般纳税人适用）。

② 增值税纳税申报表附列资料（一）（本期销售情况明细）。

③ 增值税纳税申报表附列资料（二）（本期进项税额明细）。

④ 增值税纳税申报表附列资料（三）（服务、不动产和无形资产扣除项目明细）。

一般纳税人销售服务、不动产和无形资产，在确定服务、不动产和无形资产销售额时，按照有关规定可从取得的全部价款和价外费用中扣除价款的，需要填报"增值税纳税申报表附列资料（三）"。其他情况下，不填写该附列资料。

⑤ 增值税纳税申报表附列资料（四）（税额抵减情况表）。

⑥ 增值税预缴税款表（略）。

2）小规模纳税人增值税纳税申报实务

小规模纳税人进行增值税纳税申报时，应当填报"增值税及附加税费申报表（小规模纳税人适用）"（表 2-2）和"增值税及附加税费申报表（小规模纳税人适用）附列资料"（表 2-3）。注意，表中"0.0"表示需要填写数字；"—"表示不需要填写内容。

表 2-2 增值税及附加税费申报表（小规模纳税人适用）

纳税人识别号（统一社会信用代码）：

纳税人名称：　　　　　　　　　　　　　　　　　金额单位：元（列至角分）

税款所属期：　　　　　　　　　　　　　　　　　填表日期：　　年　月　日

项目		栏次	本期数		本年累计	
			货物及劳务	服务、不动产和无形资产	货物及劳务	服务、不动产和无形资产
一、计税依据	（一）应征增值税不含税销售额（3%征收率）	1	0.0	0.0	0.0	0.0
	增值税专用发票不含税销售额	2	0.0	0.0	0.0	0.0
	其他增值税发票不含税销售额	3	0.0	0.0	0.0	0.0
	（二）应征增值税不含税销售额（5%征收率）	4	—	0.0	—	0.0
	增值税专用发票不含税销售额	5	—	0.0	—	0.0
	其他增值税发票不含税销售额	6	—	0.0	—	0.0
	（三）销售使用过的固定资产不含税销售额	7（7≥8）	0.0	—	0.0	—
	其中：其他增值税发票不含税销售额	8	0.0	—	0.0	—
	（四）免税销售额	9＝10＋11＋12	0.0	0.0	0.0	0.0
	其中：小微企业免税销售额	10	0.0	0.0	0.0	0.0
	未达起征点销售额	11	0.0	0.0	0.0	0.0
	其他免税销售额	12	0.0	0.0	0.0	0.0
	（五）出口免税销售额	13（13≥14）	0.0	0.0	0.0	0.0
	其中：其他增值税发票不含税销售额	14	0.0	0.0	0.0	0.0
二、税款计算	本期应纳税额	15	0.0	0.0	0.0	0.0
	本期应纳税额减征额	16	0.0	0.0	0.0	0.0
	本期免税额	17	0.0	0.0	0.0	0.0
	其中：小微企业免税额	18	0.0	0.0	0.0	0.0
	未达起征点免税额	19	0.0	0.0	0.0	0.0
	应纳税额合计	20＝15－16	0.0	0.0	0.0	0.0
	本期预缴税额	21	0.0	0.0	—	—
	本期应补（退）税额	22＝20－21	0.0	0.0	—	—

续表

项目		栏次	本期数		本年累计	
			货物及劳务	服务、不动产和无形资产	货物及劳务	服务、不动产和无形资产
三、附加税费	城市维护建设税本期应补（退）税额	23		0.0		0.0
	教育费附加本期应补（退）费额	24		0.0		0.0
	地方教育附加本期应补（退）费额	25		0.0		0.0

声明：此表是根据国家税收法律法规及相关规定填写的，本人（单位）对填报内容（及附带资料）的真实性、可靠性、完整性负责。

纳税人（签章）：　　年 月 日

经办人： 经办人身份证号： 代理机构签章： 代理机构统一社会信用代码：	受理人： 受理税务机关（章）： 受理日期：　　年 月 日

表 2-3　增值（服务、不动产和无形资产扣除项目明细）税及附加税费申报表（小规模纳税人适用）附列资料

税款所属期：　年 月 日至　　年 月 日　　　　　　　　填表日期：　年 月 日

纳税人名称：　　　　　　　　　　　　　　　　　　　　　金额单位：元（列至角分）

应税行为（3%征收率）扣除额计算			
期初余额	本期发生额	本期扣除额	期末余额
1	2	3（3≤1+2 之和，且 3≤5）	4=1+2－3
0.0	0.0	0.0	0.0

应税行为（3%征收率）计税销售额计算			
全部含税收入（适用 3%征收率）	本期扣除额	含税销售额	不含税销售额
5	6=3	7=5－6	8=7÷（1+征收率）
0.0	0.0	0.0	0.0

应税行为（5%征收率）扣除额计算			
期初余额	本期发生额	本期扣除额	期末余额
9	10	11	12=9+10－11
0.0	0.0	0.0	0.0

应税行为（5%征收率）计税销售额计算			
全部含税收入（适用 5%征收率）	本期扣除额	含税销售额	不含税销售额
13	14=11	15=13－14	16=15÷1.05
0.0	0.0	0.0	0.0

注：11≤9+10 之和，且 11≤1。

—— 技能任务实施 ——

巨东集团为一般纳税人，其 2022 年 5 月尚未抵扣完的进项税额为 2 550 元。该企业 2022 年 6 月有关生产经营业务如下：

（1）1 日，该企业以交款提货方式销售 500 台甲型号微波炉给某商场，每台不含税售价为 500 元，开具的增值税专用发票上注明应收价款为 250 000 元，该款项已全部收回。

（2）3 日，该企业销售 500 台乙型号微波炉给特约经销商，每台不含税售价为 400 元，向特约经销商开具了增值税专用发票，注明价款为 200 000 元。

（3）10 日，该企业将某单位逾期未退还的包装物押金 20 000 元转为其他业务收入。

（4）15 日，该企业购进机械设备，取得的增值税专用发票上注明价款为 100 000 元、进项税额为 13 000 元，支付运费取得增值税专用发票，注明运输费为 25 000 元、税款为 2 250 元，该设备当月投入使用。

（5）18 日，该企业购进原材料，取得的增值税专用发票上注明金额为 200 000 元、进项税额为 26 000 元，支付购进原材料运费取得增值税专用发票，注明运输费为 6 000 元、税款为 540 元。

（6）20 日，该企业以商业汇票方式购入一批包装物，价款为 30 000 元，增值税税额为 3 900 元。

（7）21 日，该企业因材料质量问题将上月所购材料退还给供货方，收回价款 20 000 元，增值税税额为 2 600 元。

（8）25 日，该企业委托一家企业加工一批材料，发出原材料成本为 200 000 元，支付加工费 10 000 元（不含税），取得增值税专用发票，材料加工完成后已验收入库。

（9）26 日，该企业建设职工宿舍，领用上月购进的一批原材料，实际成本为 50 000 元，该批原材料的进项税额为 6 500 元。

（10）30 日，该企业因管理不善发生意外事故，损失库存原材料金额为 35 000 元，经批准计入营业外支出。

要求：计算该企业本月应纳税额，并作增值税纳税申报。

第一步：计算企业本期应纳税额。

第（1）笔业务：增值税销项税额＝250 000×13%＝32 500（元）。

第（2）笔业务：增值税销项税额＝200 000×13%＝26 000（元）。

第（3）笔业务：逾期未退还包装物押金应纳销项税额＝20 000÷（1+13%）×13%＝2 300.88（元）。

第（4）笔业务：应抵扣固定资产增值税进项税额＝13 000+2 250＝15 250（元）。

第（5）笔业务：可抵扣进项税额＝26 000+540＝26 540（元）。

第（6）笔业务：增值税进项税额＝3 900 元。

第（7）笔业务：增值税进项税额＝−2 600 元。

第（8）笔业务：加工费增值税进项税额＝10 000×13%＝1 300（元）。

第（9）笔业务：进项税额转出额＝6 500 元。

第（10）笔业务：应转出的进项税额＝35 000×13%＝4 550（元）。

本期销售额＝250 000+200 000+20 000÷（1+13%）＝467 699.12（元）。

本期销项税额＝32 500+26 000+2 300.88＝60 800.88（元）。

本期进项税额＝15 250+26 540+3 900−2 600+1 300＝44 390（元）。

本期进项税额转出额＝6 500+4 550＝11 050（元）。

因此，本期应纳税额＝60 800.88−44 390+11 050−2 550＝24 910.88（元）。

第二步：填写纳税申报表。

根据计算出的销售额、销项税额、进项税额、进项税额转出额和本期应纳税额，填写"增值税及附加税费申报表（一般纳税人适用）"（表2-4）和"增值税纳税表附列资料"（略）。

表2-4 增值税及附加税费申报表（一般纳税人适用）

根据国家税收法律法规及增值税相关规定制定本表。纳税人不论有无销售额，均应按税务机关核定的纳税期限填写本表，并向当地税务机关申报。

税款所属时间：自 年 月 日至 年 月 日 填表日期： 年 月 日 金额单位：元（列至角分）

纳税人识别号（统一社会信用代码）：□□□□□□□□□□□□ 所属行业：

纳税人名称		法定代表人姓名		注册地址		生产经营地址	
开户银行及账号			登记注册类型			电话号码	

项目		栏次	一般项目		即征即退项目	
			本月数	本年累计	本月数	本年累计
销售额	（一）按适用税率计税销售额	1	467 699.12			
	其中：应税货物销售额	2	467 699.12			
	应税劳务销售额	3				
	纳税检查调整的销售额	4				
	（二）按简易办法计税销售额	5				
	其中：纳税检查调整的销售额	6				
	（三）免、抵、退办法出口销售额	7			—	—
	（四）免税销售额	8			—	—
	其中：免税货物销售额	9			—	—
	免税劳务销售额	10			—	—
税款计算	销项税额	11	60 800.88			
	进项税额	12	44 390			
	上期留抵税额	13	2 550			
	进项税额转出	14	11 050			
	免、抵、退应退税额	15			—	—
	按适用税率计算的纳税检查应补缴税额	16			—	—
	应抵扣税额合计	17＝12＋13－14－15＋16	35 890	—		
	实际抵扣税额	118（如17<11，则为17，否则为11）	35 890			
	应纳税额	19＝11－18	24 910.88			
	期末留抵税额	20＝17－18			—	—
	简易计税办法计算的应纳税额	21			—	—
	按简易计税办法计算的纳税检查应补缴税额	22			—	—
	应纳税额减征额	23			—	—
	应纳税额合计	24＝19＋21－23	24 910.88			

续表

项目		栏次	一般项目		即征即退项目	
			本月数	本年累计	本月数	本年累计
税款缴纳	期初未缴税额（多缴为负数）	25				
	实收出口开具专用缴款书退税额	26			—	—
	本期已缴税额	27＝28＋29＋30＋31				
	①分次预缴税额	28		—		
	②出口开具专用缴款书预缴税额	29		—		
	③本期缴纳上期应纳税额	30				
	④本期缴纳欠缴税额	31				
	期末未缴税额（多缴为负数）	32＝24＋25＋26－27	24 910.88			
	其中：欠缴税额（≥0）	33＝25＋26－27		—		—
	本期应补（退）税额	34＝24－28－29	24 910.88			
	即征即退实际退税额	35	—	—		
	期初未缴查补税额	36				
	本期入库查补税额	37				
	期末未缴查补税额	38＝16＋22＋36－37				
附加税费	城市维护建设税本期应补（退）税额	39			—	—
	教育费附加本期应补（退）费额	40			—	—
	地方教育附加本期应补（退）费额	41			—	—

声明：此表是根据国家税收法律法规及相关规定填写的，本人（单位）对填报内容（及附带资料）的真实性、可靠性、完整性负责。

纳税人（签章）：　　年　月　日

经办人：
经办人身份证号：
代理机构签章：
代理机构统一社会信用代码：

受理人：
受理税务机关（章）：　受理日期：　年　月　日

第三步：完成电子税务局纳税申报。

登录国家税务总局—电子税务局，进行网上申报操作。

（1）单击【我要办税】→【税费申报及缴纳】按钮（图 2-1），或在首页下方【本期应申报】选项卡中单击【填写】按钮（图 2-2），进入增值税一般纳税人申报表。

（2）单击【增值税申报】→【增值税一般纳税人申报】按钮（图 2-3）。

（3）若系统弹出提示加计抵减政策，则有需求时单击【填写声明】按钮，无需求时单击【关闭】按钮（图 2-4）。若系统没有弹出此提示，则可忽略此步骤。

（4）单击【发票信息提取】按钮（图 2-5），系统根据开具发票情况自动提取数据并赋值到对应栏次。

图 2-1

图 2-2

图 2-3

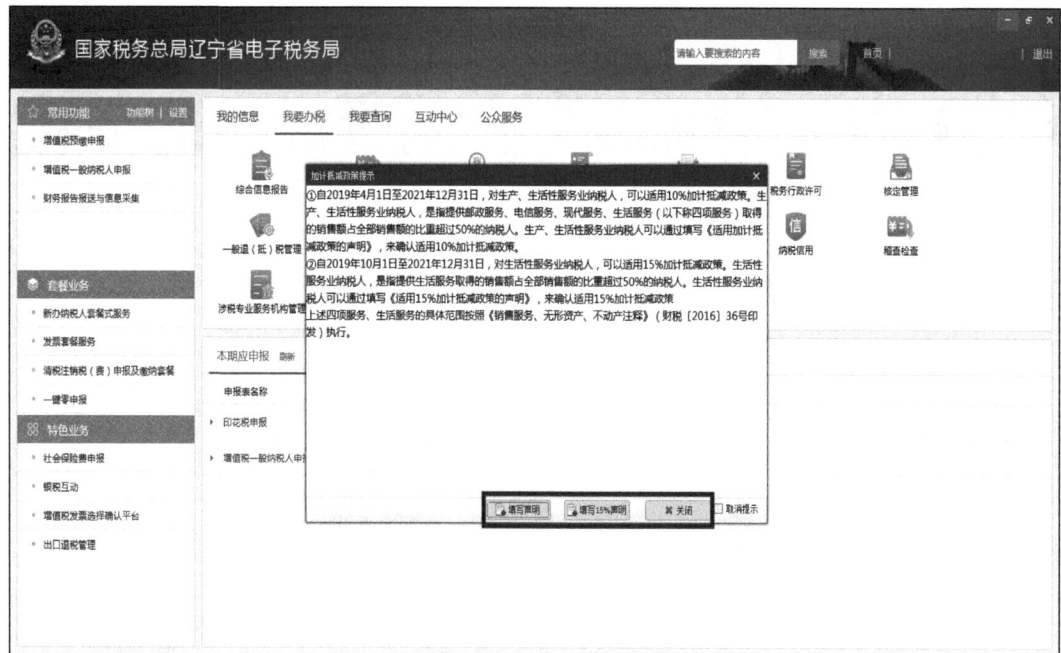

图 2-4

（5）发票提取后，单击主附表树的下拉箭头，核实附表一、附表二的提取数据，若其与开票数据不一致，则可自行修改，同时按照需求填写其他附表，如图 2-6 所示。

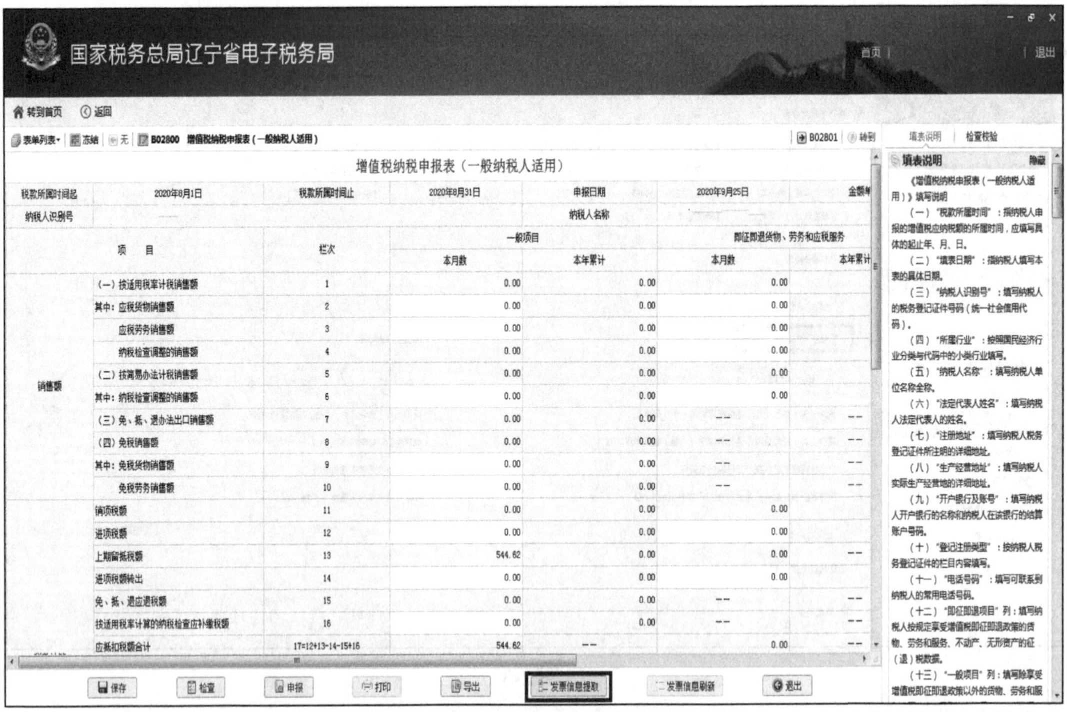
国家税务总局辽宁省电子税务局
首页
退出
转到首页
返回
B02800 增值税纳税申报表（一般纳税人适用）
增值税纳税申报表（一般纳税人适用）
填表说明
检查校验
保存
检查
申报
打印
导出
发票信息提取
发票信息刷新
退出

图 2-5

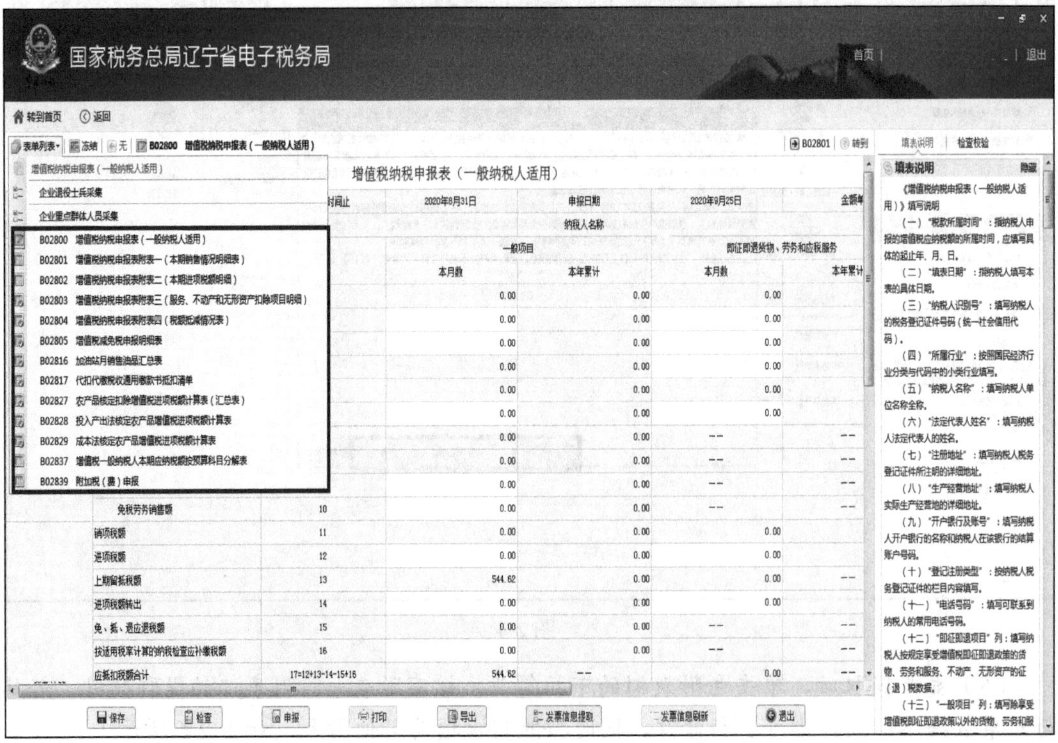
国家税务总局辽宁省电子税务局
首页
退出
转到首页
返回
表单列表
B02800 增值税纳税申报表（一般纳税人适用）
企业退役士兵采集
企业重点群体人员采集
B02800 增值税纳税申报表（一般纳税人适用）
B02801 增值税纳税申报表附表一（本期销售情况明细表）
B02802 增值税纳税申报表附表二（本期进项税额明细）
B02803 增值税纳税申报表附表三（服务、不动产和无形资产扣除项目明细）
B02804 增值税纳税申报表附表四（税额抵减情况表）
B02805 增值税减免税申报明细表
B02816 加油站月销售油品汇总表
B02817 代扣代缴税收通用缴款书抵扣清单
B02827 农产品核定扣除增值税进项税额计算表（汇总表）
B02828 投入产出法核定农产品增值税进项税额计算表
B02829 成本法核定农产品增值税进项税额计算表
B02837 增值税一般纳税人本期应纳税额按预算科目分解表
B02839 附加税（费）申报
保存
检查
申报
打印
导出
发票信息提取
发票信息刷新
退出

图 2-6

（6）确认数据填写无误后，单击【检查】按钮对申报表进行检查，右侧出现检查结果，若有红色则表示有未办结事项，如图 2-7 所示。依次单击对应提示进行填写后，再次单击【检查】按钮，直至右侧没有未办结事项提示。单击【申报】按钮，系统提示"申报成功"，完成增值税纳税申报，如图 2-8 所示。

图 2-7

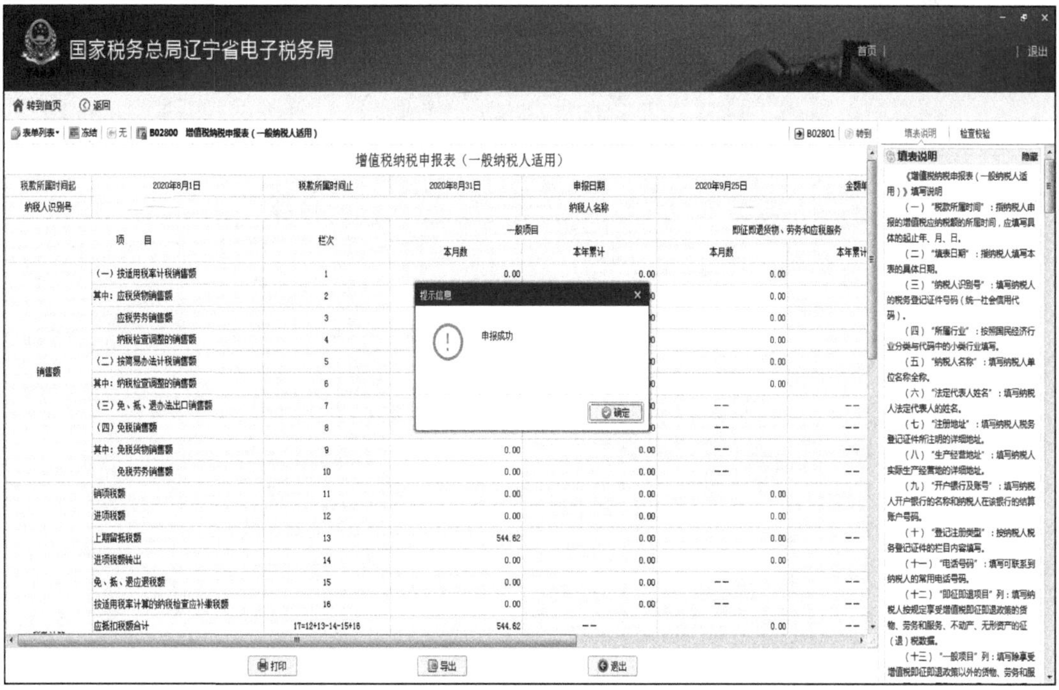

图 2-8

注意

（1）进入增值税申报表后，若系统提示未获取到进项税信息，则须纳税人在增值税发票综合服务平台进行签名确认。

（2）单击【发票提取】按钮，若没有获取数据，则可尝试单击【发票刷新】按钮获取数据。

项目 *3*

消费税纳税实务 ◼

知识目标 ☞
- 理解消费税的含义及特点。
- 掌握消费税的纳税人、征税范围、征税环节及税率。
- 掌握应税消费品应纳税额的计算方法。

能力目标

专业能力
- 能够准确判断消费税纳税人和征税范围。
- 能够根据企业业务资料正确计算消费税应纳税额。
- 能够根据企业业务资料填制消费税纳税申报表及相关附表，并能办理消费税纳税业务。

发展能力
- 能够自主学习，对知识点进行归纳整理，并能独立思考、分析问题。
- 能够运用各种资源独立查阅有关资料，更新自己的知识库。
- 能够向其他财会人员宣传消费税相关法规政策。

社会能力
- 具备良好的职业道德，依法及时合理纳税，不偷税、不漏税、不逃税。
- 具备良好的沟通能力，能够正确处理个人、企业、政府三者之间的关系。
- 具备精益求精的工匠精神、高效的团队协作能力和严谨的工作态度。

思政目标 ☞
- 树立正确的消费观。
- 培养学生节约资源、保护环境的生态文明意识。

重点难点 ☞

    重点：消费税的纳税人、税目、征税环节；消费税的计算方法；消费税纳税申报。

    难点：确定消费税应纳税额和复合计征消费税的计算方法；消费税纳税申报。

消费税纳税实务

典型税案

上海市税务局第一稽查局依法查处一起机动车销售企业偷税案件

上海市税务局第一稽查局根据精准分析线索，依法查处了上海某汽车销售有限公司偷税案件。

经查，该公司购进超豪华小汽车后，通过低价开具机动车销售统一发票等手段，少缴超豪华小汽车零售环节消费税、增值税等税费 5 332.79 万元，税务稽查部门依据《中华人民共和国行政处罚法》《中华人民共和国税收征收管理法》等相关规定，对该公司依法追缴少缴税费、加收滞纳金并处罚款，共计 1.06 亿元。目前，税务部门已将该案移送公安机关。

上海市税务局第一稽查局有关负责人表示，下一步将坚决依法严查严处各种偷逃税行为，坚决维护国家税法权威，促进社会公平正义，持续营造良好税收营商环境，促进相关企业和行业长期规范健康发展。

（资料来源：国家税务总局上海市税务局网站 http://shanghai.chinatax.gov.cn/tax/xwdt/swxw/202307/t468101.html）

思政案例

加快释放绿色税制红利

习近平主席在亚太经合组织第三十次领导人非正式会议上的讲话中指出，中国坚持走生态优先、绿色发展之路，加快发展方式绿色转型。绿色发展是对生产方式、生活方式、思维方式和价值观念的全方位变革，是将绿色发展理念融入经济社会发展全过程。绿色税制作为实现生态环境保护、资源节约集约利用、推动绿色生产和消费的一种税收制度，以保护环境、促进人类可持续发展为主旨，为加快生态文明与美丽中国建设提供了有力的经济支持。

近年来，我国绿色税收体系建设步伐显著加速，绿色税制改革在调整能源结构、促进节能以及增加财政收入方面发挥了重要作用。自 2018 年《中华人民共和国环境保护税法》实施起，已逐步形成以环境保护税为主体，以资源税、消费税、耕地占用税等具备环境保护性质的绿色税种为重点，以降碳、减污、扩绿、增长四方面绿色税费优惠政策为辅助，覆盖资源开采、生产、流通、消费、排放多环节的具备中国特色的绿色税收体系。2012～2021 年，我国煤炭消费比重由 68.5%下降至 56.0%，能耗强度累计下降 26.2%。一系列数据反映了绿色税收在推动环境保护、促进可持续发展方面发挥了积极作用。可以说，绿色税制在促进经济发展方式转变、产业结构转型升级、节能环保技术创新、能源结构优化调整以及绿色消费模式构建等方面提供了支持，助力经济社会发展全面绿色转型。

尽管我国在环境保护和经济绿色转型方面取得了不小的进步，但是与绿色经济发展较好的国家相比仍有较大差距，绿色税收增长倒 U 形特点依然存在，绿色税制体系不完善、覆盖面不广、调控力度不足问题仍然突出。基于此，须从多角度发力，进一步落实绿色税制，助推绿色发展目标。

加强绿色税制顶层设计，释放绿色与发展的双重红利。在税收政策设计时，要认真考虑宏观税负对经济增长带来的负面影响。绿色、减污并不是抑制发展，而是在生态环境高水平保护基础上的高质量发展。因此，在面临环境污染和经济下行的双重压力时，合理提高资源税及环境保护税税率水平以促进社会绿色转型和增加财政收入的同时，须配合相应的结构性减税政策，保持宏观税负水平稳定，减少企业因多重约束性绿色政策叠加而导致生产成本过大的问题。例如，通过调整完善资源综合利用的增值税和企业所得税优惠目录，加大优惠范围和力度，研究对资源保护型专用设备的所得税抵免政策等。

推动绿色税制多元共建，平衡各方利益协调发展。企业是工作岗位的提供者、经济增长的推动者、绿色发展的践行者，其不仅是绿色税制约束的对象，还是绿色税制产生及创新的推动主体。立法机关在政策制定时，应建立绿色税制社会联动机制，吸引企业、非政府组织、学术界等多方主体共同参与，使社会公众能通过绿色税制对就业、收入、消费产生的影响做出合理反应，促进社会经济发展绿色转型。

（资料来源：经济日报，2023-12-11）

税法导航

《中华人民共和国消费税暂行条例》（以下简称《消费税暂行条例》）

《中华人民共和国消费税暂行条例实施细则》

《财政部　国家税务总局关于调整卷烟消费税的通知》（财税〔2015〕60 号）

《财政部　国家税务总局关于调整消费税政策的通知》（财税〔2014〕93 号）

《财政部　国家税务总局关于调整化妆品进口环节消费税的通知》（财关税〔2016〕48 号）

《财政部　国家税务总局关于继续提高成品油消费税的通知》（财税〔2015〕11 号）

《财政部　国家税务总局关于对超豪华小汽车加征消费税有关事项的通知》（财税〔2016〕129 号）

《财政部　国家税务总局关于对电池　涂料征收消费税的通知》（财税〔2015〕16 号）

项目概述

本项目是企业纳税实务学习的重点，详细介绍消费税的纳税人、征税范围和税率，以及从价、从量、复合计税方法下消费税应纳税额的计算。此外，还介绍消费税纳税申报的规定和如何进行纳税申报。本项目结合丰富案例，有助于提升消费税涉税业务处理水平及增强纳税人的责任风险意识。

任务 *3.1* 走进消费税

【任务目标】 1. 理解消费税的含义及特点。

2. 掌握消费税的纳税人及征税范围。

3. 掌握消费税的征税环节。

4. 掌握不同应税消费品适用的税率形式。

3.1.1 定位企业边界: 消费税纳税人和征税范围

1. 消费税的概念及特点

1) 消费税的概念

消费税是以特定消费品或消费行为为征税对象征收的一种流转税。根据国家产业政策要求, 在对货物普遍征收增值税的基础上, 选择少数消费品再征收一道消费税。

2) 消费税的特点

(1) 征税范围具有选择性。我国根据宏观产业政策和消费政策的要求, 有目的、有重点地针对特定消费品或消费行为征收消费税, 而不是对所有的消费品和消费行为征收消费税。

(2) 征税环节具有单一性。除卷烟和超豪华小汽车外, 其他消费品是在生产、委托加工、进口、批发、零售的某一环节一次征收, 而不是在每一个环节征收。这样不仅可以避免重复征税, 也可以集中征收, 减轻纳税人负担, 降低税收成本, 防止税款流失。

(3) 征收方法具有灵活性。消费税可以根据每一征税对象的不同特点选择不同的征收方法。对一部分价格差异较大且便于按照价格核算的应税消费品, 按照从价定率方式征收; 对一部分价格差异较小且品种、规格较为单一的应税消费品, 按照从量定额方式征收; 对一些特殊应税消费品 (卷烟、白酒等), 在按照从价定率方式征收的同时, 还按照从量定额方式征收, 即复合计征消费税。

(4) 适用税率具有差别性。不同消费品的消费税税率差异非常大, 最高税率高达56%, 最低税率低至1%。

(5) 税收负担具有转嫁性。消费税是一种典型的间接税, 无论其是在哪个环节征收, 最终都要转嫁到消费者身上, 由消费者承担。

3) 消费税的作用

(1) 筹集资金, 增加财政收入。消费税是中央政府收入的重要组成部分, 对国家财政收入的贡献非常显著。征收消费税, 不仅可以确保税制改革后尽量不减少财政收入, 同时还可以加强税收对某些产品生产和消费的调控作用。

(2) 调节消费结构与产业结构。为了抑制对人体健康有害或者过度消费会损害人体的消费品的生产, 将烟、酒等列入征税范围; 为了引导合理消费、调节收入分配, 将小汽车、高尔夫球及球具等列入征税范围；为了增强人们的环保意识、节约使用能源，将木制一次性筷子、实木地板等列入征税范围。

（3）正确引导消费，抑制超前消费。对人们日常生活消费的基本生活用品和企业正常生产的消费物品不征收消费税，只对目前属于奢侈品或超前消费的物品及其他非基本生活用品征收消费税，特别是对其中某些特定消费品（烟、酒、高档化妆品和高档小汽车等）适用较高的税率，以此增加购买者（消费者）的负担，从而适当抑制高消费或超前消费。

（4）解决贫富差距悬殊及社会分配不公的问题。贫富差距和社会分配不公不仅体现在收入水平上，还体现在消费水平和消费结构上。对某些奢侈品和特殊消费品征收消费税以增加特定消费者的税收负担，使高收入者的高消费受到一定抑制，但低收入者或者消费基本生活用品的消费者不负担消费税，其支付能力不受影响。

4）消费税与增值税的区别

（1）征税目的不同。增值税征税目的是避免重复征税，消费税征税目的是限制生产或消费。

（2）征税范围不同。增值税普遍征收，消费税针对特定货物征收。

（3）计税基础不同。增值税是价外税，其计税依据中不包含增值税；消费税是价内税，其计税依据中包含消费税。

（4）纳税环节不同。增值税在所有的流转环节都需要征收；消费税的征收具有单一性，除了卷烟和超豪华小汽车，其他需要征收消费税的项目都只在单一环节征收。

（5）计税方法不同。增值税计税方法有两种，一般计税和简易计税。根据应税消费品的不同，消费税有三种计税方法，分别是从价定率、从量定额和复合计税。

消费税与增值税的区别见表 3-1。

表 3-1　消费税与增值税的区别

税种	征税目的	征税范围	计税基础	纳税环节	计税方法
增值税	避免重复征税	所有货物	价外税	所有环节	一般计税、简易计税
消费税	限制生产或消费	特定货物	价内税	单一环节	从价定率、从量定额、复合计税

2. 消费税的纳税人

消费税的纳税人是指在中华人民共和国境内从事生产、委托加工和进口《消费税暂行条例》规定的应税消费品的单位和个人，以及国务院确定的销售《消费税暂行条例》规定的应税消费品的其他单位和个人。消费税的纳税人既可以是单位也可以是个人，这些单位和个人从事生产、委托加工、进口和销售应税消费品的业务。

"单位"是指企业、行政单位、事业单位、军事单位、社会团体及其他单位。

"个人"是指个体工商户及其他个人。

"在中华人民共和国境内"是指生产、委托加工和进口应税消费品的起运地或所在地在境内。

学中做 3-1

以下属于消费税纳税义务人的有（   ）。

A. 生产应税消费品的单位和个人

B. 进口应税消费品的单位和个人

C. 委托加工应税消费品的单位和个人

D. 从事金银首饰零售业务的单位和个人

解析：答案 ABCD。

3. 消费税的征税范围

按照调控目标的不同，消费税的征税范围可分为以下五类。

第一类，过度消费会对人类健康、社会秩序、生态环境等方面造成危害的特殊消费品，如烟、酒、鞭炮、焰火等。

第二类，奢侈品、非生活必需品，如贵重首饰、化妆品等。

第三类，高能耗及高档消费品，如小汽车、摩托车等。

第四类，不可再生和替代的资源类消费品，如汽油、柴油等。

第五类，为促进节能环保开征消费税的消费品，如电池、涂料等。

具体包括以下 15 个税目。

（1）烟。烟包括卷烟、雪茄烟、烟丝，不包括烟叶。

（2）酒。酒包括白酒、黄酒、啤酒及除白酒、黄酒、啤酒外酒精度在 1 度以上的各种酒（糠麸白酒、其他原料白酒、土甜酒、复制酒、果木酒、汽酒、药酒等），不包括调味料酒、酒精。

（3）高档化妆品。高档化妆品包括高档美容、修饰类化妆品和高档护肤类化妆品及成套化妆品，不包括舞台、戏剧、影视演员化妆用的上妆油、卸妆油、油彩等。

（4）贵重首饰及珠宝玉石。贵重首饰及珠宝玉石包括各种金银珠宝首饰和经采掘、打磨、加工的各种珠宝玉石。

（5）鞭炮、焰火。鞭炮、焰火不包括体育上用的发令纸、鞭炮药引线。

（6）成品油。成品油包括汽油、柴油、石脑油、溶剂油、航空煤油、润滑油、燃料油 7 个子目。

（7）摩托车。摩托车包括两轮摩托车和三轮摩托车。发动机气缸容量为 250 毫升（不含）以下的小排量摩托车不征收消费税。

（8）小汽车。小汽车包括乘用车、中轻型商用客车、超豪华小汽车。以下类型车不征消费税：①大客车、大货车、厢式货车；②电动汽车；③沙滩车、雪地车、卡丁车、高尔夫车；④企业购进货车或厢式货车改装生产的商务车、卫星通信车等"专用汽车"。

（9）高尔夫球及球具。高尔夫球及球具包括高尔夫球、高尔夫球杆及高尔夫球包（袋）等，不包括高尔夫车。

（10）高档手表。高档手表是指每只销售价格（不含增值税）在 10 000 元（含）以上的各类手表。

（11）游艇。游艇是指艇身长度大于 8 米（含）小于 90 米（含），内置发动机，可以在水上移动的各类机动艇，一般为私人或团体购置，主要用于水上运动和休闲娱乐等非牟利活动。

（12）木制一次性筷子。木制一次性筷子是指以木材为原料，经过锯段、浸泡、旋切、刨切、烘干、筛选、打磨、倒角、包装等环节加工而成的各类一次性使用的筷子。

（13）实木地板。实木地板是指以木材为原料，经过锯割、干燥、刨光、截断、开榫、涂漆等工序加工而成的块状或条状地面装饰材料。

（14）电池。电池包括原电池、蓄电池、燃料电池、太阳能电池和其他电池。其中，无汞原电池、金属氢化物镍蓄电池（氢镍蓄电池或镍氢蓄电池）、锂原电池、锂离子蓄电池、太阳能电池、燃料电池和全钒液流电池免征消费税。

（15）涂料。涂料是指涂于物体表面，能够形成具有保护、装饰或特殊性能的固态涂膜的一类液体或固体材料的总称。

学中做 3-2

根据消费税法律制度的规定，下列各项中，属于消费税征税范围的有（　　　）。

A. 私人飞机

B. 高档手表

C. 珠宝玉石

D. 游艇

解析：答案 BCD。

3.1.2　识别企业形象：消费税的征税环节及税率

1. 消费税的征税环节

1）生产环节

（1）纳税人生产的应税消费品直接对外销售，于销售时纳税。

（2）移送使用。

① 用于连续生产应税消费品，于移送使用时不纳税，待生产的最终应税消费品销售时纳税。

② 用于连续生产非应税消费品，于移送使用时纳税，待生产的最终非应税消费品销售时不再纳税。

③ 用于其他方面（在建工程、管理部门、非生产机构、提供劳务，以及用于馈赠、赞助、集资、广告样品、职工福利、奖励等）的应税消费品视同销售，于移送使用时纳税。

例如，若某卷烟厂将其生产的烟丝直接对外销售，则在销售时纳税；若该卷烟厂将自产的烟丝用于本厂连续生产卷烟，则在销售卷烟时纳税，其烟丝就不再征收消费税；若该卷烟厂将自产的烟丝用于其他方面（生产非应税消费品或用于集体福利、赞助等），则在移送使用时纳税。

识别企业形象：消费税的征税环节及税率

学中做 3-3

根据消费税法律制度的规定，下列情形中，应当缴纳消费税的有（　　）。

A. 卷烟厂将自产的卷烟用于个人消费

B. 化妆品厂将自产的高档化妆品赠送给客户

C. 酒厂将自产的啤酒用于赞助啤酒节

D. 地板厂将自产的实木地板用于办公室装修

解析：答案 ABCD。纳税人将自产自用的应税消费品用于生产非应税消费品或其他方面（在建工程、管理部门、非生产机构、提供劳务，以及用于馈赠、赞助、集资、广告样品、职工福利、奖励等），于移送使用时缴纳消费税。

2）委托加工环节

（1）委托加工应税消费品的界定。

委托加工的应税消费品是指由委托方提供原料和主要材料，受托方只收取加工费和代垫部分辅助材料的应税消费品。

以下三种情形按照受托方销售自产应税消费品处理。

① 由受托方提供原材料生产的应税消费品。

② 受托方先将原材料卖给委托方，然后再接受委托方加工的应税消费品。

③ 由受托方以委托方名义购进原材料生产的应税消费品。

（2）纳税义务人。

委托加工委托方是消费税的纳税义务人。一般由受托方在向委托方交货时代收代缴消费税；但受托方为个人的，由委托方收回时缴纳消费税。

（3）委托方收回后的税务处理。

① 委托加工的应税消费品收回后用于连续生产应税消费品的，委托方所纳税款准予按照规定抵扣。

② 委托方将收回的应税消费品以不高于受托方的计税价格出售的，为直接出售，不再缴纳消费税。

③ 委托方将收回的应税消费品以高于受托方的计税价格出售的，不属于直接出售，需要按照规定申报缴纳消费税，并在计税时准予扣除受托方已代收代缴的消费税。

学中做 3-4

根据消费税法律制度的规定，下列关于消费税纳税环节的表述正确的是（　　）。

A. 纳税人生产应税消费品对外销售的，在销售时纳税

B. 纳税人自产自用应税消费品，用于连续生产非应税消费品的，在移送使用时纳税

C. 纳税人委托加工应税消费品收回后直接销售的，在销售时纳税

D. 纳税人委托加工应税消费品，由受托方向委托方交货时代收代缴税款，但受托方为其他个人或个体工商户除外

3）进口环节

单位和个人进口应税消费品，于报关进口时缴纳消费税。进口环节的消费税由海关代征。

4）零售环节

（1）金银首饰、铂金首饰、钻石及钻石饰品（以下简称"金银铂钻"）。

① 金银首饰仅限于金、银和金基、银基合金首饰，以及金、银和金基、银基合金的镶嵌首饰，不包括镀金首饰和包金首饰。

② "金银铂钻"仅在零售环节征收消费税，在其他环节不再征收消费税。

③ 对于既销售金银首饰又销售非金银首饰的生产经营单位，应将这两类商品划分清楚，并分别核算销售额。凡划分不清楚或不能分别核算的，在生产环节销售的，一律从高适用税率征收消费税；在零售环节销售的，一律按照金银首饰征收消费税。

④ 金银首饰连同包装物一起销售的，无论包装物是否单独计价，也无论会计上如何核算，均应并入金银首饰的销售额，计征消费税。

⑤ 下列业务视同零售业务，在零售环节缴纳消费税。

a. 为经营单位以外的单位和个人加工金银首饰。加工包括带料加工、翻新改制、以旧换新等业务，不包括修理、清洗业务。

b. 经营单位将金银首饰用于馈赠、赞助、集资、广告样品、职工福利、奖励等方面。

c. 未经中国人民银行总行批准，经营金银首饰批发业务的单位将金银首饰销售给经营单位。

（2）超豪华小汽车。

① 界定：单价在 130 万元（不含增值税）以上。

② 纳税人：将超豪华小汽车销售给消费者的单位和个人。

③ 税务处理：对超豪华小汽车，在生产（进口）环节按照现行税率征收消费税的基础上，在零售环节加征 10% 的消费税。

学中做 3-5

根据消费税法律制度的规定，下列情形中，应当缴纳消费税的是（　　　）。

A. 汽车厂销售自产电动汽车

B. 超市零售黄酒

C. 化妆品厂销售自产高档化妆品

D. 珠宝店进口钻石饰品

解析：答案 C。选项 A：电动汽车不属于应税消费品，不缴纳消费税。黄酒、高档化妆品在生产、委托加工或者进口环节缴纳消费税；选项 B 是零售环节，不缴纳消费税；选项 C 是生产销售环节，应当缴纳消费税；选项 D："金银铂钻"仅在零售环节缴纳消费税，进口环节不缴纳消费税。

5）批发环节

（1）在批发环节加征消费税的仅限于卷烟。

（2）卷烟在生产（委托加工、进口）环节和批发环节两次征收消费税。

（3）烟草批发企业将卷烟销售给零售单位的，要再征一道消费税；烟草批发企业将卷烟销售给其他烟草批发企业的，不缴纳消费税。

（4）卷烟消费税改为在生产和批发两个环节征收后，批发企业在计算应纳税额时不得扣除已含的生产环节的消费税税款。

（5）纳税人兼营卷烟批发和零售业务的，应当分别核算；未分别核算的，按照全部销售额、销售数量计征批发环节消费税。

（6）加征税率——复合计征。比例税率为 11%，定额税率为 0.005 元/支。

消费税的纳税环节见表 3-2。

表 3-2　消费税的纳税环节

应税消费品	生产（委托加工、进口）环节	批发环节	零售环节
卷烟	√	√	×
超豪华小汽车	√	×	√
金银首饰、铂金首饰和钻石及钻石饰品	×	×	√
其他应税消费品	√	×	×

2. 消费税税率

1）税率形式

消费税税率采取比例税率和定额税率两种形式。

比例税率是针对应税消费品的销售额按比例进行计征的，最高税率为 56%，最低税率为 1%。定额税率是针对应税消费品的容量、数量、体积按固定单位税额计征的。复合征收是按比例税率和定额税率进行双重征收。

一般情况下，对一种消费品只选择一种税率形式，但对卷烟和白酒采取比例税率和定额税率复合征收形式。

2）具体规定

消费税的税率见表 3-3。

表 3-3　消费税的税率

税率形式	适用税目	计征办法
比例税率	绝大多数应税消费品	从价计征
定额税率	黄酒、啤酒、成品油	从量计征
复合征收	卷烟、白酒	复合计征

学中做 3-6

根据消费税法律制度的规定，下列消费品中，实行从价定率和从量定额相结合的复合计征办法征收消费税的是（　　）。

A. 啤酒

B. 汽油

C. 卷烟

D. 高档手表

解析：答案 C。选项 AB：实行从量定额计征消费税；选项 C：卷烟、白酒实行从价定率和从量定额相结合的复合计征办法征收消费税；选项 D：实行从价定率计征消费税。

3）特殊规定

（1）纳税人兼营不同税率的应税消费品，应当分别核算不同税率应税消费品的销售额、销售数量；未分别核算销售额、销售数量，或者将不同税率的应税消费品组成成套消费品销售的，从高适用税率。

（2）纳税人将不同税率的应税消费品组成成套消费品销售的，应当从高适用税率。

（3）纳税人将非应税消费品与应税消费品组成成套消费品销售的，依据销售额全额计算消费税。

（4）配制酒适用税率的确定。

① 以蒸馏酒或食用酒精为酒基，同时符合以下条件的配制酒，按照"其他酒"税率征收消费税：具有国家相关部门批准的国食健字或卫食健字文号；酒精度低于 38 度（含）。

② 以发酵酒为酒基，酒精度低于 20 度（含）的配制酒，按照"其他酒"税率征收消费税。

③ 其他配制酒按照"白酒"税率征收消费税。

（5）卷烟适用税率的相关规定。

① 纳税人自产自用的卷烟应当按照纳税人生产的同牌号规格的卷烟销售价格确定征税类别和适用税率。

② 卷烟接装过滤嘴、改变包装或其他原因提高销售价格后，应当按照新的销售价格确定征税类别和适用税率。

③ 委托加工的卷烟按照受托方同牌号规格卷烟的征税类别和适用税率征税。没有同牌号规格卷烟的，一律按照卷烟最高税率征税。

④ 残次品卷烟应当按照同牌号规格正品卷烟的征税类别确定适用税率。

⑤ 下列卷烟不分征税类别一律按照 56%卷烟税率征税，并按照定额每标准箱 150 元计算征税：白包卷烟；手工卷烟；未经国务院批准纳入计划的企业和个人生产的卷烟。

消费税税目、税率见表 3-4。

表 3-4 消费税税目、税率表

税目	税率		
	生产（进口）环节	批发环节	零售环节
一、烟			
1. 卷烟			
（1）甲类卷烟（调拨价 70 元（不含增值税）/条以上（含 70 元））	56%加 0.003 元/支	11%加 0.005 元/支	
（2）乙类卷烟（调拨价 70 元（不含增值税）/条以下）	36%加 0.003 元/支		
2. 雪茄烟	36%		
3. 烟丝	30%		
二、酒			
1. 白酒	20%加 0.5 元/500 克（毫升）		
2. 黄酒	240 元/吨		
3. 啤酒			
（1）甲类啤酒［出厂价格 3 000 元（不含增值税）/吨以上（含 3000 元）］	250 元/吨		
（2）乙类啤酒［出厂价格 3 000 元（不含增值税）/吨以下］	220 元/吨		
4. 其他酒	10%		
三、高档化妆品	15%		
四、贵重首饰及珠宝玉石			
1. 金银首饰、铂金首饰和钻石及钻石饰品			5%
2. 其他贵重首饰和珠宝玉石	10%		
五、鞭炮焰火	15%		
六、成品油			
1. 汽油	1.52 元/升		
2. 柴油	1.20 元/升		
3. 航空煤油	1.20 元/升		
4. 石脑油	1.52 元/升		
5. 溶剂油	1.52 元/升		
6. 润滑油	1.52 元/升		
7. 燃料油	1.20 元/升		
七、摩托车			
1. 气缸容量 250 毫升（含 250 毫升）以下的摩托车	3%		
2. 气缸容量 250 毫升以上的摩托车	10%		
八、小汽车			
1.乘用车			
（1）气缸容量在 1.0 升（含 1.0 升）以下的乘用车	1%		
（2）气缸容量在 1.0 升以上至 1.5 升（含 1.5 升）的乘用车	3%		

续表

税目	税率		
	生产（进口）环节	批发环节	零售环节
（3）气缸容量在 1.5 升以上至 2.0 升（含 2.0 升）的乘用车	5%		
（4）气缸容量在 2.0 升以上至 2.5 升（含 2.5 升）的乘用车	9%		
（5）气缸容量在 2.5 升以上至 3.0 升（含 3.0 升）的乘用车	12%		
（6）气缸容量在 3.0 升以上至 4.0 升（含 4.0 升）的乘用车	25%		
（7）气缸容量在 4.0 升以上的乘用车	40%		
2. 中轻型商用客车	5%		
3. 超豪华小汽车	按子税目 1 和子税目 2 的规定征收		10%
九、高尔夫球及球具	10%		
十、高档手表	20%		
十一、游艇	10%		
十二、木制一次性筷子	5%		
十三、实木地板	5%		
十四、电池	4%		
十五、涂料	4%		

【任务实施】

　　某高尔夫俱乐部有限公司为增值税一般纳税人，主要销售高尔夫用品。2023 年 5 月，该俱乐部主要发生以下经营业务：①进口高尔夫球 1 000 个。②委托甲公司加工一批高尔夫球球杆，在合同上注明俱乐部提供原材料 14 000 元，并支付加工费 4 000 元，其中包括甲公司代垫的辅助材料款 1 000元。③销售高尔夫球帽 80 个。④销售高尔夫手套 100 只。⑤销售高尔夫服饰 10 套。

　　请问：在上述五笔经济业务中，哪些经营业务需要征收消费税？税率是多少？

　　解析：根据消费税法律制度的规定，高尔夫球及球具为应税消费品，须在生产、委托加工、进口环节征收消费税。因此，进口的高尔夫球、委托加工的高尔夫球球杆均应征收消费税，税率为 10%。高尔夫球帽、高尔夫手套、高尔夫服饰不是应税消费品，不征收消费税。

任务 3.2 消费税精打细算

【任务目标】 1. 掌握消费税计税方法和计税依据。

2. 能够根据企业业务资料正确计算应纳消费税税额。

3.2.1 精算生产直接销售、自产自用应税消费品应纳税额

1. 生产直接销售应税消费品应纳税额计算

1）征税范围规定

生产直接销售是指纳税人生产应税消费品直接对外销售。纳税人生产的应税消费品，于纳税人销售时纳税。

> **注意**
>
> 工业企业以外的单位和个人的下列行为视为应税消费品的生产行为，按照规定征收消费税：
>
> （1）将外购的消费税非应税产品以消费税应税产品对外销售的。例如，将外购的普通护肤类化妆品以高档护肤类化妆品对外销售。
>
> （2）将外购的消费税低税率应税产品以高税率应税产品对外销售的。例如，将外购的税率低的乙类啤酒以税率高的甲类啤酒对外销售。

2）计税方法及依据

根据《消费税暂行条例》的规定，应税消费品应纳税额的计算方法一般有三种，分别为从价计征、从量计征、从价和从量复合计征。消费税的计税方法见表3-5。

表 3-5 消费税的计税方法

计税方法	计税依据	适用范围	公式
从价计征	销售额	除列举项目外的应税消费品	应纳税额＝销售额×比例税率
从量计征	销售数量	啤酒、黄酒、成品油	应纳税额＝销售数量×单位税额
复合计征	销售额、销售数量	粮食白酒、薯类白酒、卷烟	应纳税额＝销售数量×单位税额＋销售额×比例税率

（1）从价计征（适用大多数应税消费品）。计税公式如下：

$$应纳税额＝应税消费品销售额×比例税率$$

应税消费品销售额确定的一般规定如下：

① 包括向购买方收取的全部价款和价外费用。价外费用是指价外收取的手续费、补贴、基金、集资费、返还利润、奖励费、违约金、滞纳金、延期付款利息、赔偿金、代收款项、代垫款项、包装费、包装物租金、储备费、优质费、运输装卸费及其他各种性质的

价外收费。价外费用不包括如下内容。

a. 同时符合以下条件的代垫运输费用：承运部门的运输费发票开具给购买方的；纳税人将该项发票转交给购买方的。

b. 同时符合以下条件代为收取的政府性基金或者行政事业性收费：由国务院或者财政部批准设立的政府性基金，由国务院或者省级人民政府及其财政、价格主管部门批准设立的行政事业性收费；收取时开具省级以上财政部门印制的财政票据；所收款项全额上缴财政。

② 不包括向购货方收取的增值税税额，若含有增值税，则应换算为不含增值税的销售额，换算公式如下：

应税消费品的销售额＝含增值税的销售额÷（1＋增值税税率或征收率）

③ 包装物与包装物押金。包装物连同应税消费品一并销售的，无论包装物是否单独计价及会计上如何核算，都应并入应税消费品的销售额中缴纳消费税和增值税。包装物押金规定如下：

一般情况下，一般货物收取的押金不征收消费税和增值税；因逾期未收回包装物不再退还的押金或者收取时间超过 12 个月的押金，应当并入应税消费品的销售额，按照应税消费品适用税率计算缴纳消费税和增值税。

啤酒、黄酒以外的酒类产品，无论押金是否返还及会计上如何核算，都应并入酒类产品销售额，征收消费税。

啤酒、黄酒从量定额征收消费税，包装物押金不征收消费税。

包装物押金核算见表 3-6。

表 3-6 包装物押金核算

包装物押金		时点	增值税	消费税
一般产品		收取时	×	×
		逾期时	√	√
酒类产品	黄酒、啤酒	收取时	×	×
		逾期时	√	×
	其他酒类产品	收取时	√	√
		逾期时	×	×

学中做 3-7

纳税人销售应税消费品向购买方收取的价外费用不包括（　　　）。

A. 手续费
B. 承运部门的运费发票开具给购货方的
C. 违约金
D. 委托方代收代缴的消费税

解析：答案 BD。

学中做 3-8

2021 年 8 月，甲药酒厂生产 240 吨药酒，销售 140 吨，取得不含增值税销售额为 20 000 000 元，增值税税额为 2 600 000 元。甲药酒厂当月销售药酒消费税计税依据为（　　　）。

　　A. 20 000 000 元

　　B. 22 600 000 元

　　C. 240 吨

　　D. 140 吨

解析：答案 A。药酒属于"酒——其他酒"，从价计征消费税；消费税的计税销售额应为不含增值税的销售额；本题消费税的计税依据为 20 000 000 元。

特殊规定如下：

① 纳税人通过自设非独立核算的门市部销售自产应税消费品，应当按照门市部对外销售额或者销售数量征收消费税。

② 纳税人用于换取生产资料和消费资料、投资入股和抵偿债务等方面的应税消费品，应当以纳税人同类应税消费品的最高销售价格作为计税依据计算消费税。

③ 白酒生产企业向商业销售单位收取的品牌使用费应当并入白酒的销售额中缴纳消费税。

④ 纳税人采用以旧换新方式销售金银首饰，以实际收取的不含增值税的全部价款征收消费税；纳税人采用以旧换新方式销售非金银首饰，以新货物的销售额作为消费税的计税基础，不扣减旧货物回收价格。

⑤ 纳税人应税消费品的计税价格明显偏低且无正当理由的，由税务机关核定计税价格。

学中做 3-9

下列情形的应税消费品中，以同类应税消费品最高销售价格作为计税依据的有（　　　）。

A. 用于抵偿债务的应税消费品

B. 用于馈赠的应税消费品

C. 换取生产资料的应税消费品

D. 换取消费资料的应税消费品

解析：答案 ACD。纳税人用于换取生产资料和消费资料、投资入股和抵偿债务等方面的应税消费品，应当以纳税人同类应税消费品的最高销售价格作为计税依据计算消费税。

（2）从量计征（啤酒、黄酒、成品油）。计税公式如下：

$$应纳税额＝应税消费品销售数量×定额税率$$

应税消费品销售数量的确定方法具体如下：

① 销售应税消费品的，为应税消费品的销售数量。纳税人通过自设非独立核算门市部销售自产应税消费品的，应当按照门市部对外销售数量征收消费税。

② 自产自用应税消费品的（用于连续生产应税消费品的除外），为应税消费品的移送

使用数量。

③ 委托加工应税消费品的，为纳税人收回的应税消费品数量。

④ 进口的应税消费品，为海关核定的应税消费品进口征税数量。

（3）复合计征（白酒、卷烟）。计税公式如下：

应纳税额＝应税消费品销售额×比例税率＋应税消费品销售数量×定额税率

（4）已纳消费税税款扣除的计算。根据消费税相关法律制度的规定，某些应税消费品是用外购的已缴纳消费税的应税消费品连续生产的，因为消费税实行单一环节征收，所以在对这些连续生产的应税消费品计征消费税时，应按当期生产领用数量计算准予扣除的外购应税消费品已纳的消费税税额，具体见表 3-7。

表 3-7　已纳消费税税额的扣除

内容	规定
扣除范围	① 以外购已税烟丝为原料生产的卷烟； ② 以外购已税高档化妆品为原料生产的高档化妆品； ③ 以外购已税珠宝玉石为原料生产的贵重首饰及珠宝玉石； ④ 以外购已税鞭炮、焰火为原料生产的鞭炮、焰火； ⑤ 以外购已税摩托车为原料生产的摩托车； ⑥ 以外购已税汽油、柴油为原料用于连续生产的甲醇汽油、生物柴油； ⑦ 以外购已税杆头、杆身和握把为原料生产的高尔夫球杆； ⑧ 以外购已税木制一次性筷子为原料生产的木制一次性筷子； ⑨ 以外购已税实木地板为原料生产的实木地板； ⑩ 以外购已税石脑油为原料生产的应税消费品； ⑪ 以外购已税润滑油为原料生产的润滑油
不得扣除	① 酒类产品（不含葡萄酒）； ② 摩托车； ③ 小汽车； ④ 游艇； ⑤ 高档手表； ⑥ 电池； ⑦ 涂料
计算公式	当期准予扣除的外购应税消费品已纳税额＝当期准予扣除的外购应税消费品买价×外购应税消费品适用税率 当期准予扣除的外购应税消费品买价＝期初库存的外购应税消费品的买价＋当期购进的应税消费品的买价 －期末库存的外购应税消费品的买价

备注：允许扣除已纳税额的应税消费品只限于从工业企业购进的应税消费品和进口环节已缴纳消费税的应税消费品，对从境内商业企业购进应税消费品的已纳税额一律不得扣除，并且不能跨项目扣除。

3）应纳税额的计算

（1）从价计征下应纳税额的计算。

学中做 3-10

沈阳某化妆品厂 2022 年 7 月销售高档化妆品取得含税收入 490 000 元，收取手续费 20 000 元；另取得逾期包装物押金收入 10 000 元。已知适用增值税税率为 13%，消费税税率为 15%。根据消费税法律制度的规定，该化妆品厂当月应当缴纳的消费税税额是多少？

解析：本题中含税销售收入 490 000 元、手续费 20 000 元为价外费用，视为含税收入，逾期包装物押金收入 10 000 元视为含税收入，这几项销售收入均含增值税，应该先进行价税分离。不含税销售额＝（490 000＋20 000＋10 000）÷（1＋13%），应纳消费税税额＝应税消费品销售额×消费税税率＝[（490 000＋20 000＋10 000）÷（1＋13%）]×15%＝69 026.55（元）。

（2）从量计征下应纳税额的计算。

学中做 3-11

沈阳某啤酒厂 6 月份销售 30 吨自产 A 品牌啤酒，每吨啤酒出厂不含税售价为 2 800 元/吨。请问该啤酒厂当月应当缴纳的消费税税额是多少？

解析：本题中啤酒适用从量计税，并且啤酒不含税出厂价低于 3 000 元/吨，属于乙类啤酒，适用消费税税率为 220 元/吨，所以应纳税额＝30×220＝6 600（元）。

（3）复合计征下应纳税额的计算。

学中做 3-12

沈阳某酒厂 8 月份销售 400 斤三十年陈酿白酒，取得含税收入 234 000 元，同时为销售白酒还收取了包装物押金 1 755 元。已知适用增值税税率为 13%，白酒的消费税比例税率为 20%，定额税率为 0.5 元/斤。请问该酒厂 8 月份应当缴纳的消费税税额是多少？

解析：本题中白酒含税销售收入为 234 000 元，包装物押金为 1 755 元，视为含税收入，这两项收入均含增值税，需要先进行价税分离。不含税销售额＝（234 000＋1 755）÷（1＋13%）＝208 632.74（元），白酒采用复合计税，应纳消费税税额＝销售额×比例税率＋销售量×定额税率＝208 632.74×20%＋400×0.5＝41 926.55（元）。

2. 自产自用应税消费品应纳税额计算

1）征税范围规定

自产自用是指纳税人生产应税消费品后，不是用于直接对外销售，而是用于连续生产应税消费品，或用于其他方面的行为。具体如下：

（1）用于连续生产应税消费品的，移送环节不纳税。

（2）用于其他方面的，视同销售，在移送使用时纳税。

其他方面是指用于生产非应税消费品、在建工程、管理部门、非生产机构、提供劳务、馈赠、赞助、集资、广告样品、职工福利、奖励等方面。

2）计税方法及依据

对于自产自用应税消费品，其应纳税额的计算方法同样有三种，分别是从价计征、从量计征及复合计征。

纳税人自产自用的应税消费品用于其他方面的，应当分以下两种情况确定其计税价格。

（1）有同类消费品销售价格的，按照纳税人生产的同类消费品销售价格计算纳税。

同类消费品销售价格是指纳税人当月销售的同类消费品的销售价格，若当月同类消费品各期销售价格高低不同，则应按照销售数量加权平均计算。但销售的应税消费品有下列情形之一的，不得列入加权平均计算：销售价格明显偏低且无正当理由的；无销售价格的。若当月无销售或者当月未完结，则应按照同类消费品上月或最近月份的销售价格计算纳税。

（2）没有同类消费品销售价格的，按照组成计税价格计算纳税。

① 从价计征应税消费品组成计税价格计算公式如下：

组成计税价格＝成本×（1＋成本利润率）÷（1－消费税比例税率）

公式推导过程如下：

$$组成计税价格＝成本＋利润＋消费税$$

$$组成计税价格＝成本＋利润＋组成计税价格×消费税税率$$

$$组成计税价格×（1－消费税税率）＝成本＋利润$$

$$组成计税价格＝成本×（1＋成本利润率）÷（1－消费税比例税率）$$

② 复合计征应税消费品组成计税价格计算公式如下：

$$组成计税价格＝[成本×（1＋成本利润率）＋自产自用数量×定额税率]$$
$$÷（1－消费税比例税率）$$

式中，"成本"是指应税消费品的生产成本；"利润"是指根据应税消费品的全国平均成本利润率计算的利润。

3）应纳税额的计算

（1）从价计征下应纳税额的计算。

① 有同类消费品销售价格的，计算公式如下：

$$应纳税额＝同类消费品销售价格×比例税率$$

② 无同类消费品销售价格的，计算公式如下：

$$应纳税额＝组成计税价格×比例税率$$

学中做 3-13

某化妆品厂将一批自产的新型高档化妆品作为福利发放给员工，该批高档化妆品的生产成本为 34 000 元，无同类高档化妆品销售价格。已知高档化妆品适用的消费税税率为 15%，成本利润率为 5%。请问该化妆品厂当月该笔业务应当缴纳的消费税税额为多少？

解析：本题中该厂将自产的高档化妆品作为福利发放给员工，视同销售，应当缴纳消费税。由于无同类高档化妆品销售价格，因此应当按照组成计税价格计算，应缴纳的消费税税额＝组成计税价格×消费税税率＝成本×（1＋成本利润率）÷（1－消费税税率）×消费税税率＝34 000×（1＋5%）÷（1－15%）×15%＝6 300（元）。

（2）从量计征下应纳税额的计算。从量计征下应纳税额的计算公式如下：

$$应纳税额＝自产自用数量×定额税率$$

> **学中做 3-14**
>
> 某啤酒厂为增值税一般纳税人，4 月份将试制的 2 吨新口味啤酒用于员工福利。已知该啤酒厂没有同类啤酒销售价格，该啤酒成本为 3 000 元/吨，成本利润率为 5%，每吨消费税税额为 250 元。请问该啤酒厂当月应缴纳的消费税为多少？
>
> 解析：将自产的货物用于员工福利的，应当视同销售，于移送使用时缴纳消费税。
>
> 啤酒属于从量定额征收消费税的应税消费品，其消费税的计算与价格无直接关系，应按应税消费品的移送使用数量征税。应纳消费税税额＝自产自用数量×定额税率＝2×250＝500（元）。

（3）实行复合计征办法进行的应纳税额的计算。实行复合计征办法进行的应纳税额的计算公式如下：

$$应纳税额＝组成计税价格×比例税率＋自产自用数量×定额税率$$

> **学中做 3-15**
>
> 某白酒生产企业为增值税一般纳税人，该企业将 10 吨自产白酒馈赠客户。已知该企业没有同类消费品销售价格，该批白酒成本为 100 000 元，成本利润率为 10%，适用消费税税率为 20%加 0.5 元/500 克，计算该企业应当缴纳的消费税税额是多少？
>
> 解析：将自产应税消费品用于馈赠的，视同销售，于移送使用时缴纳消费税。由于没有同类消费品销售价格，因此采用组成计税价格计算。白酒采用复合计征法。
>
> 组成计税价格＝[成本×（1＋成本利润率）＋自产自用数量×定额税率]÷（1－消费税比例税率）＝[100 000×（1＋10%）＋10×2 000×0.5]÷（1－20%）＝150 000（元）。
>
> 应纳消费税税额＝组成计税价格×比例税率＋自产自用数量×定额税率＝150 000×20%＋10×2 000×0.5＝40 000（元）。

3.2.2 细算委托加工、进口应税消费品应纳税额

1. 委托加工应税消费品应纳税额的计算

1）征税范围规定

由委托方提供原料或者主要材料，受托方只收取加工费和代垫部分辅助材料加工的应税消费品，按照委托加工应税消费品计算缴纳消费税。

细算委托加工、进口应税消费品应纳税额

> **学中做 3-16**
>
> 甲企业委托乙企业加工应税消费品，是指（　　）。
>
> A. 甲发料，乙加工

B. 甲委托乙购买原材料，由乙加工

C. 甲发订单，乙按照甲的要求加工

D. 甲先将资金划给乙，乙以甲的名义购料并加工

解析：答案 A。

2）计税方法及依据

委托加工应税消费品应纳税额的计算方法有三种，分别是从价计征、从量计征及复合计征。

（1）计税公式。

从价计征应纳税额计算公式如下：

应纳税额＝委托加工同类应税消费品销售额或组成计税价格×比例税率

从量计征应纳税额计算公式如下：

应纳税额＝纳税人收回的应税消费品数量×定额税率

复合计征应纳税额计算公式如下：

应纳税额＝委托加工同类应税消费品销售额或组成计税价格×比例税率
＋纳税人收回的应税消费品数量×定额税率

（2）委托加工应税消费品的计税依据。

① 若受托方有同类消费品销售价格的，则按受托方同类消费品销售价格计算纳税。

② 若没有同类消费品销售价格的，则按组成计税价格计算纳税。

a. 实行从价计征应纳税额的组成计税价格计算公式如下：

$$组成计税价格＝\frac{材料成本＋加工费}{1－消费税比例税率}$$

b. 实行复合计征应纳税额的组成计税价格计算公式如下：

$$组成计税价格＝\frac{材料成本＋加工费＋委托加工数量×消费税定额税率}{1－消费税比例税率}$$

材料成本是指委托方提供加工材料的实际成本。委托加工应税消费品的纳税人必须在委托加工合同上注明或以其他方式提供材料成本。

加工费是指受托方加工应税消费品向委托方所收取的全部费用（含代垫辅助材料的实际成本），不包括增值税税款。

3）应纳税额计算

（1）从价计征。从价计征应纳税额的计算公式如下：

应纳税额＝委托加工同类应税消费品销售额或组成计税价格×比例税率

学中做 3-17

甲卷烟厂为增值税一般纳税人，受托加工一批烟丝，委托方提供的烟叶成本为 49 140 元，甲卷烟厂收取含增值税加工费 2 373 元。已知适用增值税税率为 13%，消费税税率为 30%，无同类烟丝销售价格。计算甲卷烟厂该笔业务应代收代缴的消费税税额。

解析：烟丝属于从价计征消费税的应税消费品，在受托方无同类烟丝销售价格的情况下，其委托加工环节消费税应纳税额＝组成计税价格×消费税比例税率，组成计税价格＝（材料成本＋不含税加工费）÷（1－消费税比例税率），所以，应代收代缴的消费税税额＝［49 140＋2 373÷（1＋13%）］÷（1－30%）×30%＝21 960（元）。

（2）从量计征。实行从量计征的，不涉及销售价格，不存在使用组成计税价格计算消费税的问题。应纳税额的计算公式如下：

$$应纳税额＝纳税人收回的应税消费品数量×定额税率$$

学中做 3-18

甲企业委托乙企业（增值税一般纳税人）加工 500 吨柴油并全部收回，向乙企业支付不含增值税加工费 100 000 元。已知适用增值税税率为 13%，消费税定额税率为 1.2 元/升，1 吨＝1 176 升。计算乙企业应代收代缴的消费税税额。

解析：乙企业应代收代缴的消费税税额＝委托加工收回的数量×消费税定额税率＝1 176×500×1.2＝705 600（元）。

（3）复合计征。复合计征应纳税额的计算公式如下：

$$应纳税额＝委托加工同类应税消费品销售额或组成计税价格×比例税率$$
$$＋纳税人收回的应税消费品数量×定额税率$$

学中做 3-19

甲酒厂委托乙企业（增值税一般纳税人）加工 1 吨白酒，甲酒厂提供的材料成本为 150 000 元，乙企业收取不含税加工费 50 000 元，乙企业没有同类白酒销售价格。已知白酒适用消费税税率为 20%加 0.5 元/500 克。计算乙企业应代收代缴的消费税税额。

解析：组成计税价格＝（材料成本＋加工费＋委托加工数量×消费税定额税率）÷（1－消费税比例税率）＝（150 000＋50 000＋1×1 000÷0.5×0.5）÷（1－20%）＝251 250（元）。

乙企业应代收代缴的消费税税额＝组成计税价格×消费税比例税率＋委托加工数量×消费税定额税率＝251 250×20%＋1×1 000÷0.5×0.5＝51 250（元）。

（4）委托加工收回的应税消费品已纳税款的扣除。同外购已税消费品连续生产应税消费品已纳税款的扣除。

2. 进口应税消费品应纳税额的计算

1）征税范围规定

（1）单位和个人进口应税消费品，于报关进口时缴纳消费税。

（2）进口环节缴纳的消费税由海关代征。

2）计税方法及依据

进口应税消费品应纳税额的计算与自产自用和委托加工应税消费品应纳税额的计算不

同，无须考虑纳税人或受托方同类消费品的销售价格，而是直接按照组成计税价格计算。

3）应纳税额的计算

（1）从价计征应纳税额的计算公式如下：

$$应纳税额＝组成计税价格×比例税率$$

$$组成计税价格＝\frac{关税完税价格＋关税}{1－比例税率}$$

（2）从量计征应纳税额的计算公式如下：

$$应纳税额＝进口数量×定额税率$$

（3）复合计征应纳税额的计算公式如下：

$$应纳税额＝组成计税价格×比例税率＋进口数量×定额税率$$

$$组成计税价格＝\frac{关税完税价格＋关税＋进口数量×定额税率}{1－比例税率}$$

式中，关税完税价格是指海关规定的对进出口货物计征关税时使用的价格。

学中做 3-20

甲公司为增值税一般纳税人，该公司 2022 年 5 月份进口一批高档手表，海关审定的关税完税价格为 2 000 000 元，进口关税为 600 000 元。已知高档手表适用的消费税税率为 20%。计算甲公司当月进口高档手表应纳消费税税额。

解析：组成计税价格＝（关税完税价格＋关税）÷（1－比例税率）＝（2 000 000＋600 000）÷（1－20%）＝3 250 000（元）。

进口环节应纳消费税税额＝组成计税价格×消费税税率＝3 250 000×20%＝650 000（元）。

学中做 3-21

甲公司为增值税一般纳税人，该公司进口一批越野车，海关审定的关税完税价格为 3 600 000 元，缴纳关税 900 000 元。已知越野车适用的消费税税率为 25%，增值税税率为 13%。计算甲公司当月进口越野车应当缴纳的消费税税额。

解析：进口环节组成计税价格＝（关税完税价格＋关税）÷（1－消费税比例税率）＝（3 600 000＋900 000）÷（1－25%）＝6 000 000（元）。

应纳消费税税额＝组成计税价格×消费税税率＝6 000 000×25%＝1 500 000（元）。

【任务实施】

巨东股份有限公司为增值税一般纳税人，该公司主要生产经营酒类、卷烟和高档化妆品。2023 年 3 月，该公司发生以下经济业务：

（1）3 月 1 日销售 20 吨粮食白酒，单价为 8 000 元，价款为 160 000 元。

（2）3 月 6 日将自产的 10 吨啤酒送客户免费品尝。该啤酒的出厂价为 2 900 元/吨，成本为 2 100 元/吨。

（3）2月15日将外购的100 000元烟叶发给甲公司并委托其加工成烟丝，甲公司代垫辅助材料款4 000元（款已付），本月应支付的加工费为36 000元（不含税）、增值税税额为4 680元。3月10日巨东公司付清全部款项和代缴的消费税；3月11日收回已加工的烟丝并全部用于生产卷烟，共生产10箱卷烟，每箱250条；3月26日将该批卷烟全部销售，总售价为300 000元，款已收到。

（4）3月24日从国外购进成套高档化妆品，海关审定的关税完税价格为420 000元，进口关税为210 000元，货款全部付清。

要求：判断上述四笔经济业务类型，并逐项计算应纳消费税税额。

解析：

（1）属于直接对外销售应税消费品业务。

应纳消费税税额＝160 000×20%＋20×2 000×0.5＝52 000（元）。

（2）属于自产自用应税消费品业务。

应纳消费税税额＝10×220＝2200（元）。

（3）属于委托加工应税消费品业务。

烟丝组成计税价格＝（100 000＋4 000＋36 000）÷（1－30%）＝200 000（元）。

甲公司代收代缴烟丝的消费税税额＝200 000×30%＝60 000（元）。

每条卷烟价格＝300 000÷（10×250）＝120（元），按照56%税率计税。

卷烟应纳消费税税额＝300 000×56%＋10×250×20×0.003－60 000＝108 150（元）。

（4）属于进口应税消费品业务。

进口高档化妆品组成计税价格＝（420 000＋210 000）÷（1－15%）＝741 176.47（元）。

海关代征的高档化妆品消费税税额＝741 176.47×15%＝111 176.47（元）。

"1+X"技能任务　消费税纳税申报

【技能任务目标】　1. 熟悉消费税纳税义务发生时间、纳税期限和纳税地点。
2. 掌握消费税纳税申报表的填写。
3. 能够办理消费税纳税业务。

1. 纳税义务发生时间

（1）采用直接收款方式销售应税消费品，不论应税消费品是否发出，均为收到销货款或取得索取销货款凭据的当天。

（2）采取托收承付和委托银行收款方式销售应税消费品，为发出应税消费品并办妥托收手续的当天。

（3）采取赊销和分期收款方式销售应税消费品，为书面合同约定的收款日期的当天；没有约定的，为发出应税消费品的当天。

（4）采取预收货款方式销售应税消费品，为发出应税消费品的当天。

（5）自产自用的应税消费品，为纳税人移送使用的当天。

（6）委托加工的应税消费品，为纳税人提货的当天。

（7）进口应税消费品，为报关进口的当天。

学中做 3-22

甲公司是一家卷烟批发公司，该公司 1 月与一卷烟零售商签订一份卷烟买卖合同。合同总价款为 1 200 000 元，约定采用分期收款方式，零售商每月支付 100 000 元，每月 1 日为还款日，一年内付清所有账款。但该零售商 2 月资金周转困难，只支付给甲公司 50 000 元。请问甲公司申报本月消费税时，应以 1 200 000 元、100 000 元，还是 50 000 元为基数计算缴纳消费税？

解析：税法规定，采取赊销和分期收款方式销售应税消费品，纳税义务发生时间为书面合同约定的收款日期的当天；没有约定的，为发出应税消费品的当天。因此，应以 100 000 元为基数计算缴纳消费税。

2. 纳税期限

消费税的纳税期限分别为 1 日、3 日、5 日、10 日、15 日、1 个月或 1 个季度。纳税人的具体纳税期限由主管税务机关根据纳税人应纳税额的大小分别核定；不能按照固定期限纳税的，可以按次纳税。

纳税人以 1 个月或 1 个季度为一期纳税的，自期满之日起 15 日内申报纳税；以 1 日、3 日、5 日、10 日或者 15 日为一期纳税的，自期满之日起 5 日内预缴税款，于次月 1 日起 15 日内申报纳税并结清上月应纳税款。

进口应税消费品应当自海关填发税款缴纳书之日起 15 日内缴纳税款。

3. 纳税地点

（1）纳税人销售的应税消费品，以及纳税人自产自用的应税消费品，除国家另有规定外，应当向纳税人核算地主管税务机关申报纳税。

（2）纳税人到外县（市）销售或委托外县（市）代销自产应税消费品的，应当事先向其所在地主管税务机关提出申请，并于应税消费品销售后回纳税人核算地缴纳税款。

（3）委托加工的应税消费品，受托方为个人的，由委托方向其所在地主管税务机关报缴消费税税款。除受托方为个人外，由受托方向机构所在地或者居住地的主管税务机关报缴消费税税款。

（4）进口的应税消费品由进口人或由其代理人向报关地海关申报纳税。此外，个人携带或者邮寄进境的应税消费品的消费税，由海关连同关税一并计征。

4. 纳税申报表填制

《国家税务总局关于增值税、消费税与附加税费申报表整合有关事项的公告》（国家税务总局公告 2021 年第 20 号）规定，自 2021 年 8 月 1 日起，全国正式推行增值税、消费税与附加税费申报表合并申报，纳税人只要填写一张申报表就可以在申报增值税、消费税时一同申报附征的城市维护建设税、教育费附加、地方教育附加等附加税费，简化了纳税申报流程。

1）新的消费税纳税申报表的主要变化

（1）将原分税目的 8 张消费税纳税申报表主表整合为 1 张主表，主表基本框架结构保持不变，包括"销售情况""税款计算""税款缴纳"三部分内容，增加了栏次和列次序号及表内勾稽关系，删除不参与消费税计算的"期初未缴税费"等三个项目。

（2）将原分税目的 22 张消费税纳税申报表附表整合为 7 张附表，其中 4 张为通用附表，1 张为成品油消费税纳税人填报的专用附表、2 张为卷烟消费税纳税人填报的专用附表。

（3）增加《消费税附加税费计算表》。

新消费税纳税申报表将原 7 大类 8 张主表、22 张附表及附表资料简并优化为 1 张主表、4 张通用附表和 3 张特定行业附表。

2）注意事项

（1）纳税人调整以前所属期税费事项的，仍按相应所属期的税费申报表相关规则调整，不适用新纳税申报表。

（2）此次简并优化申报表取消了《卷烟生产企业年度销售明细表》，该表由卷烟生产企业自行填报，留存备查。

（3）企业在委托加工环节由受托方代收代缴的消费税不再填报《代收代缴税款计算表》，应当填报各种通用的《代扣代缴、代收代缴税款明细报告表》。

消费税纳税申报表见表 3-8。

表 3-8　消费税纳税申报表

报表类型	报表名称
主表	消费税及附加税费申报表
附表	本期准予扣除税额计算表
	本期准予扣除税额计算表（成品油消费税纳税人适用）
	本期减（免）税额明细表
	消费税附加税费计算表
	本期委托加工收回情况报告表
	卷烟生产企业合作生产卷烟消费税情况报告表（卷烟生产环节消费税纳税人适用）
	卷烟批发企业月份销售明细清单（卷烟批发环节消费税纳税人适用）

备注：主表《消费税及附加税费申报表》是在原来《烟类应税消费品消费税纳税申报表及附报资料》《酒类应税消费品消费税纳税申报表》《其他应税消费品消费税纳税申报表》《卷烟消费税纳税申报表》《成品油消费税纳税申报表》《电池消费税纳税申报表》《城市维护建设税、教育费附加、地方教育附加申报表》这 7 张表格基础上整合而成的。

技能任务实施

沈阳某公司是一家以生产销售蓄电池、太阳能电池为主的工业企业，为增值税一般纳税人。2023 年 3 月，该公司生产销售铅蓄电池 2 000 000 元（不含税），生产销售太阳能电池 500 000 元（铅蓄电池适用消费税税率为 4%，太阳能电池免征消费税）。请问该公司应当如何申报消费税？

解析：

第一步：计算应当缴纳的消费税税额。铅蓄电池为应税消费品。

铅蓄电池应纳消费税税额＝2 000 000×4%＝80 000（元）。

城市维护建设税税额＝80 000×7%＝5 600（元）。

教育费附加＝80 000×3%＝2 400（元）。

地方教育附加＝80 000×2%＝1 600（元）。

第二步：填写纳税申报表。

根据以上计算结果填写申报表，见表 3-9～表 3-11。

表 3-9　消费税及附加税费申报表

税款所属期：自　　年　　月　　日至　　年　　月　　日

纳税人识别号（统一社会信用代码）：□□□□□□□□□□□□□□□□□□□□

纳税人名称：　　　　　　　　　　　　　　　　　金额单位：人民币元　（列至角分）

项目　　　　应税消费品名称	适用税率		计量单位	本期销售数量	本期销售额	本期应纳税额
	定额税率	比例税率				
	1	2	3	4	5	6＝1×4+2×5
铅蓄电池		4%			200 000	80 000
合计	—	—		—		80 000

	栏次	本期税费额
本期减（免）税额	7	
期初留抵税额	8	
本期准予扣除税额	9	
本期应扣除税额	10＝8+9	
本期实际扣除税额	11[10＜（6−7），则为 10，否则为 6−7]	
期末留抵税额	12＝10−11	
本期预缴税额	13	
本期应补（退）税额	14＝6−7−11−13	80 000
城市维护建设税本期应补（退）税额	15	5 600
教育费附加本期应补（退）费额	16	2 400
地方教育附加本期应补（退）费额	17	1 600

声明：此表是根据国家税收法律法规及相关规定填写的，本人（单位）对填报内容（及附带资料）的真实性、可靠性、完整性负责。

纳税人（签章）：　　　　　　　年　月　日	
经办人：	受理人：
经办人身份证号：	受理税务机关（章）：
代理机构签章：	受理日期：　　　年　月　日
代理机构统一社会信用代码：	

表 3-10　本期减（免）税额明细表

税款所属期：自　　年　　月　　日至　　年　　月　　日

纳税人识别号：□□□□□□□□□□□□□□□□□□□□

纳税人名称（公章）：

填表日期：　　年　　月　　日　　　　　　　　　　　　金额单位：元（列至角分）

项目 应税 消费品名称	减（免）性质代码	减（免）项目名称	减（免）金额	适用税率（从价定率）	减（免）数量	适用税率（从量定额）	减（免）税额
1	2	3	4	5	6	7	8=4×5+6×7
太阳能电池			500 000	4%			20 000
合计	—	—	—	—	—	—	

表 3-11　消费税附加税费计算表

金额单位：元（列至角分）

税（费）种	计税（费）依据 消费税税额	税（费）率（%）	本期应纳税（费）额	本期减免税（费）额 减免性质代码	减免税（费）额	本期是否适用增值税小规模纳税人"六税两费"减征政策 □是 □否 减征比例（%）	减征额	本期已缴税（费）额	本期应补（退）税（费）额
	1	2	3=1×2	4	5	6	7=(3-5)×6	8	9=3-5-7-8
城市维护建设税	80 000	7%	5 600						5 600
教育费附加	80 000	3%	2 400						2 400
地方教育附加	80 000	2%	1 600						1 600
合计	—	—		—		—			

第三步：完成电子税务局纳税申报。

登录国家税务总局—电子税务局，进行网上申报操作。

（1）单击【我要办税】→【税费申报及缴纳】按钮（图3-1）。

图 3-1

（2）单击【消费税申报】按钮，根据业务需求填写具体的申报表（图3-2）。

图 3-2

> **注意**
>
> 申报消费税前，必须先申报完当期增值税。此外，往期的消费税申报也要完成。

（3）按照税种认定信息，选择所属时期类型及所属时期起止时间（图 3-3）。

图 3-3

（4）进入申报表后，按照实际情况填写申报表和办理人员信息（图 3-4）。

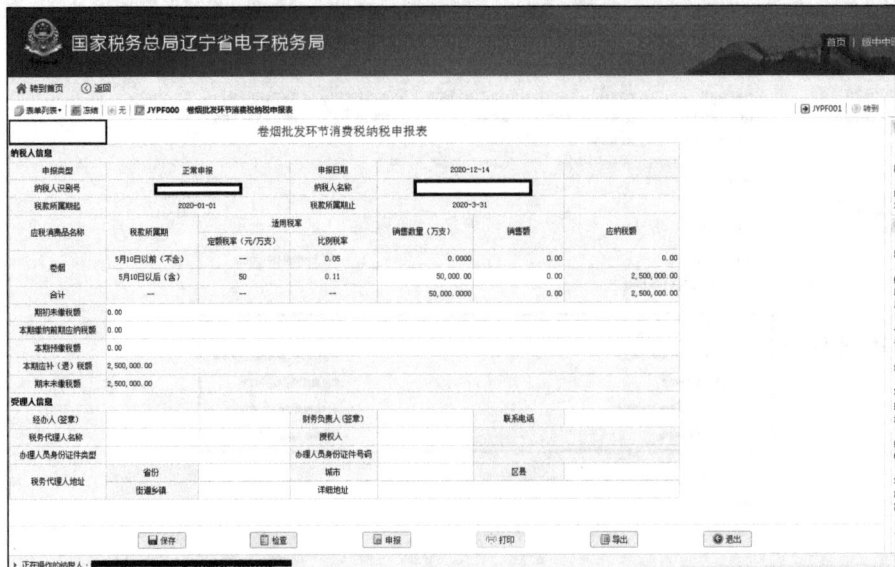

图 3-4

（5）确认数据填写无误后，单击【检查】按钮对申报表进行检查，右侧出现检查结果，红色为未办结事项，如图3-5所示。依次单击对应提示进行填写后，再次单击【检查】按钮，直至右侧没有未办结事项提示。

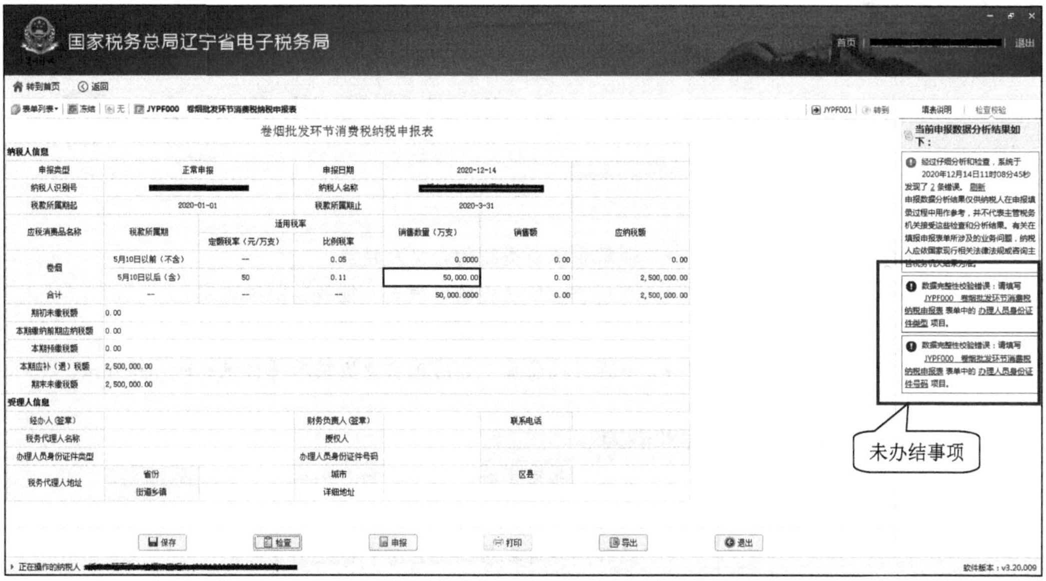

图 3-5

（6）单击【申报】按钮，系统提示"申报成功"，完成消费税纳税申报，如图3-6所示。

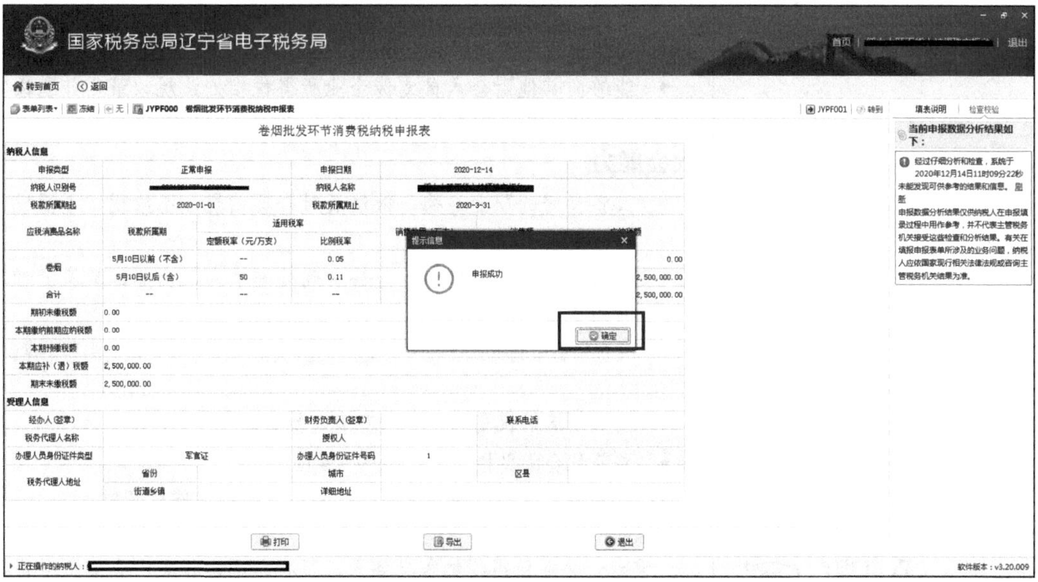

图 3-6

企业所得税纳税实务 ■

知识目标 ☞
- 理解企业所得税的含义及特点。
- 掌握企业所得税的纳税人、征税范围和税率。
- 熟悉企业所得税税收优惠政策。
- 掌握居民企业和非居民企业应纳所得税税额的计算方法。

能力目标 ☞

专业能力
- 能够判断居民企业纳税人和非居民企业纳税人。
- 能够准确计算企业所得税税前扣除项目。
- 能够熟练计算居民企业所得税应纳税额。
- 能够根据企业业务资料进行企业所得税纳税申报。

发展能力
- 能够自主学习，对知识点进行归纳整理，并能独立思考、分析问题。
- 能够运用各种资源独立查阅有关资料，更新自己的知识库。
- 能够向其他财会人员宣传企业所得税相关法规政策，并积极宣传依法纳税是每个公民的义务。

社会能力
- 具备良好的职业道德，依法及时合理纳税，不偷税、不漏税、不逃税。
- 具备良好的沟通能力，能够正确处理个人、企业、政府三者之间的关系。
- 具备精益求精的工匠精神、高效的团队协作能力和严谨的工作态度。

思政目标 ☞
- 树立依法纳税意识，增强依法办理企业所得税意识。
- 培养社会主义核心价值观——爱国。
- 培养爱国主义精神，维护国家利益，增强民族自豪感。

重点难点 ☞
　　重点：企业所得税纳税义务人、征税范围、税率；企业所得税税收优惠政策；企业所得税纳税申报。
　　难点：税前扣除项目的计算方法；居民企业应纳税所得额的计算方法；企业所得税纳税申报。

典型税案

青海省西宁经济技术开发区税务局稽查局依法查处一起骗取研发费用加计扣除政策案件

青海省税务局稽查局根据精准分析线索，指导西宁经济技术开发区税务局稽查局依法查处了青海青美生物资源研究开发有限公司骗取研发费用加计扣除政策案件。

经查，该公司通过利用虚假交易虚开发票、虚构研发项目等手段，虚增研发费用 260.91 万元，骗取研发费用加计扣除 211.22 万元，合计虚增费用 472.13 万元。西宁经济技术开发区税务局稽查局依法调减该公司虚增的研发费用及加计扣除金额，并拟将该案虚开发票线索移送公安机关。

西宁经济技术开发区税务局稽查局有关负责人表示，将进一步发挥税务、公安、检察、法院、海关、人民银行、外汇管理等七部门联合打击机制作用，坚持以零容忍的态度对虚开发票、偷逃税等涉税违法犯罪行为重拳出击、严惩不贷。同时，加强对各类享受税费优惠政策企业的税费服务和税收监管，护航税费优惠政策落实落地。

（资料来源：国家税务总局网站 https://www.chinatax.gov.cn/chinatax/n810219/c102025/c5215726/content.html）

思政案例

税务部门再曝光 5 起涉税案件！对涉税违法犯罪零容忍，维护公平税收秩序（节选）

继 2023 年 9 月 16 日税务部门曝光 4 起涉税违法案件，9 月 25 日，税务部门再曝光 5 起涉税案件，包括 1 名影视工作从业者和 1 名财税中介人员因偷逃税被处罚，多部门联合依法查处 1 起骗取出口退税团伙案件，1 家加油站虚假纳税申报被处罚，1 户企业因虚开增值税专用发票并违规适用增值税加计抵减政策被查处。

严肃查处，税法权威不容侵犯

在近期演艺明星、网络主播偷逃税案件曝光后，税务部门再次曝光一起影视工作从业者偷逃税案件，表明了税务部门对相关领域涉税违法行为零容忍的态度，传递了税务部门持续加强对文娱领域和网络直播从业人员的税收监管，对偷逃税等涉税违法犯罪行为依法处理、严厉打击的明确信号。

今年以来，税务部门已公开曝光了 8 起文娱领域、网络直播行业偷逃税案件。无论是偷逃少缴税款超千万的网络主播、有一定影响力的明星艺人，还是偷逃税款金额不大的演艺界人士、知名度不高的小主播，只要逾越法律界限都受到了处罚，彰显了税务部门持续打击相关领域偷逃税行为的高压态势。

据了解，早在 2021 年底，税务部门总结了有关领域税收监管的做法，已经形成了先提示提醒，再督促辅导，后予以约谈警示，对警示后仍拒不配合整改的依法进行立案稽查，对立案案件选择部分情节严重、影响恶劣的在查处后公开曝光的"五步工作法"，可以说是兼具温度和力度。此次曝光的这位影视工作从业者在税务部门提示提醒、督促整改、约谈警示后，仍整改不彻底，抱有侥幸心理，依法受到严肃查处，也是咎由自取。

依法纳税不仅是每个公民的基本义务，更是公众人物应尽的社会职责。税法权威不容侵犯，以身试法只能自毁前程。无论名气大小、流量高低，都应该树立依法诚信纳税理念，承担起相应的社会责任，自觉履行诚信纳税义务。

诚信纳税，否则将自食其果

值得关注的是，本次曝光的案件中有一起是财税中介人员因偷逃税被处罚案件，其采取虚假申报手段偷逃个人所得税，被立案处罚。

近年来，税务部门陆续实名曝光了一些涉税中介违规典型案例，这些案例大多是涉税虚假宣传信息，歪曲解读税收政策，误导社会公众，甚至教唆或直接实施偷逃税行为，扰乱正常税收秩序，侵犯了纳税人缴费人的合法权益，也妨碍了市场公平竞争。税务机关持续加大力度打击涉税中介机构违法案件并予以曝光具有重要的普法意义。

合法经营，方可行稳致远

此次曝光的案件类型还有涉及虚开发票、偷逃税、骗取出口退税、骗取税费优惠政策等，充分体现了税务等部门对各类涉税违法犯罪行为"露头就打"、严惩不贷，以公正监管促公平竞争，为铤而走险的不法分子再次敲响警钟。

企业的健康发展离不开法治公平的营商环境。税务部门始终重视一手抓持续优化税费服务，一手抓严厉打击恶意偷逃骗税等违法行为，加强对各类享受税费优惠政策企业的税费服务和税收监管。7月底以来，党中央、国务院连续部署实施了一系列延续、优化、完善的税费优惠政策。税务部门针对出台政策项目多、涉及领域广、适用主体差异大的特点，制定了精准推送"一政策一方案"，全力做到"政策找人"。同时，连续第十年开展"便民办税春风行动"，2023年已分5批次推出109条便民办税缴费服务举措，特别是8月6日对外发布的28条促进民营经济发展壮大便民办税缴费措施，聚焦纳税人缴费人所盼。另一方面，充分发挥七部门常态化打击虚开骗税工作机制，依法严厉打击各类涉税违法行为，毫不放松，坚持精准打击"假企业""假出口""假申报"，精准打击行业性、区域性重大案件和职业化犯罪团伙，精准打击主犯、累犯和内外勾结犯罪分子，为各项税费优惠政策落快落稳落好保驾护航，着力推进营造法治公平的税收营商环境。

（资料来源：中国税务报，2023-09-25）

税法导航

《中华人民共和国企业所得税法实施条例》（以下简称《企业所得税法实施条例》）
《中华人民共和国企业所得税法》（以下简称《企业所得税法》）

━━━━━━━━━━━━━━ 项目概述 ━━━━━━━━━━━━━━

企业所得税是我国的一大税种。本项目详细介绍企业所得税的纳税人、征税范围、税率和征收率及优惠政策的运用，重点讲解企业所得税收入总额、不征税收入、免税收入及准予扣除的项目、不得扣除的项目和亏损弥补，以及居民企业和非居民企业应纳税额的计算。此外，重点介绍企业所得税纳税申报。本项目结合丰富案例，有助于提升企业所得税涉税业务处理水平，增强纳税人依法纳税的意识及培养爱国主义精神。

任务 *4.1* 走进企业所得税

【任务目标】　1. 能够判断居民企业纳税人和非居民企业纳税人。
　　　　　　　2. 能够正确判断居民企业纳税人和非居民企业纳税人适用的税率。
　　　　　　　3. 熟练运用企业所得税税收优惠政策。

4.1.1　定位企业边界：企业所得税纳税人、征税范围和税率

1. 企业所得税纳税人

企业所得税纳税人是指在中华人民共和国境内的企业和其他取得收入的组织，具体包括各类企业、事业单位、社会团体、民办非企业单位和从事经营活动的其他组织。个人独资企业、合伙企业不属于企业所得税的纳税义务人。

企业按注册地分为居民企业和非居民企业，具体如下：

1）居民企业

居民企业是指依法在中国境内成立，或者依照外国法律成立但实际管理机构在中国境内的企业。

实际管理机构是指对企业的生产经营、人员、账务、财产等实施实质性全面管理和控制的机构，主要包括：①管理机构、营业机构、办事机构；②工厂、农场、开采自然资源的场所；③提供劳务的场所；④从事建筑、安装、装配、修理、勘探等工程作业的场所；⑤其他从事生产经营活动的机构、场所。

2）非居民企业

非居民企业是指按照我国税法规定不符合居民企业标准的企业，即依照外国（地区）法律、法规成立且实际管理机构不在中国境内，但在中国境内设立机构、场所的，或者在中国境内未设立机构、场所，但有源于中国境内所得的企业。例如，在我国设立代表处及其他分支机构等的外国企业。

非居民企业委托营业代理人在中国境内从事生产经营活动的，包括委托单位或者个人经常代其签订合同，或者储存、交付货物等，该营业代理人视为非居民企业在中国境内设

立的机构、场所。

2. 企业所得税征税对象

企业所得税的征税对象为中国境内企业的生产经营所得和其他所得。生产经营所得是指企业从事物质生产、商品流通、交通运输、劳动服务及其他营利事业取得的境内境外所得。企业其他所得包括：企业有偿转让各类财产取得的财产转让所得；纳税人购买各种有价证券取得的利息及因外单位欠款取得的利息所得；纳税人出租固定资产、包装物等取得的租赁所得；纳税人因提供转让专利权、非专利技术、商标权、著作权等取得的特许权使用费所得；纳税人对外投资入股取得的股息、红利所得；固定资产盘盈和因债权人确实无法支付的应付款项、物资及现金溢余等取得的其他所得。

居民企业应当就其源于中国境内、境外的所得缴纳企业所得税；非居民企业在中国境内设立机构、场所的，应当就其所设机构、场所取得的源于中国境内的所得，以及发生在中国境外但与其所设机构、场所有实际联系的所得，缴纳企业所得税；非居民企业在中国境内未设立机构、场所的，或者虽然设立机构、场所但是取得的所得与其所设机构、场所没有实际联系的，应当就其源于中国境内的所得缴纳企业所得税。

3. 企业所得税税率

企业所得税税率是体现国家与企业分配关系的核心要素。税率设计的原则是兼顾国家、企业、职工个人三者利益：既要保证国家财政收入稳定增长，又要使企业在发展生产经营方面有一定的财力保证；既要考虑企业的实际情况和负担能力，又要维护税率的统一性。

企业所得税实行比例税率。比例税率简便易行，透明度高，不会因征税而改变企业间收入分配比例，有利于提高效率。企业所得税税率现行规定如下：

（1）基本税率为25%。居民企业及在中国境内设立机构、场所且取得的所得与其所设机构、场所有实际联系的非居民企业，应当就其源于中国境内、境外的所得缴纳企业所得税，适用税率为25%。

（2）低税率为 20%。非居民企业在中国境内未设立机构、场所的，或者虽然设立机构、场所但是取得的所得与其所设机构、场所没有实际联系的，应当就其源于中国境内的所得缴纳企业所得税，适用税率为20%，但实际征税时减按10%税率征收。

学中做 4-1

注册地不在中国境内的阿里巴巴、百度等企业是居民企业还是非居民企业？

解析：阿里巴巴、百度等企业是居民企业。企业所得税纳税人是指在中华人民共和国境内的企业和其他取得收入的组织，具体包括各类企业、事业单位、社会团体、民办非企业单位和从事经营活动的其他组织。实际管理机构是指对企业的生产经营、人员、账务、财产等实施实质性全面管理和控制的机构。因为这两家企业的实际管理机构在中国境内，所以是居民企业。

学中做 4-2

企业所得税法律法规中关于所得税来源的表述正确的有（　　）。

A. 销售货物所得，按照交易活动发生地确定

B. 提供劳务所得，按照劳务发生地确定

C. 转让财产所得，不动产转让所得按照不动产所在地确定

D. 股息、红利等权益性投资所得，按照分配所得的企业所在地确定

解析：答案 ABCD。根据《企业所得税法实施条例》第七条的规定，《企业所得税法》第三条所称来源于中国境内、境外的所得，按照以下原则确定：

（1）销售货物所得，按照交易活动发生地确定；

（2）提供劳务所得，按照劳务发生地确定；

（3）转让财产所得，不动产转让所得按照不动产所在地确定，动产转让所得按照转让动产的企业或者机构、场所所在地确定，权益性投资资产转让所得按照被投资企业所在地确定；

（4）股息、红利等权益性投资所得，按照分配所得的企业所在地确定；

（5）利息所得、租金所得、特许权使用费所得，按照负担、支付所得的企业或者机构、场所所在地确定，或者按照负担、支付所得的个人的住所地确定；

（6）其他所得，由国务院财政、税务主管部门确定。

4.1.2 抓住税收红利：企业所得税优惠政策

企业所得税税收优惠

1. 免税与减税优惠

1）从事农、林、牧、渔业项目的所得

企业（含"公司＋农户"经营模式的企业）从事农、林、牧、渔业项目的所得，可以免征或减征企业所得税。

（1）企业从事下列项目的所得免征企业所得税：

① 蔬菜、谷物、薯类、油料、豆类、棉花、麻类、糖料、水果、坚果的种植。

② 农作物新品种的选育。

③ 中药材的种植。

④ 林木的培育和种植。

⑤ 牲畜、家禽的饲养。

⑥ 林产品的采集。

⑦ 灌溉、农产品初加工、兽医、农技推广、农机作业和维修等农、林、牧、渔服务业项目。

⑧ 远洋捕捞。

（2）企业从事下列项目的所得减半征收企业所得税。

① 花卉、茶及其他饮料作物、香料作物的种植。

② 海水养殖、内陆养殖。

企业从事国家限制和禁止发展的项目，不得享受规定的企业所得税优惠。

2）从事国家重点扶持的公共基础设施项目投资经营的所得

《企业所得税法》所称国家重点扶持的公共基础设施项目是指《公共基础设施项目企业所得税优惠目录》规定的港口码头、机场、铁路、公路、城市公共交通、电力、水利等项目。

企业从事国家重点扶持的公共基础设施项目的投资经营的所得，自项目取得第一笔生产经营收入所属纳税年度起，第一年至第三年免征企业所得税，第四年至第六年减半征收企业所得税。

企业承包经营、承包建设和内部自建自用上述项目，不得享受上述企业所得税优惠。

3）从事符合条件的环境保护、节能节水项目的所得

符合条件的环境保护、节能节水项目包括公共污水处理、公共垃圾处理、沼气综合开发利用、节能减排技术改造、海水淡化等。

企业从事符合条件的环境保护、节能节水项目的所得，自项目取得第一笔生产经营收入所属纳税年度起，第一年至第三年免征企业所得税，第四年至第六年减半征收企业所得税。

依照规定享受减免税优惠的项目，在减免税期限内转让的，受让方自受让之日起，可以在剩余期限内享受规定的减免税优惠；减免税期限届满后转让的，受让方不得就该项目重复享受减免税优惠。

学中做 4-3

电视剧《欢乐颂》中樊胜美的男朋友王柏川正在做一个名为"空气堡"的创业项目，樊胜美向投资人介绍空气堡净化空气的效果非常显著。投资人对该项目大为赞赏。

王柏川公司的"空气堡"创业项目可以享受哪些税收优惠政策？

解析：王柏川公司的"空气堡"创业项目属于空气净化产品，倡导"环保、节能、低碳"理念，属于环境保护项目。企业从事符合条件的环境保护、节能节水项目的所得，自项目取得第一笔生产经营收入所属纳税年度起，第一年至第三年免征企业所得税，第四年至第六年减半征收企业所得税。

4）符合条件的技术转让所得

（1）符合条件的技术转让所得免征、减征企业所得税，是指一个纳税年度内，居民企业技术转让所得不超过 500 万元的部分，免征企业所得税；超过 500 万元的部分，减半征收企业所得税。

（2）技术转让的范围包括居民企业转让其拥有的专利技术、计算机软件著作权、集成电路布图设计权、植物新品种、生物医药新品种及财政部和国家税务总局确定的其他技术。

（3）技术转让应当签订技术转让合同。其中，境内的技术转让须经省级以上（含省级）科技部门认定登记，跨境的技术转让须经省级以上（含省级）商务部门认定登记，涉及财政经费支持产生技术的转让，需要省级以上（含省级）科技部门审批。

（4）居民企业技术出口应由有关部门按照商务部、科技部发布的《中国禁止出口限制

出口技术目录》（商务部、科技部令 2020 年第 38 号）进行审查。居民企业取得禁止出口和限制出口技术转让所得，不享受技术转让减免企业所得税优惠政策。

（5）居民企业从直接或间接持有股权之和达到 100% 的关联方取得的技术转让所得，不享受技术转让减免企业所得税优惠政策。

2. 高新技术企业和技术先进型服务企业优惠

国家重点扶持的高新技术企业减按 15% 税率征收企业所得税。自 2018 年 1 月 1 日起，对经认定的技术先进型服务企业（服务贸易类）减按 15% 税率征收企业所得税。

3. 小型微利企业优惠

《财政部 税务总局关于进一步实施小微企业所得税优惠政策的公告》（财政部 税务总局公告 2022 年第 13 号）规定，自 2022 年 1 月 1 日至 2024 年 12 月 31 日，对小型微利企业年应纳税所得额超过 100 万元但不超过 300 万元的部分，减按 25% 计入应纳税所得额，并按 20% 税率缴纳企业所得税。

《财政部 税务总局关于小微企业和个体工商户所得税优惠政策的公告》（财政部 税务总局公告 2023 年第 6 号）规定，自 2023 年 1 月 1 日至 2024 年 12 月 31 日，对小型微利企业年应纳税所得额不超过 100 万元的部分，减按 25% 计入应纳税所得额，并按 20% 税率缴纳企业所得税。

小型微利企业是指从事国家非限制和禁止行业，且同时符合年度应纳税所得额不超过 300 万元、从业人数不超过 300 人、资产总额不超过 5 000 万元等三个条件的企业。

从业人数包括与企业建立劳动关系的职工人数和企业接受的劳务派遣用工人数。从业人数和资产总额指标应按企业全年的季度平均值确定。计算公式具体如下：

$$季度平均值＝（季初值＋季末值）÷2$$
$$全年季度平均值＝全年各季度平均值之和÷4$$

年度中间开业或者终止经营活动的，以其实际经营期作为一个纳税年度确定上述相关指标。

4. 加计扣除优惠

1）研发费用

研发费用是指企业为开发新技术、新产品和新工艺发生的研究开发费用。

企业开展研发活动中实际发生的研发费用，未形成无形资产计入当期损益的，在按规定据实扣除的基础上，自 2023 年 1 月 1 日起，再按照实际发生额的 100% 在税前加计扣除；形成无形资产的，自 2023 年 1 月 1 日起，按照无形资产成本的 200% 在税前摊销。除烟草制造业、住宿和餐饮业、批发和零售业、房地产业、租赁和商务服务业、娱乐业等以外，其他行业企业均可享受（财政部 税务总局公告 2023 年第 7 号）。

2）安置残疾人员工资

企业安置残疾人员的，在按照支付给残疾职工工资据实扣除的基础上，按照支付给残疾职工工资的 100% 加计扣除。

学中做 4-4

下列关于加计扣除的政策陈述，正确的是（　　）。

A. 企业合作开发技术项目不得适用加计扣除

B. 对委托开发的项目，受托方应向委托方提供该研发项目的费用支出明细，否则该委托开发项目的费用支出不得加计扣除

C. 残疾人工资加计扣除，该单位必须与每位残疾人签订一年以上（不含一年）的劳动合同

D. 企业研发机构同时承担生产经营任务的，发生的费用均可加计扣除

解析：答案 B。选项 A：企业合作开发技术项目符合规定的，可以适用加计扣除政策；选项 C：残疾人工资加计扣除，该单位必须与每位残疾人签订一年以上（含一年）的劳动合同，同时满足规定的条件，可以在企业所得税税前加计扣除；选项 D：企业研发机构同时承担生产经营任务的，两者费用需要分开核算，划分不清楚的不得加计扣除。

5. 创业投资企业优惠

创业投资企业采取股权投资方式投资未上市的中小高新技术企业两年以上的，可以按照其投资额的 70% 在股权持有满两年的当年抵扣该创业投资企业的应纳税所得额。当年不足抵扣的，可在以后纳税年度结转抵扣。

例如，甲企业 2017 年 1 月 1 日向乙企业（未上市的中小高新技术企业）投资 100 万元，股权持有到 2018 年 12 月 31 日，甲企业 2018 年度可以抵扣的应纳税所得额为 70 万元。

6. 加速折旧优惠

企业的固定资产由于技术进步等原因，确需加速折旧的，可以缩短折旧年限或者采取加速折旧的方法。

（1）由于技术进步，产品更新换代较快的固定资产。

（2）常年处于强振动、高腐蚀状态下的固定资产。

企业在 2024 年 1 月 1 日至 2027 年 12 月 31 日期间新购进的设备、器具，单位价值不超过 500 万元的，允许一次性计入当期成本费用在计算应纳税所得额时扣除，不再分年度计算折旧；单位价值超过 500 万元的，仍按《企业所得税法实施条例》、《财政部 国家税务总局关于完善固定资产加速折旧企业所得税政策的通知》（财税〔2014〕75 号）、《财政部 国家税务总局关于进一步完善固定资产加速折旧企业所得税政策的通知》（财税〔2015〕106 号）等相关规定执行（财政部 税务总局公告 2023 年第 37 号）。

7. 减计收入优惠

企业以《资源综合利用企业所得税优惠目录》规定的资源作为主要原材料，生产国家非限制和禁止并符合国家和行业相关标准的产品取得的收入，减按 90% 计入收入总额。

8. 税额抵免优惠

企业购置并实际使用《环境保护专用设备企业所得税优惠目录》、《节能节水专用设备企业所得税优惠目录》和《安全生产专用设备企业所得税优惠目录》[《财政部 税务总局 国家发展改革委 工业和信息化部 环境保护部关于印发节能节水和环境保护专用设备企业所得税优惠目录（2017 年版）的通知》（财税〔2017〕71 号）]规定的环境保护、节能节水、安全生产等专用设备的。

该专用设备投资额的 10%可从企业当年的应纳税额中抵免；当年不足抵免的，可在以后 5 个纳税年度结转抵免。

【任务实施】

　　甲企业为一家居民企业，从事国家非限制和禁止行业。已知甲企业 2022 年 1 季度季初和季末的从业人数分别为 60 人和 100 人，1 季度季初和季末的资产总额分别为 10 000 000 元和 20 000 000 元，1 季度的应纳税所得额为 450 000 元。请问该企业属于什么类型企业，其适用的企业所得税税率是多少？计算 1 季度企业所得税应纳税额是多少？

　　解析：2022 年 1 季度，甲企业"从业人数"的季度平均值为 80 人，"资产总额"的季度平均值为 15 000 000 元，应纳税所得额为 450 000 元。符合关于小型微利企业预缴企业所得税时的判断标准：从事国家非限制和禁止行业，且同时符合截至本期预缴申报所属期末资产总额季度平均值不超过 50 000 000 元、从业人数季度平均值不超过 300 人、应纳税所得额不超过 3 000 000 元，可以享受优惠政策。

　　《财政部 税务总局关于小微企业和个体工商户所得税优惠政策的公告》（财政部 税务总局公告 2023 年第 6 号）规定，对小型微利企业年应纳税所得额不超过 1 000 000 元的部分，减按 25%计入应纳税所得额，并按 20%税率缴纳企业所得税。因此，甲企业 1 季度的企业所得税应纳税额＝450 000×25%×20%＝22 500（元）。

任务 4.2　企业所得税精打细算

【任务目标】　1. 区分免税收入和不征税收入。

2. 正确计算税前扣除项目和不得扣除项目。

3. 准确计算各项资产的计税基础。

4. 掌握居民企业和非居民企业所得税应纳税额的计算方法。

4.2.1　精算企业所得税应纳税额

企业所得税应纳税额可以采用直接法或者间接法计算。

直接法计算公式如下：

$$应纳税所得额＝收入总额－不征税收入－免税收入－各项扣除$$
$$－允许弥补的以前年度亏损$$

间接法计算公式如下：

$$应纳税所得额＝会计利润总额±纳税调整项目金额$$

1. 收入总额

1）销售货物收入

销售货物收入是指企业销售商品、产品、原材料、包装物、低值易耗品及其他存货取得的收入。

企业销售商品时，确认收入须同时满足下列条件。

（1）商品销售合同已经签订，企业已将商品所有权相关的主要风险和报酬转移给购货方。

（2）对已售出的商品，企业既没有保留通常与所有权相联系的继续管理权，也没有实施有效控制。

（3）收入的金额能够可靠地计量。

（4）已发生或将发生的销售方的成本能够可靠地核算。

2）提供劳务收入

提供劳务收入是指企业从事建筑安装、修理修配、交通运输、仓储租赁、金融保险、邮电通信、咨询经纪、文化体育、科学研究、技术服务、教育培训、餐饮住宿、中介代理、卫生保健、社区服务、旅游、娱乐、加工及其他劳务服务活动取得的收入。

若同时满足下列条件，则表明提供劳务交易的结果能够可靠地估计。

（1）收入的金额能够可靠地计量。

（2）交易的完工进度能够可靠地确定。

（3）交易中已发生和将发生的成本能够可靠地核算。

企业可以选用下列方法确定提供劳务交易的完工进度。

（1）已完工作的测量。

（2）已提供劳务占劳务总量的比例。

（3）已发生成本占总成本的比例。

下列提供劳务满足收入确认条件的，应按规定确认收入。

（1）安装费。安装费应当根据安装完工进度确认收入。安装工作是商品销售附带条件的，安装费在确认商品销售实现时确认收入。

（2）宣传媒介的收费。宣传媒介的收费应在相关的广告或商业行为出现于公众面前时确认收入。广告的制作费应当根据制作广告的完工进度确认收入。

（3）软件费。软件费是为特定客户开发软件的收费，应当根据开发的完工进度确认收入。

（4）服务费。包含在商品售价内可区分的服务费，在提供服务的期间分期确认收入。

（5）艺术表演、招待宴会和其他特殊活动的收费。艺术表演、招待宴会和其他特殊活动的收费，在相关活动发生时确认收入。收费涉及几项活动的，预收的款项应当合理分配给每项活动，并分别确认收入。

（6）会员费。申请入会或加入会员，只允许取得会籍，所有其他服务或商品都要另行收费的，在取得该会员费时确认收入。申请入会或加入会员后，会员在会员期内不再付费就可得到各种服务或商品，或者以低于非会员的价格销售商品或提供服务的，该会员费应在整个受益期内分期确认收入。

（7）特许权费。属于提供设备和其他有形资产的特许权费，在交付资产或转移资产所有权时确认收入；属于提供初始及后续服务的特许权费，在提供服务时确认收入。

（8）劳务费。长期为客户提供重复的劳务收取的劳务费，在相关劳务活动发生时确认收入。

3）转让财产收入

转让财产收入是指企业转让固定资产、生物资产、无形资产、股权、债权等财产取得的收入。

4）股息、红利等权益性投资收益

股息、红利等权益性投资收益是指企业因权益性投资从被投资方取得的收入。

5）利息收入

利息收入是指企业将资金提供他人使用但不构成权益性投资，或者因他人占用本企业资金取得的收入，包括存款利息、贷款利息、债券利息、欠款利息等。

6）租金收入

租金收入是指企业提供固定资产、包装物或者其他有形资产的使用权取得的收入。

7）特许权使用费收入

特许权使用费收入是指企业提供专利权、非专利技术、商标权、著作权及其他特许权的使用权取得的收入。

8）接受捐赠收入

接受捐赠收入是指企业接受的来自其他企业、组织或者个人无偿给予的货币性资产、非货币性资产。

9）其他收入

其他收入包括企业资产溢余收入、逾期未退包装物押金收入、确实无法偿付的应付款项、已作坏账损失处理后又收回的应收款项、债务重组收入、补贴收入、违约金收入、汇兑收益等。

10）视同销售的情形

企业将资产移送他人的下列情形，因资产所有权属已发生改变而不属于内部处置资产，应按规定视同销售确认收入。

（1）用于市场推广或销售。

（2）用于交际应酬。

（3）用于职工奖励或福利。

（4）用于股息分配。

（5）用于对外捐赠。

（6）其他改变资产所有权属的用途。

按公允价值确定，除另有规定外，应当按照被移送资产的公允价值确认销售收入。

向公益社团股权捐赠按历史成本确定。企业向公益性社会团体实施的股权捐赠，应按规定视同转让股权，股权转让收入额以企业所捐赠股权取得时的历史成本确定。

11）特殊收入的确认

（1）企业采取分期收款方式销售货物的，应当按照合同约定的收款日期确认收入的实现。

（2）企业受托加工制造大型机械设备、船舶、飞机，以及从事建筑、安装、装配工程业务或者提供其他劳务等，持续时间超过 12 个月的，按照纳税年度内完工进度或者完成的工作量确认收入的实现。

（3）采取产品分成方式取得收入的，按照企业分得产品的日期确认收入的实现，其收入额按照产品的公允价值确定。

（4）企业发生非货币性资产交换，以及将货物、财产、劳务用于捐赠、偿债、赞助、集资、广告样品、职工福利或者利润分配的，应当视同销售货物、转让财产或者提供劳务，但国务院财政、税务主管部门另有规定的除外。

（5）采取售后回购方式销售商品的，销售的商品按照售价确认收入，回购的商品作为购进商品处理。有证据表明不符合销售收入确认条件的，如以销售商品方式进行融资，收到的款项应当确认为负债。回购价格大于原售价的，差额应在回购期间确认为利息费用。

（6）采取以旧换新方式销售商品的，应当按照销售商品收入确认条件确认收入，回收的商品作为购进商品处理。

（7）采用支付手续费方式委托代销的，在收到代销清单时确认收入。

（8）采取商业折扣（折扣销售）条件销售商品：企业为促进商品销售而在商品价格上给予的价格扣除属于商业折扣；商品销售涉及商业折扣的，应当按照扣除商业折扣后的金额确定销售商品收入金额。

（9）采取现金折扣（销售折扣）条件销售商品：债权人为鼓励债务人在规定的期限内付款而向债务人提供的债务扣除属于现金折扣；销售商品涉及现金折扣的，应当按照扣除现金折扣前的金额确定销售商品收入金额，现金折扣在实际发生时作为财务费用扣除。

（10）采取折让方式销售商品：企业因售出商品的质量不合格等原因而在售价上给予的减让属于销售折让；企业因售出商品质量、品种不符合要求等原因而发生的退货属于销售退回。企业已经确认销售收入的售出商品发生销售折让和销售退回，应当在发生当期冲减当期销售商品收入。

（11）企业采取"买一赠一"等方式组合销售本企业商品的，不属于捐赠，应将总销售金额按照各项商品公允价值的比例来分摊确认各项的销售收入。

12）处置资产收入的确认

（1）企业发生下列情形的处置资产，除将资产转移至境外以外，由于资产所有权属在形式上和实质上均不发生改变，可作为内部处置资产，不视同销售确认收入，相关资产的计税基础延续计算。

① 将资产用于生产、制造、加工另一产品。

② 改变资产形状、结构或性能。

③ 改变资产用途，如自建商品房转为自用或经营。

④ 将资产在总机构及其分支机构之间转移。

⑤ 上述两种或两种以上情形的混合。

⑥ 其他不改变资产所有权属的用途。

（2）企业将资产移送他人用于市场推广或销售、用于交际应酬、用于职工奖励或福利、用于股息分配、用于对外捐赠及其他改变资产所有权属的用途的，因资产所有权属已发生改变而不属于内部处置资产，应按规定视同销售确认收入。

（3）企业发生第（2）条规定情形时，属于企业自制的资产，应按企业同类资产同期对外销售价格确认销售收入；属于外购的资产，可按购入时的价格确认销售收入。

2. 不征税收入与免税收入

1）不征税收入

（1）财政拨款是指各级人民政府对纳入预算管理的事业单位、社会团体等组织拨付的财政资金，但国务院和国务院财政、税务主管部门另有规定的除外。

（2）依法收取并纳入财政管理的行政事业性收费、政府性基金。行政事业性收费是指依照法律法规等有关规定，按照国务院规定程序批准，在实施社会公共管理，以及在向公民、法人或者其他组织提供特定公共服务过程中，向特定对象收取并纳入财政管理的费用。政府性基金是指企业依照法律、行政法规等有关规定，代政府收取的具有专项用途的财政资金。

（3）国务院规定的其他不征税收入是指企业取得的，由国务院财政、税务主管部门规定专项用途并经国务院批准的财政性资金。

财政性资金是指企业取得的源于政府及其有关部门的财政补助、补贴、贷款贴息及其他各类财政专项资金，包括直接减免的增值税和即征即退、先征后退、先征后返的各种税收，但不包括企业按照规定取得的出口退税款。

需要注意的事项包括：①企业的不征税收入用于支出所形成的费用，不得在计算应纳税所得额时扣除。②企业的不征税收入用于支出所形成的资产，其计算的折旧、摊销不得在计算应纳税所得额时扣除。

2）免税收入

（1）国债利息收入。

（2）符合条件的居民企业之间的股息、红利等权益性投资收益（该收益是指居民企业直接投资于其他居民企业取得的投资收益，不包括连续持有居民企业公开发行并上市流通的股票不足 12 个月取得的投资收益）。

（3）在中国境内设立机构、场所的非居民企业从居民企业取得与该机构、场所有实际联系的股息、红利等权益性投资收益。

（4）符合条件的非营利组织的收入。

3. 税前扣除项目

1）工资薪金支出

企业发生的合理的工资薪金支出，准予扣除。合理的工资薪金是指企业按照股东大会、董事会、薪酬委员会或相关管理机构制定的工资薪金制度规定实际发放给员工的工资薪金，包括企业每一纳税年度支付给在本企业任职或与其有雇佣关系的员工的所有现金形式或非现金形式的劳动报酬。

工资薪金支出是企业按照合理工资薪金的规定实际发放的工资薪金总额，不包括企业的"三项经费"和"五险一金"。

2）三项经费

三项经费是指工会经费、职工福利费、职工教育经费。

（1）企业发生的职工福利费支出，不超过工资薪金总额14%的部分，准予扣除。

（2）企业拨缴的工会经费，不超过工资薪金总额2%的部分，准予扣除。

（3）除国务院财政、税务主管部门或者省级人民政府另有规定外，企业发生的职工教育经费支出，自2018年1月1日起，不超过工资薪金总额8%的部分准予扣除，超过部分准予结转以后纳税年度扣除。

（4）软件企业职工培训费可以全额扣除，扣除职工培训费后的职工教育经费的余额，自2018年1月1日起，应当按照工资薪金8%的比例扣除。

学中做 4-5

某居民企业2022年计入成本费用的实发工资为2 000 000元，实际发生工会经费50 000元、职工福利费300 000元、职工教育经费200 000元。计算上述"三项经费"的纳税调整额。

解析：根据税法规定的"三项经费"扣除标准，纳税调整额计算如下：

（1）工会经费限额＝2 000 000×2%＝40 000（元），实际发生工会经费50 000元，超过扣除限额40 000元，当年应调增应纳税所得额＝50 000－40 000＝10 000（元）。

（2）职工福利费限额＝2 000 000×14%＝280 000（元），实际发生职工福利费300 000元，超过扣除限额280 000元，当年应调增应纳税所得额＝300 000－280 000＝20 000（元）。

（3）职工教育经费限额＝2 000 000×8%＝160 000（元），实际发生职工教育经费200 000元，超过扣除限额40 000元，超支部分在以后纳税年度结转扣除，当年应调增应纳税所得额＝200 000－160 000＝40 000（元）。

"三项经费"合计的纳税调整额＝10 000＋20 000＋40 000＝70 000（元）。

学中做 4-6

某软件生产企业为一家居民企业，本年实际发生工资支出2 500 000元，职工福利费支出450 000元，职工教育经费支出600 000元，其中职工培训费支出200 000元。

解析：职工福利费不超过工资薪金总额14%的部分，准予扣除。职工福利费应调增应纳税所得额＝450 000－2 500 000×14%＝100 000（元）。

软件企业职工培训费可以全额扣除，扣除职工培训费后的职工教育经费的余额按照工资薪金8%的比例，准予扣除，职工教育经费应调增应纳税所得额＝600 000－200 000－2 500 000×8%＝200 000（元），合计应调增应纳税所得额＝100 000＋200 000＝300 000（元）。

3）社会保险费支出

（1）企业依照国务院有关主管部门或者省级人民政府规定的范围和标准为职工缴纳的基本养老保险费、基本医疗保险费、失业保险费、工伤保险费、生育保险费等基本社会保险费和住房公积金（"五险一金"），准予扣除。

（2）企业为投资者或者职工支付的补充养老保险费、补充医疗保险费，在国务院财政、税务主管部门规定的范围和标准内，准予扣除。企业依照国家有关规定为特殊工种职工支付的人身安全保险费和符合国务院财政、税务主管部门规定可以扣除的商业保险费准予扣除。

（3）企业参加财产保险，按照规定缴纳的保险费，准予扣除。

（4）除企业依照国家有关规定为特殊工种职工支付的人身安全保险费和国务院财政、税务主管部门规定可以扣除的其他商业保险费外，企业为投资者或职工支付的商业保险费，不得扣除。

（5）企业职工因公出差乘坐交通工具发生的人身意外保险费支出，准予企业在计算应纳税所得额时扣除。

（6）企业参加雇主责任险、公众责任险等责任保险，按照规定缴纳的保险费，准予在企业所得税税前扣除。该项规定适用于 2018 年度及以后年度企业所得税汇算清缴。

4）利息支出

企业在生产经营活动中发生的利息支出，按照下列规定扣除。

（1）非金融企业向金融企业借款的利息支出、金融企业的各项存款利息支出和同业拆借利息支出、企业经批准发行债券的利息支出，可以据实扣除。

（2）非金融企业向非金融企业借款的利息支出，不超过按照金融企业同期同类贷款利率计算的数额部分，可以据实扣除；超过部分，不许扣除。

5）借款费用

（1）企业在生产经营活动中发生的合理的不需要资本化的借款费用，准予扣除。

（2）企业为购置、建造固定资产、无形资产和经过 12 个月以上的建造才能达到预定可销售状态的存货发生借款的，在有关资产购置、建造期间发生的合理的借款费用，应当予以资本化，作为资本性支出计入有关资产的成本；有关资产交付使用后发生的借款利息，可在发生当期扣除。

6）手续费和佣金支出

企业发生与生产经营有关的手续费及佣金支出，不超过以下规定计算限额以内的部分，准予扣除；超过部分，不得扣除。

自 2019 年 1 月 1 日起，保险企业发生与其经营活动有关的手续费及佣金支出，不超过当年全部保费收入扣除退保金等后余额的 18%（含本数）的部分，在计算应纳税所得额时准予扣除；超过部分，允许结转以后纳税年度扣除。

7）公益性捐赠支出

公益性捐赠支出是指企业通过公益性社会团体或县级以上人民政府及其部门，用于《中华人民共和国公益事业捐赠法》（以下简称《公益事业捐赠法》）规定的公益事业的捐赠。

企业当年发生及以前年度结转的公益性捐赠支出，不超过年度利润总额 12% 的部分，准予扣除：超过部分，准予结转以后三年内在计算应纳税所得额时扣除。

《公益事业捐赠法》规定的公益事业是指非营利的下列事项。

（1）救助灾害、救济贫困、扶助残疾人等困难的社会群体和个人的活动。

（2）教育、科学、文化、卫生、体育事业。

（3）环境保护、社会公共设施建设。

（4）促进社会发展和进步的其他社会公共和福利事业。

8）业务招待费支出

企业发生的与生产经营活动有关的业务招待费支出，按照发生额的 60% 扣除，但最高不得超过当年销售（营业）收入的 5‰。

作为业务招待费限额的计算基数的收入范围是当年销售（营业）收入。销售（营业）收入不仅包括销售货物收入、让渡资产使用权（收取资产租金或使用费）收入、提供劳务收入等主营业务收入，还包括其他业务收入、视同销售收入等。但不包含营业外收入、转让固定资产或无形资产所有权收入、投资收益（从事股权投资业务的企业除外）。

学中做 4-7

某企业 2022 年销售收入为 250 000 元，发生业务招待费 4 000 元，请问该企业税前扣除额为多少？

解析：此时业务招待费扣除金额需要用两个标准来判断，具体如下：

标准一：业务招待费金额的 60%，4 000×60%＝2 400（元）。

标准二：销售收入的 5‰，250 000×5‰＝1 250（元）。

两者比较取其小，实际扣除额为 1 250 元。

9）广告费和业务宣传费

企业发生的符合条件的广告费和业务宣传费支出，除国务院财政、税务主管部门另有规定外，不超过当年销售（营业）收入 15% 的部分，准予扣除；超过部分，准予在以后纳税年度结转扣除。

《财政部 税务总局关于广告费和业务宣传费支出税前扣除有关事项的公告》（财政部 税务总局 2020 年第 43 号）规定，自 2021 年 1 月 1 日起至 2025 年 12 月 31 日止，对化妆品制造或销售、医药制造和饮料制造（不含酒类制造）企业发生的广告费和业务宣传费支出，不超过当年销售（营业）收入 30% 的部分，准予扣除；超过部分，准予在以后纳税年度结转扣除。

各项税前扣除标准见表 4-1。

表 4-1　各项税前扣除标准

项目	扣除标准	超标准处理
职工福利费	不超过工资薪金总额 14% 的部分准予扣除	不得扣除
工会经费	不超过工资薪金总额 2% 的部分准予扣除	不得扣除
职工教育经费	不超过工资薪金总额 8% 的部分准予扣除	当年不得扣除；但超过部分准予结转以后纳税年度扣除

项目	扣除标准	超标准处理
利息费用	不超过按照金融企业同期同类贷款利率计算的利息	不得扣除
业务招待费	按照发生额的 60%扣除，但最高不得超过当年销售（营业）收入的 5‰	不得扣除
广告费和业务宣传费	① 一般企业：不超过当年销售（营业）收入 15%的部分，准予扣除 ② 化妆品制造或销售、医药制造和饮料制造（不含酒类制造）企业发生的广告费和业务宣传费支出，不超过当年销售（营业）收入 30%的部分，准予扣除	当年不得扣除；但超过部分准予结转以后纳税年度扣除
公益性捐赠支出	不超过年度利润总额 12%的部分，准予扣除 注意，有全额扣除的项目	不得扣除，三年内扣除
手续费及佣金支出	除保险企业外，按照所签订服务协议或合同确认的收入金额的 5%计算限额	不得扣除

4. 不得扣除项目与弥补亏损

1）不得扣除项目

在计算应纳税所得额时，下列支出不得扣除。

（1）向投资者支付的股息、红利等权益性投资收益款项。

（2）企业所得税税款。

（3）税收滞纳金。

（4）罚金、罚款和没收损失（不含经济合同的违约金银行罚息）。

（5）超过规定标准的捐赠支出。

（6）赞助支出（与生产经营活动无关的各种非广告性支出）。

（7）未经核定的准备金支出。

（8）企业之间支付的管理费、企业内营业机构之间支付的租金和特许权使用费，以及非银行企业内营业机构之间支付的利息。

2）弥补亏损

税法规定，企业某一纳税年度发生的亏损可以用下一年度的所得弥补，下一年度的所得不足以弥补的，可以逐年延续弥补，但最长不得超过 5 年。亏损是指企业依照《企业所得税法》的规定，将每一纳税年度的收入总额减除不征税收入、免税收入和各项扣除后小于零的数额。

自 2018 年 1 月 1 日起，当年具备高新技术企业或科技型中小企业资格（以下统称资格）的企业，其具备资格年度之前 5 个年度发生的尚未弥补完的亏损，准予结转以后年度弥补，最长结转年限由 5 年延长至 10 年。

学中做 4-8

沈阳某居民企业本年度利润总额为 400 000 元，通过慈善机构向贫困地区捐赠 40 000 元，直接捐给某学校 50 000 元，且无以前年度结转的公益性捐赠支出。

要求：计算本年度企业所得税税前准予扣除的捐赠额。

解析：公益性捐赠是指企业通过公益性社会组织或者县级以上人民政府及其部门，用于符合法律规定的慈善活动、公益事业的捐赠。纳税人直接向受赠人捐赠的，不允许扣除。

公益性捐赠支出税前扣除限额＝400 000×12%＝48 000（元），公益性捐赠支出40 000元，没有超过扣除限额，准予全额扣除。该企业直接向某学校捐赠的50 000元，不允许扣除。

4.2.2　巧算资产的税务处理

税法规定，纳入税务处理范围的主要资产形式有固定资产、生物资产、无形资产、长期待摊费用、投资资产、存货等，均以历史成本为计税基础。历史成本是指企业取得该项资产时实际发生的支出。企业持有各项资产期间资产增值或者减值，除国务院财政、税务主管部门规定可以确认损益外，不得调整该资产的计税基础。

1. 固定资产的税务处理

1）固定资产的计税基础

（1）外购的固定资产，以购买价款和支付的相关税费及直接归属于使该资产达到预定用途发生的其他支出为计税基础。

（2）自行建造的固定资产，以竣工结算前发生的支出为计税基础。

（3）融资租入的固定资产，以租赁合同约定的付款总额和承租人在签订租赁合同过程中发生的相关费用为计税基础；租赁合同未约定付款总额的，以该资产的公允价值和承租人在签订租赁合同过程中发生的相关费用为计税基础。

（4）盘盈的固定资产，以同类固定资产的重置完全价值为计税基础。

（5）通过捐赠、投资、非货币性资产交换、债务重组等方式取得的固定资产，以该资产的公允价值和支付的相关税费为计税基础。

（6）改建的固定资产，除已足额提取折旧的固定资产和租入的固定资产外的其他固定资产，以改建过程中发生的改建支出增加计税基础。

2）固定资产折旧的范围

在计算应纳税所得额时，企业按照规定计算的固定资产折旧，准予扣除。下列固定资产不得计算折旧扣除。

（1）房屋、建筑物以外未投入使用的固定资产。

（2）以经营租赁方式租入的固定资产。

（3）以融资租赁方式租出的固定资产。

（4）已足额提取折旧仍继续使用的固定资产。

（5）与经营活动无关的固定资产。

（6）单独估价作为固定资产入账的土地。

（7）其他不得计算折旧扣除的固定资产。

3）固定资产折旧的计提年限

根据企业会计制度的要求，企业可以采用直线法、双倍余额递减法、年数总和法等计提折旧；年终可以变更固定资产折旧方法。

《企业所得税法实施条例》规定，企业可以采取直线法计提折旧，并规定了各类固定资产计算折旧的最低年限。

对于符合加速折旧条件的固定资产，应当采取余额递减法或年数总和法。采取缩短折旧年限方法的，最低折旧年限不得低于规定折旧年限的60%。

固定资产折旧的计提年限具体如下：

（1）房屋、建筑物，为20年。

（2）飞机、火车、轮船、机器、机械和其他生产设备，为10年。

（3）与生产经营活动有关的器具、工具、家具等，为5年。

（4）飞机、火车、轮船以外的运输工具，为4年。

（5）电子设备，为3年。

学中做 4-9

某居民企业 2022 年以 10 000 000 元购入一项固定资产，企业会计准则确定的折旧方法与企业所得税法实施条例规定的折旧方法一致，均为直线法，无残值；企业会计准则确定该项固定资产折旧年限为 5 年，税法规定该项固定资产折旧年限为 10 年。请计算该项固定资产 2023 年纳税调整额。

解析：企业会计准则确定的折旧年限与税法规定的折旧年限不一致，在计算应纳税所得额时，应当按照税法规定进行纳税调整。企业会计准则规定年折旧额 = 10 000 000 ÷ 5 = 2 000 000（元），税法规定年折旧额 = 10 000 000 ÷ 10 = 1 000 000（元），因此该固定资产纳税调整额 = 2 000 000 − 1 000 000 = 1 000 000（元）。

2. 生物资产的税务处理

生物资产是指有生命的动物和植物。生物资产分为消耗性生物资产、生产性生物资产和公益性生物资产。消耗性生物资产是指为出售而持有的或在将来收获为农产品的生物资产，包括生长中的大田作物、蔬菜、用材林及存栏待售的牲畜等。生产性生物资产是指为产出农产品、提供劳务或出租等目的而持有的生物资产，包括经济林、薪炭林、产畜和役畜等。公益性生物资产是指以防护、环境保护为主要目的的生物资产，包括防风固沙林、水土保持林和水源涵养林等。

1）生物资产的计税基础

生产性生物资产按照以下方法确定计税基础。

（1）外购的生产性生物资产，以购买价款和支付的相关税费为计税基础。

（2）通过捐赠、投资、非货币性资产交换、债务重组等方式取得的生产性生物资产，以该资产的公允价值和支付的相关税费为计税基础。

2）生物资产的折旧方法和折旧年限

生产性生物资产按照直线法计算的折旧，准予扣除。企业应当自生产性生物资产投入使用月份的次月起计算折旧；停止使用的生产性生物资产，应当自停止使用月份的次月起停止计算折旧。

企业应当根据生产性生物资产的性质和使用情况，合理确定生产性生物资产的预计净残值。生产性生物资产的预计净残值一经确定，不得变更。

生产性生物资产计算折旧的最低年限如下：林木类生产性生物资产，为 10 年；畜类生产性生物资产，为 3 年。

3. 无形资产的税务处理

无形资产是指企业长期使用但没有实物形态的资产，包括专利权、商标权、著作权、土地使用权、非专利技术、商誉等。

1）无形资产的计税基础

无形资产按照以下方法确定计税基础。

（1）外购的无形资产，以购买价款和支付的相关税费及直接归属于使该资产达到预定用途发生的其他支出为计税基础。

（2）企业自行开发的无形资产，以开发过程中该资产符合资本化条件后至达到预定用途前发生的其他支出为计税基础。

（3）通过捐赠、投资、非货币性资产交换、债务重组等方式取得的无形资产，以该资产的公允价值和支付的相关税费为计税基础。

2）无形资产摊销的范围

在计算应纳税所得额时，企业按照规定计算的无形资产摊销费用，准予扣除。下列无形资产不得计算摊销费用扣除。

（1）自行开发的支出已在计算应纳税所得额时扣除的无形资产。

（2）自创商誉。

（3）与经营活动无关的无形资产。

（4）其他不得计算摊销费用扣除的无形资产。

3）无形资产的摊销方法及年限规定

一般采取直线法计算无形资产的摊销费用，摊销年限不得低于 10 年。作为投资或者受让的无形资产，有关法律规定或者合同约定了使用年限的，可以按照规定或者约定的使用年限分期摊销。外购商誉的支出，在企业整体转让或者清算时，准予扣除。

4. 长期待摊费用的税务处理

长期待摊费用是指企业发生的应在一个年度以上或几个年度进行摊销的费用。在计算应纳税所得额时，企业发生的下列支出为长期待摊费用，按照规定摊销的，准予扣除。

（1）已足额提取折旧的固定资产的改建支出。

（2）租入固定资产的改建支出。

（3）固定资产的大修理支出。

（4）其他应当作为长期待摊费用的支出。

企业的固定资产修理支出可在发生当期直接扣除。企业的固定资产改良支出，若有关固定资产尚未提足折旧，则可增加固定资产价值；若有关固定资产已提足折旧，则可作为长期待摊费用在规定期间内平均摊销。

固定资产改建支出是指改变房屋或者建筑物结构、延长使用年限等发生的支出。已足额提取折旧的固定资产的改建支出按照固定资产预计尚可使用年限分期摊销；租入固定资产的改建支出按照合同约定的剩余租赁期限分期摊销。其他改建的固定资产延长使用年限的，应当适当延长折旧年限。

大修理支出按照固定资产尚可使用年限分期摊销。

《企业所得税法》所指的固定资产大修理支出是指同时符合下列条件的支出。

（1）修理支出达到取得固定资产时的计税基础 50% 以上。

（2）修理后固定资产的使用年限延长两年以上。

其他应当作为长期待摊费用的支出，自支出发生月份的次月起分期摊销，摊销年限不得低于 3 年。

5. 存货的税务处理

存货是指企业持有以备出售的产品或者商品、处在生产过程中的在产品、在生产或者提供劳务过程中耗用的材料和物料等。

（1）存货的计税基础。存货成本按照以下方法确定。

① 通过支付现金方式取得的存货，以购买价款和支付的相关税费为成本。通过支付现金以外的方式取得的存货，以该存货的公允价值和支付的相关税费为成本。

② 生产性生物资产收获的农产品，以产出或者采收过程中发生的材料费、人工费和分摊的间接费用等必要支出为成本。

（2）存货成本的计算方法。企业使用或者销售的存货的成本计算方法可在先进先出法、加权平均法、个别计价法中选用一种。计价方法一经选用，不得随意变更。

企业转让以上资产，在计算企业应纳税所得额时，该项资产的净值允许扣除。其中，资产净值是指有关资产、财产的计税基础减除已经按照规定扣除的折旧、折耗、摊销、准备金等后的余额。

6. 投资资产的税务处理

投资资产是指企业对外进行权益性投资和债权性投资所形成的资产。

（1）投资资产的成本。投资资产成本按照以下方法确定。

① 通过支付现金方式取得的投资资产，以购买价款为成本。

② 通过支付现金以外的方式取得的投资资产，以该资产的公允价值和支付的相关税费为成本。

（3）投资企业撤回或减少投资的税务处理。自 2011 年 7 月 1 日起，投资企业从被投资企业撤回或减少投资，对其取得的资产中相当于初始出资的部分，应当确认为投资收回；对其中相当于被投资企业累计未分配利润和累计盈余公积按减少实收资本比例计算的部分，应当确认为股息所得；其余部分确认为投资资产转让所得。

被投资企业发生的经营亏损，由被投资企业按照规定结转弥补；投资企业不得调整减少其投资成本，也不得将其确认为投资损失。

学中做 4-10

沈阳某企业为一般纳税人非小型微利企业，2022 年 8 月该企业购进 1 辆轿车，取得的增值税专用发票上注明的价款为 100 000 元，增值税税额为 13 000 元。该企业为购进轿车发生运杂费及上牌照税费 20 000 元，该轿车当月投入使用。假定该企业固定资产预计净残值率为 5%，并且假定该企业按照轿车的最低折旧年限以直线法计提折旧。

如果你是该企业财务人员，则该企业购买的轿车在当年企业所得税税前扣除的折旧额是多少？

解析：轿车最低折旧年限为 4 年，轿车账面成本＝100 000＋20 000＝120 000（元）。

按照税法规定可以扣除的折旧额＝120 000×（1－5%）÷（4×12）×4＝9 500（元）。

4.2.3 细算企业应纳所得税税额

1. 居民企业所得税应纳税额的计算

居民企业应纳所得税税额的基本计算公式如下：

应纳税额＝应纳税所得额×适用税率－减免税额－抵免税额

由上式可知，应纳税额的多少取决于应纳税所得额和适用税率这两个因素。在实际过程中，计算应纳税所得额的方法一般有两种。

1）间接计算法

在间接计算法下，在会计利润总额的基础上加上或减去按照税法规定调整的项目金额后，即为应纳税所得额。其计算公式如下：

应纳税所得额＝会计利润总额±纳税调整项目金额

纳税调整项目金额包括两方面内容：①企业的财务、会计处理办法和税法规定不一致的，应当按照税法规定予以调整的金额；②企业按照税法规定准予扣除的金额。

2）直接计算法

在直接计算法下，企业每一纳税年度的收入总额减除不征税收入、免税收入、各项扣除及允许弥补的以前年度亏损后的余额，即为应纳税所得额。其计算公式如下：

应纳税所得额＝收入总额－不征税收入－免税收入－各项扣除金额－弥补亏损

学中做 4-11

A 国的甲企业在中国境内未设立机构场所，但其在 2022 年度从中国境内取得下列所得：股息 500 000 元、利息 400 000 元、特许权使用费 600 000 元。同时，该企业转让了其在中国境内的财产，转让收入为 1 400 000 元，该财产净值为 1 000 000 元。请计算甲企业 2022 年度在中国境内应纳企业所得税税额。

解析：甲企业取得的股息、利息和特许权使用费的应纳税所得额＝500 000＋400 000＋600 000＝1 500 000（元）。

该企业取得的财产转让所得的应纳税所得额＝1 400 000－1 000 000＝400 000（元）。

该企业 2022 年度企业所得税应纳税额＝（1 500 000＋400 000）×10%＝190 000（元）。

2. 境外所得抵扣税额的计算

企业取得的下列所得已在境外缴纳的所得税税额，可从其当期应纳税额中抵免，抵免限额为该项所得依照《企业所得税法》规定计算的应纳税额；超过抵免限额的部分，可在以后 5 个纳税年度内用每年度抵免限额抵免当年应抵税额后的余额进行抵补。

（1）居民企业源于中国境外的应税所得。

（2）非居民企业在中国境内设立机构、场所，取得发生在中国境外但与该机构、场所有实际联系的应税所得。

居民企业从其直接或者间接控制的外国企业分得的源于中国境外的股息、红利等权益性投资收益，外国企业在境外实际缴纳的所得税税额中属于该项所得负担的部分，可以作为该居民企业的可抵免境外所得税税额，在《企业所得税法》规定的抵免限额内抵免。

上述所称直接控制是指居民企业直接持有外国企业 20%以上股份。

上述所称间接控制是指居民企业以间接持股方式持有外国企业 20%以上股份，具体认定办法由国务院财政、税务主管部门另行制定。

已在境外缴纳的所得税税额是指企业源于中国境外的所得依照中国境外税收法律及相关规定应当缴纳并已实际缴纳的企业所得税性质的税款。

抵免限额是指企业源于中国境外的所得，依照《企业所得税法》和《企业所得税法实施条例》的规定计算的应纳税额。自 2017 年 1 月 1 日起，企业可以选择按国别（地区）[分国（地区）不分项]分别计算，或者不按国别（地区）[不分国（地区）不分项]汇总计算其源于境外的应纳税所得额，并按照有关规定分别计算其可抵免境外所得税税额和抵免限额。上述方式一经选择，5 年内不得改变。

境外所得税税款抵免限额计算公式如下：

分国（地区）不分项计算的抵免限额
＝中国境内、境外所得依照企业所得税法及其实施条例规定计算的应纳税总额
×源于某国（地区）的应纳税所得额÷中国境内、境外应纳税所得额
＝源于某国（地区）的（税前）应纳税所得额×中国法定税率

学中做 4-12

某企业 2022 年度境内应纳税所得额为 1 500 000 元，适用 25%企业所得税税率。另外，该企业分别在 A、B 两国设有分支机构（我国与 A、B 两国已经缔结避免双重征税协定），在 A 国的分支机构应纳税所得额为 800 000 元，A 国税率为 20%；在 B 国的分支机构应纳税所得额为 500 000 元，B 国

税率为 21%。假设该企业在 A、B 两国所得按照我国税法计算的应纳税所得额和按照 A、B 两国税法计算的应纳税所得额一致，则两个分支机构在 A 国和 B 国分别缴纳了 240 000 元和 105 000 元的企业所得税。请计算该企业汇总在我国应缴纳的企业所得税税额。

解析：

（1）按照我国税法计算该企业境内、境外所得的应纳税额。

应纳税额＝（1 500 000＋800 000＋500 000）×25%＝700 000（元）。

（2）A 国和 B 国的扣除限额。

A 国扣除限额＝700 000×800 000÷（1 500 000＋800 000＋500 000）＝200 000（元）。

B 国扣除限额＝700 000×500 000÷（1 500 000＋800 000＋500 000）＝125 000（元）。

在 A 国缴纳的企业所得税为 240 000 元，高于扣除限额 200 000 元，其超过扣除限额的部分 40 000 元当年不能扣除。

在 B 国缴纳的企业所得税为 105 000 元，低于扣除限额 125 000 元，可以全额扣除。

（3）该企业汇总在我国应缴纳的企业所得税税额＝700 000－200 000－105 000＝395 000（元）。

3. 居民企业核定征收应纳税额的计算

1）核定征收范围

核定征收企业所得税的范围，核定征收办法适用于居民企业纳税人。纳税人具有下列情形之一的，核定征收企业所得税。

（1）依照法律、行政法规的规定可以不设置账簿的。

（2）依照法律、行政法规的规定应当设置但未设置账簿的。

（3）擅自销毁账簿或者拒不提供纳税资料的。

（4）虽然设置账簿，但是账目混乱或者成本资料、收入凭证、费用凭证残缺不全，难以查账的。

（5）发生纳税义务，未按照规定的期限办理纳税申报，经税务机关责令限期申报，逾期仍不申报的。

（6）申报的计税依据明显偏低且无正当理由的。

特殊行业、特殊类型的纳税人和一定规模以上的纳税人不适用核定征收办法。上述特定纳税人由国家税务总局另行明确。

2）核定征收办法

税务机关应当根据纳税人具体情况，对核定征收企业所得税的纳税人核定应税所得率或者核定应纳所得税税额。

（1）纳税人具有下列情形之一的，核定其应税所得率。

① 能够正确核算（查实）收入总额，但不能正确核算（查实）成本费用总额的。

② 能够正确核算（查实）成本费用总额，但不能正确核算（查实）收入总额的。

③ 能够通过合理方法计算和推定纳税人收入总额或成本费用总额的。

纳税人不属于以上情形的，核定其应纳所得税税额。

（2）税务机关采用下列方法核定征收企业所得税。

① 参照当地同类行业或者类似行业中经营规模和收入水平相近的纳税人的税负水平核定。

② 按照应税收入额或成本费用支出额定率核定。

③ 按照耗用的原材料、燃料、动力等推算或测算核定。

④ 按照其他合理方法核定。

实行核定应税所得率征收办法的，应纳所得税税额的计算公式如下：

$$应纳所得税税额＝应纳税所得额×适用税率$$

$$应纳税所得额＝应税收入额×应税所得率$$

$$应纳税所得额＝成本（费用）支出额÷（1－应税所得率）×应税所得率$$

4. 非居民企业应纳税额的计算

对在中国境内未设立机构、场所的，或者虽然设立机构、场所，但是取得的所得与其所设机构、场所没有实际联系的非居民企业的所得，按照下列方法计算应纳税所得额。

（1）股息、红利等权益性投资收益和利息、租金、特许权使用费所得，以收入全额为应纳税所得额。

（2）转让财产所得，以收入全额减除财产净值后的余额为应纳税所得额。

（3）其他所得，参照前两项规定的方法计算应纳税所得额。

财产净值是指财产的计税基础减除已经按照规定扣除的折旧、折耗、摊销、准备金等后的余额。

非居民企业应纳税额的计算公式如下：

$$应纳税额＝年应纳税所得额×税率（减按 10\%）$$

5. 非居民企业核定征收应纳税额的计算

非居民企业因会计账簿不健全，资料残缺难以查账，或者其他原因不能准确计算并据实申报其应纳税所得额的，税务机关有权核定其应纳税所得额。

（1）按照收入总额核定应纳税所得额，计算公式如下：

$$应纳税所得额＝收入总额×核定利润率$$

（2）按照成本费用核定应纳税所得额，计算公式如下：

$$应纳税所得额＝成本费用总额÷（1－核定利润率）×核定利润率$$

（3）按照经费支出换算收入核定应纳税所得额，计算公式如下：

$$应纳税所得额＝经费支出总额÷（1－核定利润率）×核定利润率$$

（4）税务机关可以按照以下标准确定非居民企业的利润率：

① 从事承包工程作业、设计和咨询劳务的，利润率为 15%～30%。

② 从事管理服务的，利润率为 30%～50%。

③ 从事其他劳务或劳务以外经营活动的，利润率不低于 15%。

税务机关有根据认为非居民企业的实际利润率明显高于上述标准的，可以按照比上述标准更高的利润率核定其应纳税所得额。

（5）非居民企业为中国境内客户提供劳务取得的收入，同时其提供的服务全部发生在中国境内的，应当全额在中国境内申报缴纳企业所得税。凡其提供的服务同时发生在中国境内外的，应以劳务发生地为原则划分其境内外收入，并就其在中国境内取得的劳务收入申报缴纳企业所得税。税务机关对其境内外收入划分的合理性和真实性有疑义的，可以要求非居民企业提供真实有效的证明，并根据工作量、工作时间、成本费用等因素合理划分其境内外收入。若非居民企业不能提供真实有效的证明，则税务机关可视同其提供的服务全部发生在中国境内，确定其劳务收入并据以征收企业所得税。

（6）采取核定征收方式征收企业所得税的非居民企业，在中国境内从事适用不同核定利润率的经营活动并取得应税所得的，应当分别核算并适用相应的利润率计算缴纳企业所得税；凡不能分别核算的，应当从高适用利润率计算缴纳企业所得税。

（7）税务机关发现非居民企业采用核定征收方式计算申报的应纳税所得额不真实，或者明显与其承担的功能风险不相匹配的，有权予以调整。

【任务实施】

沈阳某生产企业 2022 年度生产经营情况如下：产品销售收入为 5 000 000 元，产品销售成本为 3 000 000 元，产品销售费用为 400 000 元，发生管理费用 350 000 元（其中业务招待费为 50 000 元），当年出租固定资产取得收入 400 000 元，购买国家公债取得利息收入 100 000 元，准许税前扣除的税费为 300 000 元，经批准向企业职工集资 1 000 000 元，支付年息 150 000 元，同期银行贷款利率为 10%，通过县级人民政府向南方遭受雪灾地区捐款 200 000 元。

要求：计算该企业 2022 年度应纳企业所得税税额。

解析：该企业年度利润总额＝5 000 000＋400 000＋100 000－3 000 000－400 000－350 000－300 000－150 000－200 000＝1 100 000（元）。

纳税调增项目：业务招待费超支＝50 000－（5 000 000＋400 000）×5‰＝23 000（元）。

职工集资利息超支＝150 000－1 000 000×10%＝50 000（元）。

公益救济性捐赠超支＝200 000－1 100 000×12%＝68 000（元）。

纳税调减项目：国债利息收入 100 000 元。

应纳税所得额＝1 100 000＋23 000＋50 000＋68 000－100 000＝1 141 000（元）。

企业所得税应纳税额＝1 141 000×25%＝285 250（元）。

"1＋X"技能任务 企业所得税纳税申报

【技能任务目标】 1. 熟悉企业所得税征收办法、纳税期限和纳税地点。

2. 掌握企业所得税纳税申报表的填写和纳税申报流程。

1. 企业所得税征收办法

为加强企业所得税征收管理，对部分中小企业采取核定征收办法计算其应纳税额。

1）企业所得税的核定征收范围确定

纳税人具有下列情形之一的，应当采取核定征收办法征收企业所得税。

（1）依照税法规定可以不设账或应设而未设账的。

（2）只能准确核算收入总额，或收入总额能够查实但其成本费用支出不能准确核算的。

（3）只能准确核算成本费用支出，或成本费用支出能够查实但其收入总额不能准确核算的。

（4）虽然能够正确核算收入总额及成本费用支出，但是未按规定保存有关凭证、账簿及纳税资料的。

（5）虽然能够按照规定设置账簿并进行核算，但是未按规定保存有关凭证、账簿及纳税资料的。

（6）纳税人发生纳税义务，未按规定期限办理纳税申报，经税务机关责令限期申报，逾期仍不申报的。

2）定额征收

定额征收是指税务机关按照一定的标准、程序和方法直接核定纳税人年度应纳所得税税额，由纳税人按照规定申报缴纳的办法。税务机关应对纳税人的有关情况进行调查研究、分类排队、认真测算，并在此基础上按年从高直接核定纳税人的应纳所得税税额。

3）核定应税所得率征收

核定应税所得率征收是指税务机关按照一定的标准、程序和方法预先核定纳税人的应税所得率，由纳税人根据纳税年度内的收入总额或成本费用等项目的实际发生额，按照预先核定的应税所得率计算缴纳企业所得税的办法。其计算公式如下：

$$应纳税所得额＝收入总额×应税所得率$$
$$应纳所得税额＝应纳税所得额×适用税率$$

2. 企业所得税纳税期限

企业所得税按纳税年度计算，实行按年计征、分月或者分季预缴、年终汇算清缴、多退少补的征收管理办法。

1）企业所得税的纳税年度

企业所得税的纳税年度自每年公历 1 月 1 日起至 12 月 31 日止。企业在一个纳税年度中间开业，或者终止经营活动，使该纳税年度的实际经营期不足 12 个月的，应当以其实际经营期为一个纳税年度。企业依法清算时，应当以清算期间作为一个纳税年度。企业在年度中间终止经营活动的，应当自实际经营终止之日起 60 日内向税务机关办理当期企业所得税汇算清缴。企业应当在办理注销登记前，就其清算所得向税务机关申报并依法缴纳企业所得税。

2）企业所得税分月或者分季预缴

纳税人应当自月度或者季度终了之日起 15 日内向税务机关报送预缴企业所得税纳税申报表，预缴税款。企业所得税分月或者分季预缴由税务机关具体核定。企业预缴企业所得税时，应当按照月度或者季度的实际利润额预缴；按照月度或者季度的实际利润额预缴有困难的，可以按照上一纳税年度应纳税所得额的月度或者季度平均额预缴，或者按照经税务机关认可的其他方法预缴。预缴方法一经确定，该纳税年度内不得随意更改。

3）企业所得税年终汇算清缴

企业应当自年度终了之日起 5 个月内向税务机关报送年度企业所得税纳税申报表，并汇算清缴，结清应缴应退税款。企业在报送企业所得税纳税申报表时，应当按照规定附送财务会计报告和其他有关资料。纳税人在纳税年度内预缴的企业所得税税款少于全年应纳税额的，应在汇算清缴期限内结清应补缴的税款；预缴的企业所得税税款超过全年应纳税额的，主管税务机关应当及时办理退税或者抵缴其下一年度应缴纳的企业所得税。

扣缴义务人每次代扣的税款，应当自代扣之日起 7 日内缴入国库，并向所在地的税务机关报送扣缴企业所得税报告表。

3. 企业所得税纳税地点

企业所得税由纳税人向其所在地主管税务机关缴纳。

1）居民企业的纳税地点

（1）居民企业以企业登记注册地为纳税地点；但企业登记注册地在境外的，以实际管理机构所在地为纳税地点。企业登记注册地是指企业依照国家有关规定登记注册的住所地。

（2）居民企业在中国境内设立不具有法人资格的营业机构的，应当汇总计算并缴纳企业所得税。企业在汇总计算并缴纳企业所得税时，应当按照国务院财政、税务主管部门的规定统一核算应纳税所得额。除国务院另有规定外，企业之间不得合并缴纳企业所得税。

2）非居民企业的纳税地点

（1）非居民企业在中国境内设立机构、场所的，就其所设机构、场所取得的源于中国境内的所得，以及发生在中国境外但与其所设机构、场所有实际联系的所得，以机构、场所所在地为纳税地点。非居民企业在中国境内存在多处所得发生地的，由纳税人选择其中之一申报缴纳企业所得税。

（2）非居民企业在中国境内未设立机构、场所的，或者虽然设立机构、场所，但是取得的所得与其所设机构、场所没有实际联系的，应当就其源于中国境内的所得，以扣缴义务人所在地为纳税地点。扣缴义务人未依法扣缴或者无法履行扣缴义务的，由纳税人在所得发生地缴纳。纳税人未依法缴纳的，税务机关可从该纳税人在中国境内其他收入项目的支付人应付的款项中追缴该纳税人的应纳税款。

4. 企业所得税纳税申报

1）企业所得税预缴纳税申报表

按月或按季预缴的，应当自月度或者季度终了之日起 15 日内向税务机关报送预缴企业所得税纳税申报表，预缴税款。

查账征收企业所得税的居民企业纳税人及在中国境内设立机构的非居民企业纳税人在月（季）度预缴企业所得税时，应当填制《中华人民共和国企业所得税月（季）度预缴纳税申报表（A 类）》；实行核定征收管理办法（核定应税所得率征收和核定税额征收）缴纳企业所得税的纳税人在月（季）度申报缴纳企业所得税时，应当填制《中华人民共和国企业所得税月（季）度预缴纳税申报表（B 类）》。

企业在报送企业所得税纳税申报表时，应当按照规定附送财务会计报告和其他有关资料。

2）企业所得税年度纳税申报表

查账征收企业所得税的纳税人在年度汇算清缴时，无论盈利或亏损，都必须在规定的期限内进行纳税申报，填写企业所得税年度纳税申报表及其有关附表。

企业应当在办理注销登记前，就其清算所得向税务机关申报并依法缴纳企业所得税。

依照《企业所得税法》缴纳的企业所得税以人民币计算。所得以人民币以外的货币计算的，应当折合成人民币计算并缴纳税款。

学中做 4-13

A 企业为小型微利企业。该企业 2022 年第一季度应纳税所得额为 500 000 元，第二季度应纳税所得额为 1 000 000 元。请计算其实际所得税应纳税额和减免税额是多少？

解析：2022 年第一季度预缴企业所得税时，A 企业实际所得税应纳税额＝500 000×12.5%×20%＝12 500（元）；减免税额＝500 000×25%－12 500＝112 500（元）。

第二季度预缴企业所得税时，累计应纳税所得额为 1 500 000 元，A 企业实际所得税应纳税额＝1 000 000×12.5%×20%＋（1 500 000－1 000 000）×50%×20%＝25 000＋50 000＝75 000（元）；减免税额＝1 500 000×25%－75 000＝300 000（元）。

技能任务实施

巨东集团是居民企业，该企业 2022 年发生经济业务如下：

（1）取得产品销售收入 12 500 000 元。

（2）发生产品销售成本 5 500 000 元。

（3）发生销售费用 3 350 000 元，其中广告费 2 250 000 元；发生管理费用 2 400 000 元，其中业务招待费 70 000 元；新技术研究开发费用 200 000 元；财务费用 300 000 元。

（4）销售税金 800 000 元，含增值税税额 600 000 元。

（5）营业外收入 350 000 元，营业外支出 250 000 元，含通过公益性社会团体向偏远山区捐款 180 000 元，支付税收滞纳金 30 000 元。

（6）连续 12 个月以上的权益性投资收益 170 000 元（已在投资方所在地按照 15%税率缴纳所得）。

（7）计入成本费用的实发工资总额 750 000 元，拨付职工工会经费 20 000 元，发生职工福利费 120 000 元，发生职工教育经费 30 000 元。

（8）该企业已预缴企业所得税税额 200 000 元。

请问该企业 2022 年实际应纳企业所得税税额是多少？应当补缴的企业所得税税额是多少？如何申报企业所得税？

解析：

第一步：计算需要缴纳的企业所得税税额。

（1）会计利润总额＝12 500 000－5 500 000－3 350 000－2 400 000－300 000－（800 000－600 000）＋350 000－250 000＋170 000＋140 000＋120 000＝1 280 000（元）。

（2）广告费和业务宣传费调增所得额＝2 250 000－12 500 000×15%＝375 000（元）。

（3）业务招待费调增所得额＝70 000－70 000×60%＝28 000（元），12 500 000×5‰＝62 500 元＞42 000 元。

（4）捐赠支出应调增所得额＝180 000－1 280 000×12%＝26 400（元）。

（5）税收滞纳金调增所得额＝30 000 元。

（6）职工福利费调增所得额＝120 000－750 000×14%＝15 000（元）。

（7）职工教育经费扣除限额＝750 000×8%＝60 000（元），公司实际支付 30 000 元，未超过限额，不需要调整。

（8）技术研究开发费用调减所得额＝200 000×75%＝150 000（元）。

（9）权益性投资收益调减所得额＝170 000 元。

（10）境外税后所得在计算境内所得应纳税额时，予以调减 140 000＋120 000＝260 000（元）。

（11）纳税调整增加额＝375 000＋28 000＋26 400＋30 000＋15 000＝474 400（元）。

纳税调整减少额＝150 000＋170 000＋260 000＝580 000（元）。

应纳税所得额＝1280 000＋375 000＋28 000＋26 400＋30 000＋15 000－150 000－170 000＝1 174 400（元）。

（12）境内所得应纳税所得额＝1 174 400×25%＝293 600（元）。

因此，巨东集团 2022 年应当补缴企业所得税税额＝293 600－200 000＝93 600（元）。

第二步：填写纳税申报表（表 4-2）。

第三步：完成电子税务局纳税申报。

登录国家家税务总局—电子税务局，进行网上申报操作。

（1）单击【我要办税】→【税费申报及缴纳】按钮（图 4-1）。

（2）单击【企业所得税申报】→【居民企业（查账征收）企业所得税月（季）度申报】按钮（图 4-2）。

（3）按照实际情况填写申报表内数据（图 4-3）。

（4）数据填写完整后，单击【申报】按钮，完成企业所得税（查账征收）申报（图 4-4）。

表4-2 A100000 中华人民共和国企业所得税年度纳税申报表（A类）

行次	类别	项目	金额
1	利润总额计算	一、营业收入（填写A101010\101020\103000）	12 500 000
2		减：营业成本（填写A102010\102020\103000）	5 500 000
3		减：税金及附加	200 000
4		减：销售费用（填写A104000）	3 350 000
5		减：管理费用（填写A104000）	2 400 000
6		减：财务费用（填写A104000）	300 000
7		减：资产减值损失	
8		加：公允价值变动收益	
9		加：投资收益	430 000
10		二、营业利润（1－2－3－4－5－6－7＋8＋9）	1 180 000
11		加：营业外收入（填写A101010\101020\103000）	350 000
12		减：营业外支出（填写A102010\102020\103000）	250 000
13		三、利润总额（10＋11－12）	1 280 000
14	应纳税所得额计算	减：境外所得（填写A108010）	
15		加：纳税调整增加额（填写A105000）	474 400
16		减：纳税调整减少额（填写A105000）	580 000
17		减：免税、减计收入及加计扣除（填写A107010）	
18		加：境外应税所得抵减境内亏损（填写A108000）	
19		四、纳税调整后所得（13－14＋15－16－17＋18）	1 174 400
20		减：所得减免（填写A107020）	
21		减：弥补以前年度亏损（填写A106000）	
22		减：抵扣应纳税所得额（填写A107030）	
23		五、应纳税所得额（19－20－21－22）	1 174 400
24	应纳税额计算	税率（25%）	
25		六、应纳所得税税额（23×24）	293 600
26		减：减免所得税税额（填写A107040）	
27		减：抵免所得税税额（填写A107050）	
28		七、应纳税额（25－26－27）	293 600
29		加：境外所得应纳所得税税额（填写A108000）	
30		减：境外所得抵免所得税税额（填写A108000）	
31		八、实际应纳所得税税额（28＋29－30）	293 600
32		减：本年累计实际已缴纳的所得税额	200 000
33		九、本年应补（退）所得税税额（31－32）	93 600
34		其中：总机构分摊本年应补（退）所得税额（填写A109000）	
35		财政集中分配本年应补（退）所得税税额（填写A109000）	
36		总机构主体生产经营部门分摊本年应补（退）所得税税额（填写A109000）	

图 4-1

图 4-2

行次	项目	本年累计金额
1	营业收入	37,775,960.87
2	营业成本	37,775,960.87
3	利润总额	
4	加：特定业务计算的应纳税所得额	0.00
5	减：不征税收入	0.00
6	减：免税收入、减计收入、所得减免等优惠金额（填写A201010）	0.00
7	减：固定资产加速折旧（扣除）调减额（填写A201020）	0.00
8	减：弥补以前年度亏损	0.00
9	实际利润额（3+4-5-6-7-8）\ 按照上一纳税年度应纳税所得额平均额确定的应纳税所得额	0.00
10	税率(25%)	0.25
11	应纳所得税额（9×10）	0.00
12	减：减免所得税额（填写A201030）	0.00
13	减：实际已缴纳所得税额	0.00
14	减：特定业务预缴（征）所得税额	0.00
15	本期应补（退）所得税额（11-12-13-14）\ 税务机关确定的本期应纳所得税额	0.00
	汇总纳税企业总分机构税款计算	
16	总机构	总机构本期分摊应补（退）所得税额（17+18+19）	0.00
17	填报	其中：总机构分摊应补（退）所得税额（15×总机构分摊比例）	0.00%	0.00
18		财政集中分配应补（退）所得税额（15×财政集中分配比例）	0.00%	0.00
19		总机构具有主体生产经营职能的部门分摊所得税额（15×全部分支机构分摊比例）	0.00%	×总机构具有主体生产经营职能部门分摊比例）	0.00000000%	0.00

图 4-3

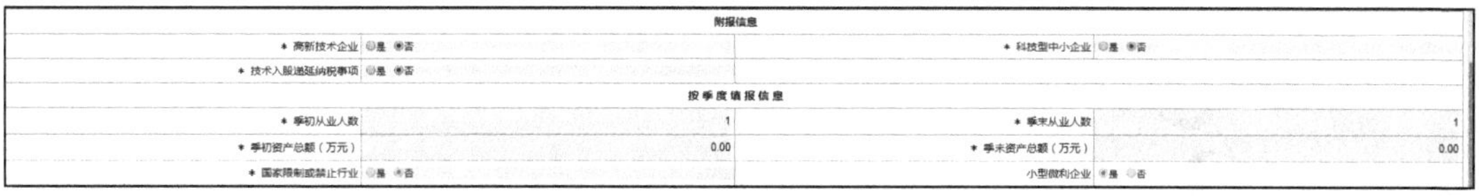

附报信息			
* 高新技术企业	◎是 ◉否	* 科技型中小企业	◎是 ◉否
* 技术入股递延纳税事项	◎是 ◉否		
按季度填报信息			
* 季初从业人数	1	* 季末从业人数	1
* 季初资产总额（万元）	0.00	* 季末资产总额（万元）	0.00
* 国家限制或禁止行业	◎是 ◉否	小型微利企业	◎是 ◉否

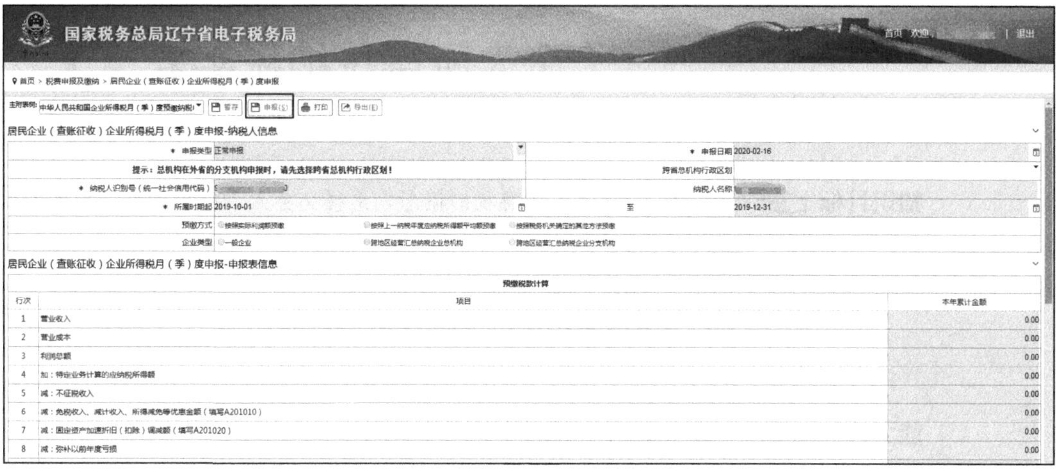

图 4-3（续）

图 4-4

个人所得税纳税实务 ■

知识目标 ☞
- 了解个人所得税的概念、纳税义务人、征税对象、税率基本内容。
- 掌握个人所得税优惠政策。
- 熟练掌握个人所得税的计算方法。
- 熟练掌握个人所得税纳税申报流程。

能力目标 ☞

专业能力
- 能够判断居民纳税人和非居民纳税人。
- 具备独立核算个人所得税的能力。
- 能够熟练进行个人所得税纳税申报。

发展能力
- 能够在税务工作中发现问题、分析问题和解决问题。
- 在处理税务事项时，具备与各相关部门进行沟通交流的能力。
- 具备对数据、资料进行分析处理的能力。

社会能力
- 具备良好的职业道德，依法及时合理纳税，不偷税、不漏税、不逃税。
- 具备严谨、认真、踏实、诚信的职业素养。
- 具备自我学习、自我提升、团队协作、广泛借鉴的学习理念。
- 具备专业强、效率高的工作能力。

思政目标 ☞
- 培养学生严谨细致的工作态度和精益求精的工匠精神。
- 培养学生传承中华优秀传统文化——重民本、守诚信。

重点难点 ☞

重点：税率基本内容；个人所得税优惠政策；个人所得税的计算方法；个人所得税申报流程。

难点：个人所得税优惠政策；个人所得税的计算方法；个人所得税申报流程。

个人所得税纳税实务
思维导图

典型税案

天津市税务局第三稽查局查处一起未依法办理个人所得税综合所得汇算清缴案件

前期，天津市税务部门在对个人所得税综合所得汇算清缴办理情况开展事后抽查时发现，天津市某房地产公司员工吴鹏未据实办理 2021 年度个人所得税综合所得汇算清缴，遂依法对其立案检查。

经查，纳税人吴鹏在办理 2021 年度个人所得税综合所得汇算清缴时，通过少计综合所得收入的方式，少缴个人所得税。经税务部门多次提醒督促，吴鹏拒不办理更正申报。税务部门对其立案检查。依据《中华人民共和国个人所得税法》《中华人民共和国税收征收管理法》《中华人民共和国行政处罚法》等相关法律法规规定，天津市税务局第三稽查局对吴鹏追缴税款、加收滞纳金并处罚款共计 4.17 万元。日前，税务部门已经依法送达《税务处理决定书》和《税务行政处罚决定书》，吴鹏已按规定缴清税款、滞纳金和罚款。

天津市税务局相关负责人提醒广大纳税人，请检查以前年度是否存在应当办理汇算清缴而未办理、申报缴税不规范、取得应税收入未申报等情形并抓紧补正。税务机关发现存在涉税问题的，会对纳税人进行提示提醒、督促整改和约谈警示，并通过电子、书面等方式向其发送税务文书，提醒督促纳税人整改，对于拒不整改或整改不彻底的纳税人，税务机关将依法进行立案检查，并纳入税收监管重点人员名单，对其以后 3 个纳税年度申报情况加强审核。

（资料来源：国家税务总局天津市税务局网站 http://tianjin.chinatax.gov.cn/11200000000/0200/020001/20240112145053527.shtml）

思政案例

更须重警示守规矩立德行

经过税务机关 3 个多月的依法调查核实，群众举报范冰冰"阴阳合同"涉税问题有了明确结果。税务机关依法向范冰冰作出追缴税款、滞纳金并处以罚款的决定。社会各界特别是文艺影视工作者坚决支持税务部门依法查处此案，并从中得到教育警示。

值得注意的是，依据《中华人民共和国刑法》第二百零一条的规定，属于首次被税务机关按偷税予以行政处罚且此前未因逃避缴纳税款受过刑事处罚，上述定性为偷税的税款、滞纳金、罚款在规定期限内缴纳后，依法不予追究刑事责任。

一段时间以来，广大群众要求规范治理明星天价片酬、"阴阳合同"、偷逃税等问题的呼声极为强烈，多数文艺影视工作者也对圈内个别人表现出的极度拜金主义、无视道德底线和职业操守的行为感到愤慨和忧虑。有专业人士称："有些明星太不像话，站那儿就是成本，开口就是利润，而且还不缴税。"这种状况必须得到根本扭转。

此案中，税务部门严格依法查处，按实裁量，综合考虑，体现出法律法规的权威性、严肃性，其结果亦符合公众的心理预期，确实达到了查处一个、警示他人的教育效果。

明星、演员的一切，来自作品，来自观众，更来自其对自身形象的塑造。爱因斯坦在对比科学和艺术时指出："这两者有一个共同之处，那就是对于超越个人利害关系和意志的事物的热爱和献身精神。"没有这种热爱和献身精神，仅仅沉溺于对个人名利的追逐，这样的演员难成大器，更不可能长久地在观众心目中占据位置。历数那些国内外成就卓然的艺术大家，绝大多数有着"戏比天大"的执着和爱惜羽毛的自敛。可以说，自重、守法、讲规矩，是演员、也是每个普通人行走社会的立身之本。

文以载道，艺术潜移默化的塑心树人功能是显见的，艺术对公众特别是对青少年的影响深刻地存在，艺术工作者对自身修养的提升、自身形象的维护更不能被视为自己的私事。公众人物应该遵守法律法规，严守道德底线和社会规范。演艺事业的发展，需要有信仰有情怀有担当的从业人员共同推动；社会风气的清朗，更要求文艺承担起引领和培护的作用。依法诚信纳税是每个公民的责任和义务，忽视责任和义务的公众人物只能与正常的社会秩序形成背离、造成扭曲。文艺工作者只有自觉讲品位、讲格调、讲责任，自觉遵守国家法律法规，加强道德品质修养，坚决抵制低俗庸俗媚俗，才能担当起陶冶情操、启迪心智、引领风尚的时代使命。

公众关注整个演艺圈的态度倾向和后续行动，也更关注相关部门彻底解决此类问题的决心和具体举措。据悉，国家税务总局已部署开展规范影视行业税收秩序工作。在依法行政、严格执纪的环境里，在公众法律意识、审美水准不断提升的前提下，在演艺群体重颜值、更重气质的进步中，守规矩立德行才能成为演艺明星的自觉、成为全社会的风尚。

（资料来源：光明日报，2018-10-03）

税法导航

《中华人民共和国个人所得税法》（以下简称《个人所得税法》）
《中华人民共和国个人所得税法实施条例》

项目概述

本项目为企业纳税实务学习的重点，详细介绍个人所得税的概念、纳税义务人、征税对象及税率基本内容。此外，还介绍个人所得税税收优惠政策。本项目通过案例讲解个人所得税的计算方法，通过技能操作讲解个人所得税申报流程。

任务 5.1　走进个人所得税

【任务目标】　1. 了解个人所得税的概念、纳税义务人、征税对象。

2. 掌握个人所得税税率基本内容。

3. 掌握个人所得税优惠政策。

5.1.1 定位企业边界: 个人所得税纳税人和征税范围

1. 个人所得税

个人所得税是调整征税机关与自然人之间在个人所得税的征纳与管理过程中所发生的社会关系的法律规范的总称。

2. 个人所得税纳税人的确定

《个人所得税法》依据住所和居住时间两个标准, 将个人所得税的纳税人分为居民个人和非居民个人两大类, 各自承担不同的纳税义务, 包括中国公民、外籍个人及香港、澳门、台湾同胞等。

1) 居民纳税人

在中国境内有住所, 或者无住所而一个纳税年度内在中国境内居住累计满 183 天的个人, 为居民个人。居民个人从中国境内和境外取得的所得, 应当依照《个人所得税法》的规定缴纳个人所得税。

在中国境内有住所的个人是指因户籍、家庭、经济利益关系而在中国境内习惯性居住的个人。从中国境内和境外取得的所得分别是指源于中国境内的所得和源于中国境外的所得。

"在中国境内居住累计满 183 天"是指一个纳税年度(每年公历 1 月 1 日起至 12 月 31 日止)在中国境内累计居住 183 天。

境内工作期间按照个人在境内工作天数计算, 包括其在境内的实际工作日及境内工作期间在境内、境外享受的公休假、个人休假、接受培训的天数。

无住所但居住满 183 天不一定是指有实际居住的房子, 或一直居住在中国境内, 而是因学习、工作、探亲等出国后, 可以预期必然回到中国境内居住的情况。

2) 非居民纳税人

在中国境内无住所又不居住, 或者无住所而一个纳税年度内在中国境内居住累计不满 183 天的个人, 为非居民个人。非居民个人从中国境内取得的所得, 应当依照《个人所得税法》规定缴纳个人所得税。

无住所个人在境内、境外单位同时担任职务或者仅在境外单位任职, 且当期同时在境内、境外工作的, 按照工资薪金所属境内、境外工作天数占当期公历天数的比例计算确定源于境内、境外工资薪金所得的收入额。境外工作天数按照当期公历天数减去当期境内工作天数计算。

3) 个人所得税所得来源地确定

下列所得, 不论支付地点是否在中国境内, 均为源于中国境内的所得。

(1) 因任职、受雇、履约等而在中国境内提供劳务取得的所得。

(2) 在中国境内开展经营活动取得与经营活动相关的所得。

(3) 将财产出租给承租人在中国境内使用而取得的所得。

（4）许可各种特许权在中国境内使用而取得的所得。

（5）转让中国境内的不动产、土地使用权取得的所得；转让对中国境内企事业单位和其他经济组织投资形成的权益性资产取得的所得；在中国境内转让动产及其他财产取得的所得。

（6）由中国境内企事业单位和其他经济组织及居民个人支付或负担的稿酬所得、偶然所得。

（7）中国境内企事业单位和其他经济组织或者居民个人取得的利息、股息、红利所得。

3. 个人所得税征税范围

个人所得税的征税对象是纳税人取得的各项应税所得。税法中列举的个人所得税应税所得项目共有9项，其具体内容如下：

1）工资薪金所得

工资、薪金所得是指个人因任职或者受雇而取得的工资、薪金、奖金、年终加薪、劳动分红、津贴、补贴及与任职或者受雇有关的其他所得。

不征税项目包括：独生子女补贴；执行公务员工资制度未纳入基本工资总额的补贴、津贴差额和家属成员的副食品补贴；托儿补助费；差旅费津贴、误餐补助等。

2）劳务报酬所得

劳务报酬所得是指个人从事劳务取得的所得，包括从事设计、装潢、安装、制图、化验、测试、医疗、法律、会计、咨询、讲学、翻译、审稿、书画、雕刻、影视、录音、录像、演出、表演、广告、展览、技术服务、介绍服务、经纪服务、代办服务及其他劳务取得的所得。

3）稿酬所得

稿酬所得是指个人因其作品以图书、报刊形式出版、发表而取得的所得，包括作者去世后其财产继承人取得的遗作稿酬。

4）特许权使用费所得

特许权使用费所得是指个人提供专利权、商标权、著作权、非专利技术及其他特许权的使用权取得的所得。

提供著作权的使用权取得的所得，不包括稿酬所得。

5）经营所得

经营所得包括在中国境内注册登记的个体工商户、个人独资企业、合伙企业从事生产经营活动取得的所得；个人依法取得执照，从事办学、医疗、咨询及其他有偿服务活动取得的所得；个人承包、承租、转包、转租取得的所得；个人从事其他生产经营活动取得的所得。

6）财产租赁所得

财产租赁所得是指个人出租不动产、机器设备、车船及其他财产取得的所得。

7）财产转让所得

财产转让所得是指个人转让有价证券、股权、合伙企业中的财产份额、不动产、机器设备、车船及其他财产取得的所得。转让境内上市公司股票取得的净所得暂免征收个人所得税，但自 2010 年 1 月 1 日起，对个人转让上市公司限售股征收个人所得税。转让境外上市公司股票所得按照财产转让所得缴纳个人所得税。

8）利息、股息、红利所得

利息、股息、红利所得具体如下：

（1）利息是指个人的存款利息、贷款利息和购买各种债券发生的利息。股息是指股票持有人凭股票定期取得的投资盈利。红利是指企业根据应分配的利润按股份分配超过股息部分的利润。

（2）若以股票形式派发红利，则以派发的股票面额计税。

（3）纳税年度内，个人投资者从其投资企业借款且年度终了未归还的，视同红利分配，按此项计税。

9）偶然所得

偶然所得是指个人得奖（个人因参加企业的有奖销售活动而取得的赠品等）、中奖、中彩及其他偶然性质的所得。

个人所得的形式包括现金、实物、有价证券和其他形式的经济利益。

所得为实物的，应当按照取得的凭证上注明的价格计算应纳税所得额；无凭证的实物或者凭证上注明的价格明显偏低的，参照市场价格核定应纳税所得额。

所得为有价证券的，根据票面价格和市场价格核定应纳税所得额。

所得为其他形式的经济利益的，参照市场价格核定应纳税所得额。

个人非货币性资产交换及将财产用于捐赠、偿债、赞助、投资等用途的，除国务院财政、税务主管部门另有规定外，应当视同转让财产，对转让方按照"财产转让所得"征税。

劳务报酬所得、稿酬所得、特许权使用费所得，属于一次性收入的，以取得该项收入为一次；属于同一项目连续性收入的，以一个月内取得的收入为一次。

财产租赁所得，以一个月内取得的收入为一次。

利息、股息、红利所得，以支付利息、股息、红利时取得的收入为一次。

偶然所得，以每次取得该项收入为一次。

> **学中做 5-1**
>
> 　　李华用自己工作 5 年的积蓄 100 000 元进行股票投资，并在 2022 年获得投资盈利。请问李华获得的投资盈利需要缴纳个人所得税吗？
>
> 　　解析：个人所得税的征税对象是纳税人取得的各项应税所得。税法中列举的个人所得税应税所得项目共有 9 项：工资、薪金所得；劳务报酬所得；稿酬所得；特许权使用费所得；经营所得；利息、股息、红利所得；财产租赁所得；财产转让所得；偶然所得。
>
> 　　因此，李华投资股票所获得的盈利需要缴纳个人所得税。

5.1.2 识别企业形象：个人所得税税率

识别企业形象：个
人所得税税率

1. 个人所得税税率

个人所得税按照不同的所得项目，分别规定了超额累进税率和比例
税率两种形式。

1）个人所得税预扣预缴

工资、薪金所得，劳务报酬所得，稿酬所得，特许权使用费所得的个人所得税预扣率
具体如下。

（1）居民个人工资、薪金所得预扣预缴个人所得税的预扣率表如表 5-1 所示。

表 5-1　居民个人工资、薪金所得预扣预缴个人所得税的预扣率表

级数	累计预扣预缴应纳税所得额	预扣率/%	速算扣除数
1	不超过 36 000 元的部分	3	0
2	超过 36 000 元至 144 000 元的部分	10	2 520
3	超过 144 000 元至 300 000 元的部分	20	16 920
4	超过 300 000 元至 420 000 元的部分	25	31 920
5	超过 420 000 元至 660 000 元的部分	30	52 920
6	超过 660 000 元至 960 000 元的部分	35	85 920
7	超过 960 000 元的部分	45	181 920

（2）居民个人劳务报酬所得预扣预缴个人所得税的预扣率表如表 5-2 所示。

表 5-2　居民个人劳务报酬所得预扣预缴个人所得税的预扣率表

级数	预扣预缴应纳税所得额	预扣率/%	速算扣除数
1	不超过 20 000 元的部分	20	0
2	超过 20 000 元至 50 000 元的部分	30	2 000
3	超过 50 000 元的部分	40	7 000

学中做 5-2

吴晓 4 月取得的劳务报酬所得的应纳税所得额为 35 000 元，适用超额累进预扣率，请问吴晓 4
月应当预缴的个人所得税税额是多少？

解析：本月应预缴个人所得税税额＝20 000×20%＋15 000×30%－2 000＝6 500（元）。

（3）居民个人稿酬所得、特许权使用费所得适用 20%比例预扣率。

2）个人所得税非预扣预缴

工资、薪金所得，劳务报酬所得，稿酬所得，特许权使用费所得的个人所得税适用税
率具体如下：

（1）居民个人综合所得个人所得税的税率表（按年汇算清缴）如表 5-3 所示。工资、

薪金所得，劳务报酬所得，稿酬所得，特许权使用费所得统称为综合所得。综合所得适用3%至45%七级超额累进税率。

表 5-3　居民个人综合所得个人所得税的税率表（按年）

级数	全年应纳税所得额	税率/%	速算扣除数
1	不超过 36 000 元的部分	3	0
2	超过 36 000 元至 144 000 元的部分	10	2 520
3	超过 144 000 元至 300 000 元的部分	20	16 920
4	超过 300 000 元至 420 000 元的部分	25	31 920
5	超过 420 000 元至 660 000 元的部分	30	52 920
6	超过 660 000 元至 960 000 元的部分	35	85 920
7	超过 960 000 元的部分	45	181 920

注：表中所称全年应纳税所得额是指依照《个人所得税法》第六条的规定，居民个人取得综合所得以每一纳税年度收入额减除费用 60 000 元及专项扣除、专项附加扣除和依法确定的其他扣除后的余额。

（2）非居民个人综合所得个人所得税的税率表如表 5-4 所示。

表 5-4　非居民个人综合所得个人所得税的税率表

级数	级数累计预扣预缴应纳税所得额	预扣率/%	速算扣除数
1	不超过 3 000 元的部分	0	0
2	超过 3 000 元至 12 000 元的部分	10	210
3	超过 12 000 元至 25 000 元的部分	20	1 410
4	超过 25 000 元至 35 000 元的部分	25	2 660
5	超过 35 000 元至 55 000 元的部分	30	4 410
6	超过 55 000 元至 80 000 元的部分	35	7 160
7	超过 80 000 元的部分	45	15 160

3）经营所得的适用税率

经营所得适用 5%至 35%五级超额累进税率表，如表 5-5 所示。

表 5-5　5%至 35%五级超额累进税率表

级数	全年应纳税所得额	税率/%
1	不超过 30 000 元的部分	5
2	超过 30 000 元至 90 000 元的部分	10
3	超过 90 000 元至 300 000 元的部分	20
4	超过 300 000 元至 500 000 元的部分	30
5	超过 500 000 元的部分	35

4）财产租赁所得，财产转让所得，利息、股息、红利所得和偶然所得的适用税率

财产租赁所得，财产转让所得，利息、股息、红利所得和偶然所得适用比例税率，税率为 20%。

2. 个人所得税的计算方法及税率

为贯彻落实新修改的《个人所得税法》，国家税务总局就全面实施"新个人所得税法"后扣缴义务人对居民个人工资、薪金所得，劳务报酬所得，稿酬所得，特许权使用费所得预扣预缴个人所得税的计算方法，对非居民个人上述四项所得扣缴个人所得税的计算方法发布公告，自 2019 年 1 月 1 日起施行，具体内容如下。

1）居民个人预扣预缴方法

扣缴义务人向居民个人支付综合所得时，按照以下方法预扣预缴个人所得税，并向主管税务机关报送《个人所得税扣缴申报表》。年度预扣预缴税额与年度应纳税额不一致的，由居民个人于次年 3 月 1 日至 6 月 30 日向主管税务机关办理综合所得年度汇算清缴，税款多退少补。

（1）扣缴义务人向居民个人支付工资、薪金所得时，应当按照累计预扣法计算预扣税款，并按月办理全员全额扣缴申报。具体计算公式如下：

本期应预扣预缴税额＝（累计预扣预缴应纳税所得额×预扣率－速算扣除数）

－累计减免税额－累计已预扣预缴税额

累计预扣预缴应纳税所得额＝累计收入－累计免税收入－累计减除费用－累计专项扣除

－累计专项附加扣除－累计依法确定的其他扣除

其中，累计减除费用按照 5 000 元/月乘以纳税人当年截至本月在本单位的任职受雇月份数计算。

上式中，计算居民个人工资、薪金所得预扣预缴税额的预扣率、速算扣除数见表 5-6。

表 5-6　居民个人所得税预扣率表一

（居民个人工资、薪金所得预扣预缴适用）

级数	全年应纳税所得额	税率/%	速算扣除数
1	不超过 36 000 元的部分	3	0
2	超过 36 000 元至 144 000 元的部分	10	2 520
3	超过 144 000 元至 300 000 元的部分	20	16 920
4	超过 300 000 元至 420 000 元的部分	25	31 920
5	超过 420 000 元至 660 000 元的部分	30	52 920
6	超过 660 000 元至 960 000 元的部分	35	85 920
7	超过 960 000 元的部分	45	181 920

（2）扣缴义务人向居民个人支付劳务报酬所得、稿酬所得、特许权使用费所得时，应当按次或者按月预扣预缴个人所得税。具体预扣预缴方法如下：

劳务报酬所得、稿酬所得、特许权使用费所得以收入减除费用后的余额为收入额。其中，稿酬所得的收入额减按 70%计算。

减除费用：劳务报酬所得、稿酬所得、特许权使用费所得每次收入不超过 4 000 元的，减除费用按 800 元计算；每次收入在 4 000 元以上的，减除费用按 20%计算。

应纳税所得额：劳务报酬所得、稿酬所得、特许权使用费所得，以每次收入额为预扣预缴应纳税所得额。劳务报酬所得适用 20%至 40%的超额累进预扣率（表 5-7），稿酬所得、特许权使用费所得适用 20%的比例预扣率。

劳务报酬所得应预扣预缴税额＝预扣预缴应纳税所得额×预扣率－速算扣除数

稿酬所得、特许权使用费所得应预扣预缴税额＝预扣预缴应纳税所得额×20%

表 5-7　居民个人所得税预扣率表二

（居民个人劳务报酬所得预扣预缴适用）

级数	预扣预缴应纳税所得额	预扣率/%	速算扣除数
1	不超过 20 000 元的部分	20	0
2	超过 20 000 元至 50 000 元的部分	30	2 000
3	超过 50 000 元的部分	40	7 000

2）非居民个人扣缴方法

扣缴义务人向非居民个人支付综合所得时，应当按照以下方法按月或者按次代扣代缴个人所得税。

非居民个人的工资、薪金所得，以每月收入额减除费用 5 000 元后的余额为应纳税所得额；劳务报酬所得、稿酬所得、特许权使用费所得，以每次收入额为应纳税所得额，适用按月换算后的非居民个人月度税率表（表 5-8）计算应纳税额。其中，劳务报酬所得、稿酬所得、特许权使用费所得以收入减除 20%的费用后的余额为收入额。稿酬所得的收入额减按 70%计算。具体计算公式如下：

非居民个人综合所得应纳税额＝应纳税所得额×税率－速算扣除数

表 5-8　非居民个人所得税税率表

（非居民个人工资、薪金所得，劳务报酬所得，稿酬所得，特许权使用费所得适用）

级数	应纳税所得额	税率/%	速算扣除数
1	不超过 3 000 元的部分	3	0
2	超过 3 000 元至 12 000 元的部分	10	210
3	超过 12 000 元至 25 000 元的部分	20	1 410
4	超过 25 000 元至 35 000 元的部分	25	2 660
5	超过 35 000 元至 55 000 元的部分	30	4 410
6	超过 55 000 元至 80 000 元的部分	35	7 160
7	超过 80 000 元的部分	45	15 160

5.1.3　抓住税收红利：个人所得税税收优惠

1. 免税项目

1）法定免税项目

法定免税项目具体如下：

（1）省级人民政府、国务院部委和中国人民解放军军级以上单位，以及外国组织、国际组织颁发的科学、教育、技术、文化、卫生、体育、环境保护等方面的奖金。

（2）国债和国家发行的金融债券利息。国债利息是指个人持有中华人民共和国财政部发行的债券而取得的利息。国家发行的金融债券利息是指个人持有经国务院批准发行的金融债券而取得的利息。

（3）按照国家统一规定发给的补贴、津贴。按照国家统一规定发给的补贴、津贴是指按照国务院规定发给的政府特殊津贴和国务院规定免纳个人所得税的其他补贴、津贴。

（4）福利费、抚恤金、救济金。《个人所得税法》中所说的福利费是指根据国家有关规定，从企业单位、事业单位、国家机关、社会团体提留的福利费或者工会经费中支付给个人的生活补助费。救济金是指国家民政部门支付给个人的生活困难补助费。

（5）保险赔款。

（6）军人的转业费、复员费。

（7）按照国家统一规定发给干部、职工的安家费、退职费、退休工资、离休工资、离休生活补助费。

（8）各国驻华使馆、领事馆的外交代表、领事官员和其他人员的所得。

（9）中国政府参加的国际公约、签订的协议中规定免税的所得。

（10）按照规定提取的"三保一金"。

（11）见义勇为奖金。

（12）经国务院财政部门批准免税的所得。

2）暂免征税项目

暂免征税项目具体如下：

（1）外籍个人以非现金形式或实报实销形式取得的住房补贴、伙食补贴、搬迁费、洗衣费。

（2）外籍个人按照合理标准取得的境内、境外出差补贴。

（3）外籍个人取得的探亲费、语言训练费、子女教育费等，经当地税务机关审核批准为合理的部分。可以享受免征个人所得税优惠待遇的探亲费，仅限于外籍个人在我国的受雇地与其家庭所在地（含配偶或父母居住地）之间搭乘交通工具且每年不超过两次的费用。

（4）个人举报、协查各种违法、犯罪行为而获得的奖金。

（5）个人办理代扣代缴税款手续，按照规定取得的扣缴手续费。

（6）个人转让自用达 5 年以上，并且是唯一的家庭居住用房取得的所得。

（7）按照《国务院关于高级专家离休退休若干问题的暂行规定》和《国务院办公厅关于杰出高级专家暂缓离退休审批问题的通知》精神，对达到离休、退休年龄，但确因工作需要适当延长离休、退休年龄的高级专家（享受国家发放的政府特殊津贴的专家、学者），其在延长离休、退休期间的工资、薪金所得，视同退休工资、离休工资，免征个人所得税。

（8）外籍个人从外商投资企业取得的股息、红利所得。

（9）凡符合下列条件之一的外籍专家取得的工资、薪金所得，可以免征个人所得税。

① 根据世界银行专项贷款协议由世界银行直接派往我国工作的外国专家。

② 联合国组织直接派往我国工作的专家。

③ 为联合国援助项目来华工作的专家。

④ 援助国派往我国专为该国无偿援助项目工作的专家。

⑤ 根据两国政府签订的文化交流项目来华工作两年以内的文教专家，其工资、薪金所得由该国负担的。

⑥ 根据我国大专院校国际交流项目来华工作两年以内的文教专家，其工资、薪金所得由该国负担的。

⑦ 通过民间科研协定来华工作的专家，其工资、薪金所得由该国政府机构负担的。

（10）彩票中奖所得，一次中奖收入在 1 万元以下的免税，超过 1 万元的全额征税。

（11）国有企业职工因企业破产而从破产企业取得的一次性安置费收入，免征个人所得税。

3）减税项目

有下列情形之一的，经批准可以减征个人所得税。

（1）残疾、孤老人员和烈属取得的所得。

（2）因严重自然灾害造成重大损失的。

（3）其他经国务院财政部门批准减税的。

2. 2023 年个人所得税最新优惠政策

1）个体工商户个人所得税优惠政策

2023 年 1 月 1 日至 2027 年 12 月 31 日，对个体工商户年应纳税所得额不超过 200 万元的部分，减半征收个人所得税。个体工商户在享受现行其他个人所得税优惠政策的基础上，可叠加享受本条优惠政策。

享受条件具体如下：

（1）个体工商户不区分征收方式，均可享受。

（2）个体工商户在预缴税款时即可享受，其年应纳税所得额暂按截至本期申报所属期末的情况进行判断，并在年度汇算清缴时按年计算、多退少补。若个体工商户从两处以上取得经营所得，则须在办理年度汇总纳税申报时，合并个体工商户经营所得年应纳税所得额，重新计算减免税额，多退少补。

（3）按照以下方法计算减免税额：

减免税额＝（经营所得应纳税所得额不超过 200 万元部分的应纳税额

　　　　－其他政策减免税额×经营所得应纳税所得额不超过 200 万元部分

　　　　÷经营所得应纳税所得额）×50%

享受方式具体如下：个体工商户在预缴和汇算清缴个人所得税时均可享受减半征税政策，享受政策时无须进行备案，通过填写个人所得税纳税申报表和减免税事项报告表相关栏次，即可享受。对于通过电子税务局申报的个体工商户，税务机关将自动提供申报表和报告表中该项政策的预填服务。实行简易申报的定期定额个体工商户，税务机关按照减免后的应纳税额自动进行税款划缴。

政策依据具体如下：《财政部 税务总局关于进一步支持小微企业和个体工商户发展有关税费政策的公告》（2023 年第 12 号），《国家税务总局关于进一步落实支持个体工商户发展个人所得税优惠政策有关事项的公告》（2023 年第 12 号）。

2）个人所得税综合所得汇算清缴有关政策

为进一步减轻纳税人负担，现就个人所得税综合所得汇算清缴有关政策公告如下：

2024 年 1 月 1 日至 2027 年 12 月 31 日，居民个人取得的综合所得，年度综合所得收入不超过 12 万元且需要汇算清缴补税的，或者年度汇算清缴补税金额不超过 400 元的，居民个人可免于办理个人所得税综合所得汇算清缴。居民个人取得综合所得时存在扣缴义务人未依法预扣预缴税款的情形除外。

3）上市公司股权激励有关个人所得税政策

继续支持企业创新发展，现将上市公司股权激励有关个人所得税政策公告如下：

（1）居民个人取得股票期权、股票增值权、限制性股票、股权奖励等股权激励（以下简称股权激励），符合《财政部 国家税务总局关于个人股票期权所得征收个人所得税问题的通知》（财税〔2005〕35 号）、《财政部 国家税务总局关于股票增值权所得和限制性股票所得征收个人所得税有关问题的通知》（财税〔2009〕5 号）、《财政部 国家税务总局关于将国家自主创新示范区有关税收试点政策推广到全国范围实施的通知》（财税〔2015〕116 号）第四条、《财政部 国家税务总局关于完善股权激励和技术入股有关所得税政策的通知》（财税〔2016〕101 号）第四条第（一）项规定的相关条件的，不并入当年综合所得，全额单独适用综合所得税率表计算纳税，计算公式如下：

$$应纳税额＝股权激励收入×适用税率－速算扣除数$$

（2）居民个人一个纳税年度内取得两次以上（含两次）股权激励的，应合并按本公告第一条规定计算纳税。

（3）本公告执行至 2027 年 12 月 31 日。

4）支持居民换购住房有关个人所得税政策

为继续支持居民改善住房条件，现就有关个人所得税政策公告如下：

（1）自 2024 年 1 月 1 日至 2025 年 12 月 31 日，对出售自有住房并在现住房出售后 1 年内在市场重新购买住房的纳税人，对其出售现住房已缴纳的个人所得税予以退税优惠。其中，新购住房金额大于或等于现住房转让金额的，全部退还已缴纳的个人所得税；新购住房金额小于现住房转让金额的，按新购住房金额占现住房转让金额的比例退还出售现住房已缴纳的个人所得税。

（2）本公告所称现住房转让金额为该房屋转让的市场成交价格。新购住房为新房的，购房金额为纳税人在住房城乡建设部门网签备案的购房合同中注明的成交价格；新购住房为二手房的，购房金额为房屋的成交价格。

（3）享受本公告规定优惠政策的纳税人须同时满足以下条件：

纳税人出售和重新购买的住房应在同一城市范围内。同一城市范围是指同一直辖市、副省级城市、地级市（地区、州、盟）所辖全部行政区划范围。

出售自有住房的纳税人与新购住房之间须直接相关，应为新购住房产权人或产权人之一。

（4）符合退税优惠政策条件的纳税人应向主管税务机关提供合法、有效的售房、购房合同和主管税务机关要求提供的其他有关材料,经主管税务机关审核后办理退税。

(5)各级住房城乡建设部门应与税务部门建立信息共享机制,将本地区房屋交易合同网签备案等信息(含撤销备案信息)实时共享至当地税务部门;暂未实现信息实时共享的地区,要建立健全工作机制,确保税务部门及时获取审核退税所需的房屋交易合同备案信息。

学中做 5-3

张国军是一名退伍军人,他在 2022 年得到军人转业费 60 000 元。请问张国军获得的军人转业费需要缴纳个人所得税吗?

解析:军人的转业费、复员费是免税项目,不需要缴纳个人所得税。

【任务实施】

2021 年 6 月,刘明大学毕业参加工作,在沈阳华俏服装有限公司上班,其每月收入所得包括工资、薪金所得。他在 2022 年 2 月买彩票中了一等奖,一等奖奖金金额为 1 000 000 元。同年,他在一次外出任务中受伤骨折,经鉴定为工伤,获得了 60 000 元的保险赔款。请问刘明领取的 1 000 000 元奖金是否需要缴纳个人所得税?其在公司外出任务中所受工伤获得的 60 000 元保险赔款是否需要缴纳个人所得税?

解析:

(1)由个人所得税的征税范围可知,刘明买彩票中奖金额属于偶然所得,需要缴纳个人所得税。

(2)保险赔款属于免税项目,因此刘明受工伤所获得的 60 000 元保险赔款不需要缴纳个人所得税。

任务 5.2 个人所得税精打细算

【任务目标】 1. 熟练掌握个人所得税的计算方法。
2. 熟练掌握个人所得税申报流程。
3. 具备独立核算个人所得税的能力。
4. 能够熟练进行个人所得税纳税申报。

说说个税专项附加
扣除的那些事儿

5.2.1 精算个人综合所得应纳税额

1. 居民个人综合所得应纳税额

居民个人综合所得应纳税额的计算公式如下:

应纳税额＝（年综合收入额－60 000－专项扣除－专项附加扣除－其他扣除）
　　　　　　　　　×适用税率－速算扣除数

劳务报酬所得、稿酬所得、特许权使用费所得以收入减除 20%的费用后的余额为收入额。

稿酬所得收入额减按 70%计算。

专项扣除包括居民个人按照国家规定的范围和标准缴纳的基本养老保险、基本医疗保险、失业保险等社会保险费和住房公积金等（三险一金）。

专项附加扣除包括子女教育、继续教育、大病医疗、住房贷款利息或者住房租金、赡养老人及 3 岁以下婴幼儿照护等支出。

其他扣除包括个人缴付符合国家规定的企业年金、职业年金，个人购买符合国家规定的商业健康保险、税收递延型商业养老保险的支出，以及国务院规定可以扣除的其他项目。

专项扣除、专项附加扣除和依法确定的其他扣除，以居民个人一个纳税年度的应纳税所得额为限额。一个纳税年度扣除不完的，不结转以后年度扣除。

居民个人取得工资、薪金所得时，可向扣缴义务人提供专项附加扣除有关信息，由扣缴义务人在扣缴税款时办理专项附加扣除。

纳税人同时从两处以上取得工资、薪金所得，并由扣缴义务人办理专项附加扣除的，对同一专项附加扣除项目，一个纳税年度内纳税人只能选择从其中一处扣除。

居民个人取得劳务报酬所得、稿酬所得、特许权使用费所得，应当在汇算清缴时向税务机关提供相关信息，办理专项附加扣除。2023 年 8 月 28 日，《国务院关于提高个人所得税有关专项附加扣除标准的通知》（国发〔2023〕13 号）发布，国务院决定，提高 3 岁以下婴幼儿照护等三项个人所得税专项附加扣除标准。

1）子女教育专项附加扣除

纳税人的子女接受全日制学历教育的相关支出，按照每个子女每月 2 000 元的标准定额扣除。

学历教育包括义务教育（小学、初中教育）、高中阶段教育（普通高中、中等职业教育）、高等教育（大学专科、大学本科、硕士研究生、博士研究生教育）。

年满 3 岁至小学入学前处于学前教育阶段的子女，按照上述规定执行。

父母可以选择由其中一方按照扣除标准的 100%扣除，也可以选择由双方分别按照扣除标准的 50%扣除，具体扣除方式在一个纳税年度内不能变更。

纳税人子女在中国境外接受教育的，纳税人应当留存境外学校录取通知书、留学签证等相关教育证明资料备查。

子女教育专项附加扣除政策见表 5-9。

2）继续教育专项附加扣除

纳税人在中国境内接受学历（学位）继续教育的支出，在学历（学位）教育期间按照每月 400 元定额扣除。同一学历（学位）继续教育的扣除期限不能超过 48 个月。纳税人接受技能人员职业资格继续教育、专业技术人员职业资格继续教育的支出，在取得相关证书的当年，按照 3 600 元定额扣除。

表 5-9　子女教育专项附加扣除政策

扣除项目名称	扣除范围		扣除标准		扣除方式	扣除时间	注意事项
			每年	每月			
子女教育	学前教育	包括年满 3 岁至小学前教育	24 000 元/每个子女	2 000 元/每个子女	受教育子女的父母各扣 50%，也可以约定一方扣 100%	按月扣除，一经确定比例，一年内不得更改。若有变动，则须及时通知扣缴义务人	① 继父母、养父母、非婚生子女及离婚父母享有同等权利，具体标准根据协议确定。② 因病或其他非主观原因休学但学籍继续保留的休学期间，以及施教机构按规定组织实施的寒暑假等假期，可以扣除。③ 须为全日制教育。④ 最多两个人扣除。⑤ 子女满三周岁也需要提交信息，不论其是否在幼儿园学习
	学历教育	义务教育（小学和初中教育）					
		高中阶段教育（普通高中、中等职业教育）					
		高等教育（大学专科、大学本科、硕士研究生、博士研究生教育）					

个人接受本科及以下学历（学位）继续教育，符合规定扣除条件的，可以选择由其父母扣除，也可以选择由本人扣除。纳税人接受技能人员职业资格继续教育、专业技术人员职业资格继续教育的，应当留存相关证书等资料备查。继续教育专项附加扣除政策见表 5-10。

表 5-10　继续教育专项附加扣除政策

扣除项目名称	扣除范围		扣除标准		扣除方式	扣除时间	注意事项
			每年	每月			
继续教育	学历继续教育	在学历教育期间	4 800 元	400 元	受教育子女的父母或本人扣除，不得重复扣除	按月扣除，一经确定比例，一年内不得更改。若有变动，则须及时通知扣缴义务人	① 同一学历（学位）继续教育的扣除期限不能超过 48 个月（换专业不受 48 个月限制，并且不受是否取得毕业证影响）。② 含非全日制教育
	职业资格继续教育	技能人员	在取得相关证书的年度	3 600 元/年	—	—	在取得相关证书的年度、月份扣缴	相关要求以人力资源社会保障部《关于公布国家职业资格目录的通知》（人社部发〔2017〕68 号）为准
		专业技术人员						

3）大病医疗专项附加扣除

在一个纳税年度内，纳税人发生的与基本医保相关的医药费用支出，扣除医保报销后个人负担（医保目录范围内的自付部分）累计超过 15 000 元的部分，由纳税人在办理年度汇算清缴时，在 80 000 元限额内据实扣除。

纳税人及其配偶、未成年子女发生的医药费用支出，按照上述规定分别计算扣除额。纳税人发生的医药费用支出可以选择由本人或者其配偶扣除；未成年子女发生的医药费用支出可以选择由其父母一方扣除。纳税人应当留存医药服务收费及医保报销相关票据原件或者复印件等资料备查。医疗保障部门应当向患者提供在医疗保障信息系统记录的本人年度医药费用信息查询服务。

大病医疗专项附加扣除政策见表 5-11。

表 5-11　大病医疗专项附加扣除政策

扣除项目名称	扣除范围	扣除标准		扣除方式	扣除时间	注意事项
		每年	每月			
大病医疗	扣除医保报销后个人负担（医保目录范围内的自付部分）	累计 15 000 元<标准<95 000 元		限额内据实按年扣除	汇算清缴时	① 纳税人发生的医药费用支出可以选择由本人或者其配偶扣除；未成年子女发生的医药费用支出可以选择由其父母一方扣除。 ② 纳税人及其配偶、未成年子女发生的医药费用支出，分别计算扣除额（两个人，最高限额为 160 000 元，可以此类推）。 ③ 医疗保障信息系统记录的医药费用实际支出的当年

4）住房贷款利息专项附加扣除

纳税人本人或者配偶单独或者共同使用商业银行或者住房公积金个人住房贷款，为本人或者其配偶购买中国境内住房发生的首套住房贷款利息支出，在实际发生贷款利息的年度，按照每月 1 000 元的标准定额扣除，扣除期限最长不超过 240 个月。纳税人只能享受一次首套住房贷款利息扣除。

首套住房贷款是指购买住房享受首套住房贷款利率的住房贷款。经夫妻双方约定，可以选择由其中一方扣除，具体扣除方式在一个纳税年度内不能变更。夫妻双方婚前分别购买住房发生的首套住房贷款，其贷款利息支出，婚后可以选择其中一套购买的住房，由购买方按照扣除标准的 100%扣除，也可以由夫妻双方对各自购买的住房分别按照扣除标准的 50%扣除，具体扣除方式在一个纳税年度内不能变更。纳税人应当留存住房贷款合同、贷款还款支出凭证。

住房贷款利息专项附加扣除政策见表 5-12。

表 5-12　住房贷款利息专项附加扣除政策

扣除项目名称	扣除范围	扣除标准		扣除方式	扣除时间	注意事项
		每年	每月			
住房贷款	纳税人本人或者配偶单独或者共同使用商业银行或者住房公积金个人住房贷款，为本人或者其配偶购买中国境内住房发生的首套住房贷款利息支出	12 000 元	1 000 元	① 非首套住房贷款利息不得扣除，且首套住房贷款利息扣除只能享受一次（在实际发生贷款利息的年度）。 ② 经夫妻双方约定，可以选择由其中一方扣除	按月扣除，一经确定比例，一年内不得更改。若有变动，则须及时通知扣缴义务人	① 贷款合同约定开始还款的当月至贷款全部归还或贷款合同终止的当月，扣除期限最长不超过 240 个月。 ② 纳税人只能享受一次首套住房贷款利息扣除。 ③ 夫妻双方婚前分别购买住房发生的首套住房贷款，其贷款利息支出，婚后可以选择其中一套购买的住房，由购买方按照扣除标准的 100%扣除，也可以由夫妻双方对各自购买的住房分别按照扣除标准的 50%扣除，具体扣除方式在一个纳税年度内不能变更

5）住房租金专项附加扣除

纳税人在其主要工作城市没有自有住房而发生的住房租金支出，可以按照以下标准定额扣除。

（1）直辖市、省会（首府）城市、计划单列市及国务院确定的其他城市，扣除标准为每月 1500 元。

（2）除第一项所列城市外，市辖区户籍人口超过 100 万的城市，扣除标准为每月 1 100 元；市辖区户籍人口不超过 100 万的城市，扣除标准为每月 800 元。

纳税人的配偶在纳税人的主要工作城市有自有住房的，视同纳税人在其主要工作城市有自有住房。主要工作城市是指纳税人任职受雇的直辖市、计划单列市、副省级城市、地级市（地区、州、盟）全部行政区域范围；纳税人无任职受雇单位的，为受理其综合所得汇算清缴的税务机关所在城市。夫妻双方主要工作城市相同的，只能由一方扣除住房租金支出。住房租金支出由签订租赁住房合同的承租人扣除。纳税人及其配偶在一个纳税年度内不能同时分别享受住房贷款利息专项附加扣除和住房租金专项附加扣除。纳税人应当留存住房租赁合同、协议等有关资料备查。

住房租金专项附加扣除政策见表 5-13。

表 5-13　住房租金专项附加扣除政策

扣除项目名称	扣除范围		扣除标准		扣除方式	扣除时间	注意事项
			每年	每月			
住房租金	在主要工作城市没有自有住房而发生的住房租金支出	一类	直辖市、省会（首府）城市、计划单列市及国务院确定的其他城市	180 000 元	1 500 元	① 夫妻双方主要工作城市相同的，只能由一方扣除住房租金支出。② 住房租金支出由签订租赁住房合同的承租人扣除	按月扣除，一经确定比例，一年内不得更改。若有变动，则须及时通知扣缴义务人	① 自租赁合同约定的租赁期开始的当月到租赁期终止的当月，若提前结束，则以实际租赁期限为准。② 纳税人的配偶在纳税人的主要工作城市有自有住房的，视同纳税人在其主要工作城市有自有住房，不得享受住房租金专项附加扣除。③ 市辖区户籍人口，以国家统计局公布的数据为准。④ 纳税人及其配偶在一个纳税年度内不能同时分别享受住房贷款利息专项附加扣除和住房租金专项附加扣除
		二类	其他城市的，市辖区户籍人口超过 100 万的城市	13 200 元	1 100 元			
		三类	市辖区户籍人口不超过 100 万的城市	9 600 元	800 元			

6）赡养老人专项附加扣除

纳税人赡养一位及以上被赡养人的赡养支出，统一按照以下标准定额扣除。

（1）纳税人为独生子女的，按照每月 3 000 元的标准定额扣除。

（2）纳税人为非独生子女的，由其与兄弟姐妹分摊每月 3 000 元的扣除额度，每人分摊的额度不能超过每月 1 500 元。可以由赡养人均摊或者约定分摊，也可以由被赡养人指定分摊。约定或者指定分摊的，必须签订书面分摊协议，指定分摊优先于约定分摊。具体分摊方式和额度在一个纳税年度内不能变更。

被赡养人是指年满 60 岁的父母，以及子女均已去世的年满 60 岁的祖父母、外祖父母。

父母是指生父母、继父母、养父母。子女是指婚生子女、非婚生子女、继子女、养子女。除父母外的其他人担任未成年人的监护人的，比照上述规定执行。

赡养老人专项附加扣除政策见表 5-14。

表 5-14　赡养老人专项附加扣除政策

扣除项目名称	扣除范围		扣除标准		扣除方式	扣除时间	注意事项
			每年	每月			
赡养老人	① 赡养一位及以上被赡养人（60 岁及以上）的赡养支出（不包含配偶父母）。② 被赡养人还包含子女均已去世的年满 60 岁的祖父母、外祖父母	独生子女	36 000 元	3 000 元	纳税人本人	按月扣除，一经确定比例，一年内不得更改。若有变动，则须及时通知扣缴义务人	① 约定或者指定分摊的，必须签订书面分摊协议，指定分摊优先于约定分摊。② 继子女、养子女享有同等权利，具体标准根据协议确定。③ 仅限本人父母等，不含配偶父母等
		非独生子女	兄弟姐妹分摊每年36 000 元	兄弟姐妹分摊每月3 000 元	① 指定/约定/平均分摊② 每人不得超过 1 500 元/月		

7）3 岁以下婴幼儿照护个人所得税专项附加扣除

3 岁以下婴幼儿照护个人所得税专项附加扣除政策见表 5-15。

表 5-15　3 岁以下婴幼儿照护个人所得税专项附加扣除政策

享受主体	3 岁以下婴幼儿的监护人，包括生父母、继父母、养父母，除父母外的其他人担任未成年人的监护人的，可以比照有关规定执行
优惠内容	自 2022 年 1 月 1 日起实施 3 岁以下婴幼儿照护个人所得税专项附加扣除政策：① 纳税人照护 3 岁以下婴幼儿子女的相关支出，按照每个婴幼儿每月 2 000 元的标准定额扣除。② 父母可以选择由其中一方按照扣除标准的 100%扣除，也可以选择由双方分别按照扣除标准的 50%扣除，具体扣除方式在一个纳税年度内不能变更
享受条件	3 岁以下婴幼儿照护个人所得税专项附加扣除涉及的保障措施和其他事项，参照《个人所得税专项附加扣除暂行办法》（国发〔2018〕41 号）有关规定执行
政策依据	《国务院关于设立 3 岁以下婴幼儿照护个人所得税专项附加扣除的通知》（国发〔2022〕8 号）《国务院关于提高个人所得税有关专项附加扣除标准的通知》（国发〔2023〕13 号）

个人所得税专项附加扣除额一个纳税年度扣除不完的，不能结转以后年度扣除。

2. 居民个人工资薪金所得的预扣预缴

1）扣缴义务人向居民个人支付工资、薪金所得时预扣预缴个人所得税的基本规定

扣缴义务人向居民个人支付工资、薪金所得时，应当按照累计预扣法计算预扣税款，并且按月办理全员全额扣缴申报。具体计算公式如下：

本期应预扣预缴税额＝（累计预扣预缴应纳税所得额×预扣率－速算扣除数）

－累计减免税额－累计已预扣预缴税额

累计预扣预缴应纳税所得额＝累计收入－累计免税收入－累计减除费用－累计专项扣除

－累计专项附加扣除－累计依法确定的其他扣除

2）居民个人劳务报酬所得、稿酬所得、特许权使用费所得的预扣预缴

扣缴义务人向居民个人支付劳务报酬所得、稿酬所得、特许权使用费所得时，应当按次或者按月预扣预缴个人所得税。具体预扣预缴方法如下：

劳务报酬所得、稿酬所得、特许权使用费所得，以收入减除费用后的余额为收入额。其中，稿酬所得收入额减按 70%计算。

劳务报酬所得、稿酬所得、特许权使用费所得每次收入不超过 4 000 元的，减除费用按 800 元计算；每次收入在 4 000 元以上的，减除费用按 20%计算。

劳务报酬所得、稿酬所得、特许权使用费所得，属于一次性收入的，以取得该项收入为一次；属于同一项目连续性收入的，以一个月内取得的收入为一次。

3）居民个人综合所得汇算清缴

自 2019 年 1 月 1 日起，居民个人的综合所得（工资、薪金所得，劳务报酬所得，稿酬所得，特许权使用费所得），以每一纳税年度的收入额减除费用 60 000 元及专项扣除、专项附加扣除和依法确定的其他扣除后的余额为应纳税所得额。各项所得的计算，以人民币为单位。所得为人民币以外的货币的，按照人民币汇率中间价折合成人民币缴纳税款。

居民个人的综合所得适用七级超额累进税率，其应纳税额的计算公式如下：

应纳税额＝年应纳税所得额×适用税率－速算扣除数

＝（每一纳税年度收入额－60 000－专项扣除－专项附加扣除

－依法确定的其他扣除）×适用税率－速算扣除数

＝［工资、薪金收入额＋劳务报酬收入×（1－20%）＋稿酬收入×（1－20%）

×70%＋特许权使用费收入×（1－20%）－60 000－专项扣除

－专项附加扣除－依法确定的其他扣除］×适用税率－速算扣除数

需要注意的是，劳务报酬所得、稿酬所得、特许权使用费所得以收入减除 20%的费用后的余额为收入额。稿酬所得收入额减按 70%计算。

专项扣除、专项附加扣除和依法确定的其他扣除，以居民个人一个纳税年度的应纳税所得额为限额；一个纳税年度扣除不完的，不结转以后年度扣除。

居民个人取得综合所得，按年计算个人所得税；有扣缴义务人的，由扣缴义务人按月或者按次预扣预缴税款；需要办理汇算清缴的，应在取得所得的次年 3 月 1 日至 6 月 30 日内办理汇算清缴。预扣预缴办法由国务院税务主管部门制定。

3. 非居民个人工资、薪金所得，劳务报酬所得，稿酬所得，特许权使用费所得应纳税额的计算

扣缴义务人向非居民个人支付工资、薪金所得，劳务报酬所得，稿酬所得和特许权使用费所得时，应当按照以下方法按月或者按次代扣代缴个人所得税：

非居民个人工资、薪金所得，劳务报酬所得，稿酬所得，特许权使用费所得应纳税额＝应纳税所得额×税率－速算扣除数。

（1）非居民个人的工资、薪金所得适用七级超额累进税率，其应纳税额的计算公式如下：

应纳税额＝月应纳税所得额×适用税率－速算扣除数

　　　　＝（每月工资、薪金收入额－5 000）×适用税率－速算扣除数

（2）非居民个人的劳务报酬所得适用七级超额累进税率，其应纳税额的计算公式如下：

应纳税额＝应纳税所得额×适用税率－速算扣除数

　　　　＝每次收入额×适用税率－速算扣除数

　　　　＝劳务报酬收入×（1－20%）×适用税率－速算扣除数

（3）非居民个人的稿酬所得适用七级超额累进税率，其应纳税额的计算公式如下：

应纳税额＝应纳税所得额×适用税率－速算扣除数

　　　　＝每次收入额×适用税率－速算扣除数

　　　　＝稿酬收入×（1－20%）×70%×适用税率－速算扣除数

（4）非居民个人的特许权使用费所得适用七级超额累进税率，其应纳税额的计算公式如下：

应纳税额＝应纳税所得额×适用税率－速算扣除数

　　　　＝每次收入额×适用税率－速算扣除数

　　　　＝特许权使用费收入×（1－20%）×适用税率－速算扣除数

非居民个人取得工资、薪金所得，劳务报酬所得，稿酬所得，特许权使用费所得，有扣缴义务人的，由扣缴义务人按月或者按次代扣代缴税款，不办理汇算清缴。

4. 关于个人领取企业年金、职业年金的政策

个人达到国家规定的退休年龄，按规定领取的企业年金、职业年金，属于"工资薪金所得"。实施新税制后，个人领取的企业年金、职业年金待遇依法应当并入综合所得按年计税。为避免离退休人员办理汇算清缴带来的税收遵从负担，原则上平移原有计税方法，即对个人领取的企业年金、职业年金待遇由扣缴义务人扣缴税款，单独计算纳税，不计入综合所得，无须办理汇算清缴。实践中，对以下情况分别处理：

按月领取的，适用月度税率表计算纳税；

按季领取的，平均分摊计入各月，按每月领取额适用月度税率表计算纳税；

按年领取的，适用综合所得税率表计算纳税。

个人因出境定居而一次性领取的年金，或者个人死亡后，其指定的受益人或法定继承人一次性领取的年金个人账户余额，适用综合所得税率表计算纳税。对个人除上述特殊原因外一次性领取年金个人账户资金或余额的，适用月度税率表计算纳税。

5. 外籍个人有关津补贴个人所得税政策

为进一步减轻纳税人负担，现将外籍个人有关津补贴个人所得税政策公告如下：

外籍个人符合居民个人条件的，可以选择享受个人所得税专项附加扣除，也可以选择按照《财政部　国家税务总局关于个人所得税若干政策问题的通知》（财税字〔1994〕020号）、《国家税务总局关于外籍个人取得有关补贴征免个人所得税执行问题的通知》（国税发〔1997〕54 号）和《财政部　国家税务总局关于外籍个人取得港澳地区住房等补贴征免个人所得税的通知》（财税〔2004〕29 号）规定，享受住房补贴、语言训练费、子女教育费等津

补贴免税优惠政策，但不得同时享受。外籍个人一经选择，在一个纳税年度内不得变更。

本公告执行至 2027 年 12 月 31 日。

6. 居民个人取得全年一次性奖金税收优惠

居民个人取得全年一次性奖金，符合《国家税务总局关于调整个人取得全年一次性奖金等计算征收个人所得税方法问题的通知》（国税发〔2005〕9 号）规定的，不并入当年综合所得，以全年一次性奖金收入除以 12 个月得到的数额，按照本公告所附按月换算后的综合所得税率表，确定适用税率和速算扣除数，单独计算纳税。计算公式如下：

$$应纳税额＝全年一次性奖金收入×适用税率－速算扣除数$$

居民个人取得全年一次性奖金，也可以选择并入当年综合所得计算纳税。

本公告执行至 2027 年 12 月 31 日。

学中做 5-4

张某姐妹二人均为居民，二人父母均年满 60 周岁，2022 年张某综合所得申报缴纳个人所得税时，最多可以扣除的专项附加扣除金额是多少？

解析：纳税人为非独生子女的，由其与姐妹分摊每月 3 000 元的扣除额度，每人分摊的额度不能超过每月 1 500 元。张某综合所得申报缴纳个人所得税时最多可以扣除的专项附加扣除的金额＝1 500×12＝18 000（元）。

5.2.2　细算个人其他所得应纳税额

细算个人其他所得
应纳税额

1. 经营所得个人所得税的计算

经营所得，以每一纳税年度的收入总额减除成本、费用及损失后的余额为应纳税所得额。按月或按次预缴，年末汇算清缴。

经营所得个人所得税的计算公式如下：

$$应纳税额＝应纳税所得额×适用税率－速算扣除数$$
$$＝（全年收入总额－成本、费用以及损失）×适用税率－速算扣除数$$

经营所得适用 5%至 35%五级超额累进税率，见表 5-16。

表 5-16　5%至 35%五级超额累进税率表

级数	全年应纳税所得额	税率/%
1	不超过 30 000 元的	5
2	超过 30 000 元至 90 000 元的部分	10
3	超过 90 000 元至 300 000 元的部分	20
4	超过 300 000 元至 500 000 元的部分	30
5	超过 500 000 元的部分	35

（1）个人通过在中国境内注册登记的个体工商户、个人独资企业、合伙企业从事生产经营活动取得的所得。

（2）个人依法取得执照，从事办学、医疗、咨询及其他有偿服务活动取得的所得。

（3）个人承包、承租、转包、转租取得的所得。

（4）个人从事其他生产经营活动取得的所得。具体如下：

① 成本、费用是指生产经营活动中发生的各项直接支出和分配计入成本的间接费用及销售费用、管理费用、财务费用。

② 损失是指生产经营活动中发生的固定资产和存货的盘亏、毁损、报废损失，转让财产损失、坏账损失，自然灾害等不可抗力因素造成的损失及其他损失。

③ 个体工商户业主、个人独资企业投资者、合伙企业、个人合伙人及从事其他生产经营活动的个人，以其每一纳税年度源于个体工商户、个人独资企业、合伙企业及其他生产经营活动的所得，减除费用 6 万元、专项扣除及依法确定的其他扣除后的余额，为应纳税所得额。

④ 个人所得税纳税人取得经营所得，但没有综合所得的，在计算其每一纳税年度的应纳税所得额时，应当减除费用 6 万元、专项扣除、专项附加扣除及依法确定的其他扣除。专项附加扣除在办理汇算清缴时减除。

⑤ 纳税人取得经营所得，按年计算个人所得税，由纳税人在月度或者季度终了后 15 日内向税务机关报送纳税申报表，并预缴税款；在取得所得的次年 3 月 31 日前办理汇算清缴。

学中做 5-5

小辉创业开了一家饭店，2022 年前 3 个月累计经营收入为 64 000 元，其间支出材料费 16 000 元，每月员工工资支出 2 500 元，允许税前扣除的税金为 1 050 元。假定 1～2 月已预缴所得税款 4 250 元，小辉 3 月应预缴的个人所得税税额是多少？

解析：1～3 月应纳税所得额＝64 000－（16 000＋2 500×3＋1 050）－5 000×3＝24 450（元）。

预计全年应纳税所得额＝（24 450÷3）×12＝97 800（元）。

预计全年应纳税额＝97 800×20%＝19 560（元）。

3 月份累计应纳税额＝（19 560÷12）×3＝4 890（元）。

3 月份应预缴税额＝4 890－4 250＝640（元）。

学中做 5-6

中国境内甲公司职工李某 2022 年前 3 个月每月取得的工资、薪金收入均为 12 000 元，当地规定的社会保险和住房公积金个人缴存比例如下：基本养老保险为 8%，基本医疗保险为 2%，失业保险为 0.5%，住房公积金为 12%。社保部门核定李某 2022 年社会保险费缴费工资基数为 10 000 元。已知李某前 2 个月累计已预扣预缴个人所得税税额为 200 元。

要求：计算李某 3 月份应预扣预缴的个人所得税税额（不考虑专项附加扣除等其他因素）。

解析：

（1）前 3 个月累计收入＝12 000×3＝36 000（元）。

（2）前 3 个月累计减除费用＝5 000×3＝15 000（元）。

（3）前 3 个月累计专项扣除＝10 000×（8%＋2%＋0.5%＋12%）×3＝6 750（元）。

（4）前 3 个月累计预扣预缴应纳税所得额＝36 000－15 000－6 750＝14 250（元）。

（5）3 月份应预扣预缴税额＝14 250×3%－200＝227.5（元）。

个人所得税预扣率表见表 5-17。

表 5-17　个人所得税预扣率表

（居民个人工资、薪金所得预扣预缴适用）

级数	累计预扣预缴应纳税所得额	预扣率/%	速算扣除数
1	不超过 36 000 元的部分	3	0
2	超过 36 000 元至 144 000 元的部分	10	2 520
3	超过 144 000 元至 300 000 元的部分	20	16 920
4	超过 300 000 元至 420 000 元的部分	25	31 920
5	超过 420 000 元至 660 000 元的部分	30	52 920
6	超过 660 000 元至 960 000 元的部分	35	85 920
7	超过 960 000 元的部分	45	181 920

2. 对企事业单位承包经营所得个人所得税的计算

对企事业单位承包经营所得个人所得税的计算，以每一纳税年度收入总额减除必要费用后的余额为应纳税所得额。

学中做 5-7

小源承包了学校的小超市，2022 年在扣除各项成本费用后还有盈利 78 500 元，学校收取承包费为每月 5 000 元，请问她应缴纳个人所得税税额是多少？

解析：应纳税所得额＝（78 500－5 000）－5 000×12＝13 500（元）。

应纳个人所得税税额＝13 500×5%＝675（元）。

3. 利息、股息、红利所得个人所得税的计算

利息、股息、红利所得以每次收入额为应纳税所得额，税率为 20%。

个人取得的国债利息、国家发行的金融债券利息，以及企业和个人取得的地方政府债券利息收入，免征个人所得税。

学中做 5-8

小李 2022 年 2 月取得非上市公司的股息 8 000 元，请问就该项收入他应当缴纳个人所得税税额是多少？

解析：小李应缴纳的个人所得税税额＝8 000×20%＝1 600（元）。

4. 财产转让、财产租赁所得个人所得税的计算

（1）财产转让所得按次计税，适用 20% 的比例税率，应纳税额的计算公式如下：

$$应纳税额＝（每次财产转让收入额－财产原值－合理费用）×20\%$$

（2）财产租赁所得个税的计算公式如下。

每次（月）收入不超过 4 000 元的：

$$应纳税额＝每次（月）收入额×20\%$$

每次（月）收入超过 4 000 元的：

$$应纳税额＝每次（月）收入额×（1－20\%）×20\%$$

学中做 5-9

老张于 2022 年 1 月将其 2010 年购入的车库以 170 000 元的价格出售。该车库的购进价格为 88 000 元，过户公证等费用为 4 000 元，计算其应纳个人所得税税额。

解析：应纳税所得额＝170 000－（88 000＋4 000）＝78 000（元）。

应纳税额＝78 000×20%＝15 600（元）。

学中做 5-10

张海于 2022 年 4 月出租空调，收取租金 30 000 元。张海当月应当缴纳个人所得税税额是多少？

解析：应纳税额＝30 000×（1－20%）×20%＝4 800（元）。

5. 偶然所得个人所得税的计算

偶然所得个人所得税的计算公式如下：

$$应纳税额＝偶然所得收入×20\%$$

学中做 5-11

2022 年 1 月，张丽购买福利彩票，中奖金额为 304 000 000 元，请问张丽需要缴纳个人所得税税额是多少？

解析：应纳税额＝304 000 000×20%＝60 800 000（元）。

6. 财产转让所得应纳税额的计算

1）应纳税所得额的计算

（1）一般情况下财产转让所得应纳税所得额的计算。财产转让所得，以转让财产的收入额减除财产原值和合理费用后的余额为应纳税所得额。其计算公式如下：

应纳税所得额＝收入总额－财产原值－合理费用

财产原值按照下列方法确定：

① 有价证券，为买入价及买入时按照规定缴纳的有关费用。

② 建筑物，为建造费或者购进价格及其他有关费用。

③ 土地使用权，为取得土地使用权所支付的金额、开发土地的费用及其他有关费用。

④ 机器设备、车船，为购进价格、运输费、安装费及其他有关费用。

其他财产，参照上述规定的方法确定财产原值。

财产转让所得，按照一次转让财产的收入额减除财产原值和合理费用后的余额计算纳税。

个人转让房屋的个人所得税应税收入不含增值税，其取得房屋时所支付价款中包含的增值税计入财产原值，计算转让所得时可扣除的税费不包括本次转让缴纳的增值税。免征增值税的，确定计税依据时，转让房地产取得的收入不扣减增值税税额。

财产转让所得同样采取按次计征方式，以一件财产的所有权一次转让取得的收入为一次。

（2）个人销售无偿受赠不动产应纳税所得额的计算。

① 受赠人取得赠与人无偿赠与的不动产后再次转让该项不动产的，在缴纳个人所得税时，以财产转让收入减除受赠、转让住房过程中缴纳的税金及有关合理费用后的余额为应纳税所得额，适用 20%税率计算缴纳个人所得税。

② 个人在受赠和转让住房过程中缴纳的税金，按照相关规定处理。

2）财产转让所得应纳税额的计算

财产转让所得应纳税额的计算公式如下：

应纳税额＝应纳税所得额×适用税率＝（收入总额－财产原值－合理税费）×20%

7. 几种特殊情况下个人所得税应纳税额的计算

1）对公益救济性捐赠支出的扣除

个人将其所得通过中国境内的公益性组织、国家机关向教育、扶贫、济困等公益慈善事业捐赠，捐赠额未超过纳税人申报的应纳税所得额 30%的部分，可从其应纳税所得额中扣除。应纳税所得额是指计算扣除捐赠额之前的应纳税所得额。

2）两人或两人以上共同取得同一项目收入的个人所得税的计算

两个或两个以上的个人共同取得同一项目收入的，应当对每个人取得的收入分别按照《个人所得税法》的规定计算纳税，即按照"先分、后扣、再税"的办法计算各自应该缴纳的个人所得税。

3）境外所得已纳税款抵免的计算

居民个人从中国境外取得的所得，可从其应纳税额中抵免已在境外缴纳的个人所得税税额，但抵免额不得超过该纳税人境外所得依照我国《个人所得税法》规定计算的应纳税额。

已在境外缴纳的个人所得税税额是指居民个人源于中国境外的所得，依照该所得来源国家（地区）的法律应当缴纳并且实际已经缴纳的所得税税额。

居民个人从中国境内和境外取得的综合所得、经营所得，应当分别合并计算应纳税额；从中国境内和境外取得的其他所得，应当分别单独计算应纳税额。

8. 个人所得税的纳税调整

有下列情形之一的，税务机关有权按照合理方法进行纳税调整。

（1）个人与其关联方之间的业务往来不符合独立交易原则且减少本人或者其关联方应纳税额无正当理由。

（2）居民个人控制的，或者居民个人和居民企业共同控制的设立在实际税负明显偏低的国家（地区）的企业，无合理经营需要，对应当归属于居民个人的利润不做分配或者减少分配。

（3）个人实施其他不具有合理商业目的的安排而获取不当税收利益。

9. 个人所得税的信息管理规定

公安、人民银行、金融监督管理等相关部门应当协助税务机关确认纳税人的身份、金融账户信息。教育、卫生、医疗保障、民政、人力资源社会保障、住房城乡建设、公安、人民银行、金融监督管理等相关部门应当向税务机关提供纳税人子女教育、继续教育、大病医疗、住房贷款利息、住房租金、赡养老人等专项附加扣除信息。

10. 个人所得税的会计处理

1）个体工商户生产经营所得

税法规定对自行申报缴纳个人所得税的纳税人，除实行查账核实征收的个体工商户外，一般不需要进行会计核算。

实行查账核实征收的个体工商户在核算其应缴纳的个人所得税时，应以每一纳税年度的收入总额减除成本、费用、损失后的余额为应纳税所得额，并按适用税率计算个人所得税。

会计核算应当通过"留存利润"和"应交税费——应交个人所得税"等账户进行。

2）单位代扣代缴个人所得税的会计处理

代扣时，借记"应付职工薪酬"等科目，贷记"应交税费——应交个人所得税"科目；税款实际代缴入库时，借记"应交税费——应交个人所得税"科目，贷记"银行存款"等科目；取得代扣代缴手续费时，应记入"营业外收入"科目；缴纳应扣未扣、应收未收税款及相应的滞纳金或罚款时，应记入"营业外支出"科目。

【任务实施】

中国境内甲公司职工李某2022年全年取得工资、薪金收入170 000元，劳务报酬所得100 000元，稿酬所得50 000元。当地规定的社会保险和住房公积金个人缴存比例如下：基本养老保险为8%，基本医疗保险为2%，失业保险为0.5%，住房公积金为12%。社会保障部门核定李某2022年社会保险费缴费工资基数为10 000元。

　　已知李某正在偿还首套住房贷款及利息，李某的独生子正就读大学三年级；李某父母均已年过60岁（李某为独生女）。李某夫妻约定由李某扣除住房贷款利息和子女教育支出。

　　要求：计算李某2022年应缴纳的个人所得税税额。

　　解析：

　　（1）年度收入额＝170 000＋100 000×（1－20%）＋50 000×（1－20%）×70%＝278 000（元）。

　　（2）全年减除费用60 000元。

　　（3）专项扣除＝10 000×（8%＋2%＋0.5%＋12%）×12＝27 000（元）。

　　（4）专项附加扣除如下：

　　① 子女教育支出每年扣除24 000元。

　　② 首套住房贷款利息支出每年扣除12 000元。

　　③ 赡养老人支出每年扣除36 000元。

　　④ 专项附加扣除合计＝24 000＋12 000＋36 000＝72 000（元）。

　　（5）应纳税所得额＝278 000－60 000－27 000－72 000＝119 000（元）。

　　（6）应纳个人所得税税额＝36 000×3%＋（119 000－36 000）×10%＝9 380（元），或者应纳个人所得税税额＝119 000×10%－2 520＝9 380（元）。

"1+X"技能任务　个人所得税纳税申报

【技能任务目标】　1. 能够根据实际选择个人所得税纳税申报方式。

　　2. 能够正确使用个人所得税纳税申报软件。

　　3. 能够熟练进行个人所得税纳税申报。

1. 个人所得税的代扣代缴（含预扣预缴）实务

1）个人所得税的扣缴义务人

我国实行个人所得税代扣代缴和个人自行申报纳税相结合的征收管理制度。税法规定，个人所得税以支付所得的单位或者个人为扣缴义务人。

纳税人有居民身份证号码的，以居民身份证号码为纳税人识别号；纳税人没有居民身份证号码的，由税务机关赋予其纳税人识别号。

2）个人所得税代扣代缴的范围

居民个人取得综合所得，按年计算个人所得税；有扣缴义务人的，由扣缴义务人按月或者按次预扣预缴税款；需要办理汇算清缴的，应在取得所得的次年3月1日至6月30日内办理汇算清缴。

3）个人所得税的代扣代缴期限

扣缴义务人每月或者每次预扣、代扣的税款，应在次月15日内缴入国库，并向税务机关报送《个人所得税扣缴申报表》。

支付工资、薪金所得的扣缴义务人，应于年度终了后两个月内向纳税人提供其个人所得和已扣缴税款等信息。纳税人年度中间需要提供上述信息的，扣缴义务人应当提供。

纳税人取得除工资、薪金所得外的其他所得，扣缴义务人应在扣缴税款后及时向纳税人提供其个人所得和已扣缴税款等信息。

4）个人所得税代扣代缴的纳税申报实务

扣缴义务人代扣代缴个人所得税时，应当填报"个人所得税基础信息表"。

2. 个人所得税的自行申报

1）个人所得税自行申报的范围

（1）纳税人应当依法办理纳税申报的情形。

① 取得综合所得需要办理汇算清缴。

② 取得应税所得没有扣缴义务人。

③ 取得应税所得，但扣缴义务人未扣缴税款。

④ 取得境外所得。

⑤ 因移居境外注销中国户籍。

⑥ 非居民个人在中国境内从两处以上取得工资、薪金所得。

⑦ 国务院规定的其他情形。

（2）取得综合所得需要办理汇算清缴的情形。

① 从两处以上取得综合所得，并且综合所得年收入额减除专项扣除的余额超过 6 万元。

② 取得劳务报酬所得、稿酬所得、特许权使用费所得中一项或者多项所得，并且综合所得年收入额减除专项扣除的余额超过 6 万元。

③ 纳税年度内预缴税额低于应纳税额。

④ 纳税人申请退税。

（3）其他规定。

纳税人申请退税，应当提供其在中国境内开设的银行账户，并在汇算清缴地就地办理税款退库。

纳税人办理综合所得汇算清缴，应当准备与收入、专项扣除、专项附加扣除、依法确定的其他扣除、捐赠、享受税收优惠等相关资料，并按规定留存备查或报送。

纳税人申请退税时提供的汇算清缴信息有错误的，税务机关应当告知其更正；纳税人更正的，税务机关应当及时办理退税。

扣缴义务人未将扣缴的税款解缴入库的，不影响纳税人按照规定申请退税，税务机关应当凭纳税人提供的有关资料办理退税。

纳税人可以委托扣缴义务人或者其他单位和个人办理汇算清缴。

2）个人所得税自行申报的期限

居民个人取得综合所得，按年计算个人所得税；有扣缴义务人的，由扣缴义务人按月或者按次预扣预缴税款；需要办理汇算清缴的，应在取得所得的次年 3 月 1 日至 6 月 30 日内办理汇算清缴。预扣预缴办法由国务院税务主管部门制定。

纳税人取得经营所得，按年计算个人所得税，由纳税人在月度或者季度终了后 15 日内向税务机关报送纳税申报表，并预缴税款；在取得所得的次年 3 月 31 日前办理汇算清缴。

纳税人取得应税所得但没有扣缴义务人的，纳税人应在取得所得的次月 15 日内向税务机关报送纳税申报表，并缴纳税款。

纳税人取得应税所得，扣缴义务人未扣缴税款的，纳税人应在取得所得的次年 6 月 30 日前缴纳税款；税务机关通知限期缴纳的，纳税人应当按照期限缴纳税款。

居民个人从中国境外取得所得的，应在取得所得的次年 3 月 1 日至 6 月 30 日内申报纳税。

非居民个人在中国境内从两处以上取得工资、薪金所得的，应在取得所得的次月 15 日内申报纳税。

纳税人因移居境外注销中国户籍的，应在注销中国户籍前办理税款清算。

纳税人办理汇算清缴退税或者扣缴义务人为纳税人办理汇算清缴退税的，税务机关审核后按照国库管理的有关规定办理退税。

3）个人所得税自行申报的纳税申报实务

纳税人自行申报个人所得税时，应当根据不同情况分别填报《个人所得税年度自行纳税申报表》《个人所得税经营所得纳税申报表》等申报表。

3. 取得经营所得的纳税申报

个体工商户业主、个人独资企业投资者、合伙企业个人合伙人、承包承租经营者个人及其他从事生产经营活动的个人取得经营所得，包括以下情形：

（1）个体工商户从事生产经营活动取得的所得，个人独资企业投资人、合伙企业的个人合伙人源于中国境内注册的个人独资企业、合伙企业生产经营的所得。

（2）个人依法从事办学、医疗、咨询及其他有偿服务活动取得的所得。

（3）个人对企业单位、事业单位承包经营、承租经营及转包、转租取得的所得。

（4）个人从事其他生产经营活动取得的所得。

纳税人取得经营所得，按年计算个人所得税，由纳税人在月度或季度终了后 15 日内向经营管理所在地主管税务机关办理预缴纳税申报，并报送《个人所得税经营所得纳税申报表（A 表）》。

纳税人在取得所得的次年 3 月 31 日前，向经营管理所在地主管税务机关办理汇算清缴，并报送《个人所得税经营所得纳税申报表（B 表）》。

纳税人从两处以上取得经营所得的，选择向其中一处经营管理所在地主管税务机关办理年度汇总申报，并报送《个人所得税经营所得纳税申报表（C 表）》。

纳税人取得利息、股息、红利所得，财产租赁所得，财产转让所得和偶然所得，按月或者按次计算个人所得税；有扣缴义务人的，由扣缴义务人按月或者按次代扣代缴税款。

4. 其他

纳税人取得应税所得，扣缴义务人未扣缴税款的，应当区分以下情形办理纳税申报。

（1）居民个人取得综合所得的，按照规定（汇算清缴）办理。

（2）非居民个人取得工资、薪金所得，劳务报酬所得，稿酬所得，特许权使用费所得的，应在取得所得的次年 6 月 30 日前向扣缴义务人所在地主管税务机关办理纳税申报，并报送《个人所得税自行纳税申报表（A 表）》。有两个以上扣缴义务人但均未扣缴税款的，应当选择向其中一处扣缴义务人所在地主管税务机关办理纳税申报。

非居民个人在次年 6 月 30 日前离境（临时离境除外）的，应在离境前办理纳税申报。

（3）纳税人取得利息、股息、红利所得，财产租赁所得，财产转让所得和偶然所得的，应在取得所得的次年 6 月 30 日前，按照相关规定向主管税务机关办理纳税申报，并报送《个人所得税自行纳税申报表（A 表）》。

扣缴义务人每月或者每次预扣、代扣的税款，应在次月 15 日内缴入国库，并向税务机关报送扣缴个人所得税申报表。

对扣缴义务人按照规定扣缴的税款，付给 2% 的手续费。

纳税人办理汇算清缴退税或者扣缴义务人为纳税人办理汇算清缴退税的，税务机关审核后按照国库管理的有关规定办理退税。

学中做 5-12

张丽有 10 万元个人所得，难以界定应纳税所得项目，她应该怎么办？

解析：张丽这一部分所得应由主管税务机关确定。

5. 关于个人所得税综合所得汇算清缴涉及有关政策问题

2024 年 1 月 1 日至 2027 年 12 月 31 日，居民个人取得的综合所得，年度综合所得收入不超过 12 万元且需要汇算清缴补税的，或者年度汇算清缴补税金额不超过 400 元的，居民个人可免于办理个人所得税综合所得汇算清缴。居民个人取得综合所得时存在扣缴义务人未依法预扣预缴税款的情形除外。

===== 技能任务实施 =====

李一于 2023 年填报《个人所得税 2022 年度自行纳税申报表》进行纳税申报。李一 2022 年收入合计为 122 871 元，基本养老保险为 8 635.52 元、基本医疗保险为 1 419.72 元、失业保险为 704 元、住房公积金为 12 252 元、住房贷款利息为 18 000 元、年金为 4 317.76 元。李一目前已缴个人所得税税额为 1 066.26 元。

要求：计算李一应缴纳的个人所得税税额，应补缴或退税金额是多少？完成《个人所得税年度自行纳税申报表》。

解析：

第一步：计算应缴纳个人所得税税额。

减除费用＝60 000 元。

专项扣除＝基本养老保险＋基本医疗保险＋失业保险＋住房公积金

　　　　＝8 635.52＋1 419.72＋704＋12 252＝23 011.24（元）。

专项附加扣除＝住房贷款利息＝18 000 元。

其他扣除＝年金＝4 317.76 元。

李一应纳税所得额＝122 871－60 000－23 011.24－18 000－4 317.76＝17 542（元）。

个人所得税应纳税额＝17 542×3%＝526.26（元）。

个人所得税应退税额＝1 066.26－526.26＝540（元）。

第二步：填写个人所得税申报表（表 5-18）。

表 5-18 个人所得税年度自行纳税申报表（A表）

（仅取得境内综合所得年度汇算适用）

税款所属期：2022 年 1 月 1 日至 2022 年 12 月 31 日

纳税人姓名：李一

纳税人识别号：□□□□□□□□□□□□□□□□□-□□

金额单位：人民币元（列至角分）

基本情况

手机号码	15×××9	电子邮箱	8××××7@mm.cn	邮政编码	□□□□□□
联系地址	辽宁 省（区、市） 沈阳 市 沈北新区 区（县） 虎石台 街道（乡、镇） 1××10				

纳税地点（单选）

1. 有任职受雇单位的，须选本项并填写"任职受雇单位信息"：		□任职受雇单位所在地
任职受雇 单位信息	名称	辽宁××有限公司
	纳税人识别号	□□□□□□□□□□□□□□□□□□
2. 没有任职受雇单位的，可以从本栏次选择一地：	□ 户籍所在地　　□ 经常居住地　　□ 主要收入来源地	
户籍所在地/经常居住地 /主要收入来源地	辽宁 省（区、市） 沈阳 市 和平 区（县） ×× 街道（乡、镇） ××	

申报类型（单选）

□首次申报	□更正申报

综合所得个人所得税计算

项目	栏次	金额
一、收入合计（1＝2＋3＋4＋5）	1	
（一）工资、薪金	2	122 871
（二）劳务报酬	3	
（三）稿酬	4	
（四）特许权使用费	5	
二、费用合计[6＝（3＋4＋5）×20%]	6	
三、免税收入合计（7＝8＋9）	7	
（一）稿酬所得免税部分[8＝4×（1－20%）×30%]	8	
（二）其他免税收入（附报《个人所得税减免税事项报告表》）	9	
四、减除费用	10	60 000
五、专项扣除合计（11＝12＋13＋14＋15）	11	23 011.24
（一）基本养老保险费	12	8 635.52
（二）基本医疗保险费	13	1 419.72
（三）失业保险费	14	704
（四）住房公积金	15	12 252
六、专项附加扣除合计（附报《个人所得税专项附加扣除信息表》） （16＝17＋18＋19＋20＋21＋22＋23）	16	
（一）子女教育	17	
（二）继续教育	18	

续表

项目	栏次	金额
（三）大病医疗	19	
（四）住房贷款利息	20	18 000
（五）住房租金	21	
（六）赡养老人	22	
（七）3 岁以下婴幼儿照护	23	
七、其他扣除合计（24＝25＋26＋27＋28＋29＋30）	24	
（一）年金	25	4 317.76
（二）商业健康保险（附报《商业健康保险税前扣除情况明细表》）	26	
（三）税延养老保险（附报《个人税收递延型商业养老保险税前扣除情况明细表》）	27	
（四）允许扣除的税费	28	
（五）个人养老金	29	
（六）其他	30	
八、准予扣除的捐赠额（附报《个人所得税公益慈善事业捐赠扣除明细表》）	31	
九、应纳税所得额 （32＝1－6－7－10－11－16－24－31）	32	17 542
十、税率（%）	33	3%
十一、速算扣除数	34	0
十二、应纳税额（35＝32×33－34）	35	526.26
全年一次性奖金个人所得税计算 （无住所居民个人预判为非居民个人取得的数月奖金，选择按全年一次性奖金计税的填写本部分）		
一、全年一次性奖金收入	36	
二、准予扣除的捐赠额（附报《个人所得税公益慈善事业捐赠扣除明细表》）	37	
三、税率（%）	38	
四、速算扣除数	39	
五、应纳税额[40＝（36－37）×38－39]	40	
税额调整		
一、综合所得收入调整额（需在"备注"栏说明调整具体原因、计算方式等）	41	
二、应纳税额调整额	42	
应补/退个人所得税计算		
一、应纳税额合计（43＝35＋40＋42）	43	526.26
二、减免税额（附报《个人所得税减免税事项报告表》）	44	
三、已缴税额	45	1 066.26
四、应补/退税额（46＝43－44－45）	46	－540

无住所个人附报信息

纳税年度内在中国境内居住天数		已在中国境内居住年数	

退税申请

（应补/退税额小于 0 的填写本部分）

□申请退税（需填写"开户银行名称""开户银行省份""银行账号"）　　□放弃退税

开户银行名称		开户银行省份	

续表

银行账号	
备注	

　　谨声明：本表是根据国家税收法律法规及相关规定填报的，本人对填报内容（附带资料）的真实性、可靠性、完整性负责。

纳税人签字：　　　　　　年　月　日

经办人签字：	受理人：
经办人身份证件类型：	受理税务机关（章）：
经办人身份证件号码：	受理日期：　　年　月　日
代理机构签章：	
代理机构统一社会信用代码：	

国家税务总局监制

　　第三步：完成电子税务局纳税申报。

　　纳税人使用网页进行个人所得税申报。纳税人可在登录自然人电子税务局网址https://etax.chinatax.gov.cn 后，从以下入口进入年度汇算：①单击首页【常用业务】→【综合所得年度汇算】图标进入（图5-1）。②单击顶部菜单【我要办税】→【税费申报】→【综合所得年度汇算】按钮进入（图5-2）。

图 5-1

　　居民个人在纳税年度内取得的综合所得收入额未超过 60 000 元且预缴过个人所得税的，可以通过简易申报申请退税。

图 5-2

进入简易申报流程（图 5-3）。

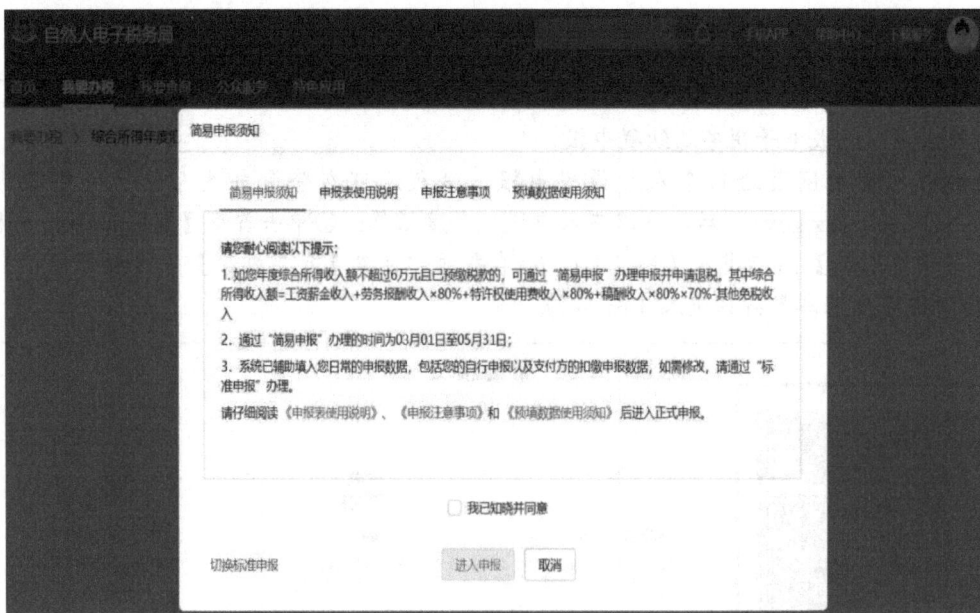

图 5-3

步骤 1：确认申报表信息。

核对个人基础信息、汇缴地，查看收入明细数据，确认已缴税额，如图 5-4 和图 5-5 所示。

若确认申报数据无误，则可直接提交申报，进入"步骤 2：申请退税"。

需要注意的是，汇算期为期 4 个月，请务必确认好本人的申报数据后再提交申报，这样不仅可以避免影响纳税人及时准确获得退税，也可以避免影响纳税人的合法权益。

步骤 2：申请退税。

在申报提交完成页面上单击【申请退税】按钮，如图 5-6 所示。

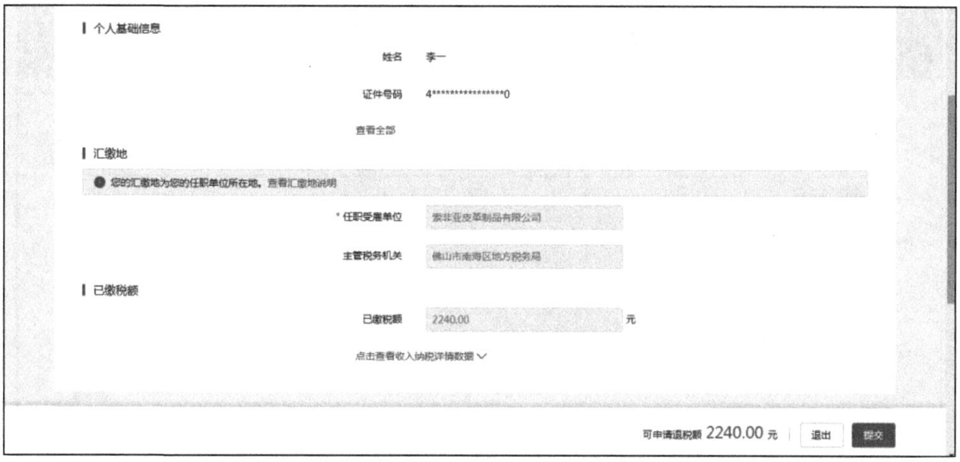

图 5-4

图 5-5

图 5-6

进入银行卡选择界面，系统会自动弹出已添加的银行卡（图 5-7）。纳税人也可以单击【添加】按钮，新增银行卡信息。

图 5-7

选择银行卡后提交退税申请，可以看到退税申请进度，如图 5-8 所示。

图 5-8

若银行卡不在身边，或者暂时不想退税，则可单击【暂不处理，返回首页】按钮（图 5-9）。后续可以再次发起退税申请。

图 5-9

其他税种纳税实务 ▫

知识目标 ☞

- 理解关税、城市维护建设税及教育费附加、印花税、房产税、环境保护税、契税、土地增值税、车船税、城镇土地使用税和耕地占用税的含义及特点。
- 掌握关税、城市维护建设税及教育费附加、印花税、房产税、环境保护税、契税、土地增值税、车船税、城镇土地使用税和耕地占用税应纳税额的计算方法。
- 掌握关税、城市维护建设税及教育费附加、印花税、房产税、环境保护税、契税、土地增值税、车船税、城镇土地使用税和耕地占用税的纳税申报流程。

能力目标 ☞

专业能力

- 能够准确判断关税、城市维护建设税及教育费附加、印花税、房产税、环境保护税、契税、土地增值税、车船税、城镇土地使用税和耕地占用税的纳税人、征税范围和税率。
- 能够根据国家法律法规的规定明确其他税种优惠政策。
- 能够正确计算其他税种应纳税额，并能办理其他税种纳税业务。

发展能力

- 能够自主学习，对知识点进行归纳整理，并能独立思考、分析问题。
- 能够运用各种资源独立查阅有关资料，更新自己的知识库。
- 能够向其他财会人员宣传其他税种相关法规政策。

社会能力

- 具备良好的职业道德，依法及时合理纳税，不偷税、不漏税、不逃税。
- 具备良好的沟通能力，能够正确处理个人、企业、政府三者之间的关系。
- 具备精益求精的工匠精神、高效的团队协作能力和严谨的工作态度。

思政目标 ☞

- 树立正确的思想观念，弘扬社会主义核心价值观。
- 培养学生生态文明意识、环境保护意识。

重点难点 ☞

　　重点：关税、城市维护建设税及教育费附加、印花税、房产税、环境保护税的纳税人、征税范围、税率；征税管理；应纳税额的计算方法。

　　难点：进口关税、出口关税应纳税额的计算方法；印花税优惠政策与印花税征收管理。

其他税种纳税实务
思维导图

典型税案

四川省凉山州税警联合依法查处一起空壳再生资源企业虚开增值税专用发票案件

近期，四川省凉山州税务局联合公安部门依法查处一起再生资源企业虚开增值税专用发票案件。

经查，以张某为首的犯罪团伙利用他人身份信息设立 7 家空壳企业，通过电子税务局大量申请领用增值税专用发票，虚开废旧物资品名的增值税专用发票价税合计 2.39 亿元。目前，4 名被告人已分别被依法判处有期徒刑五年至十五年不等，没收违法所得并处罚金。

凉山州税务局稽查局有关负责人表示，下一步将继续发挥多部门联合打击机制作用，聚焦团伙式、跨区域、虚开发票违法犯罪行为，始终保持高压态势，积极营造更加规范公平的税收环境。

（资料来源：国家税务总局四川省税务局网站 https://sichuan.chinatax.gov.cn/art/2023/6/30/art_284_921235.html）

思政案例

财经观察：绿色税制推动经济社会高质量发展（节选）

近年来，以环境保护税为代表的绿色税种相继以法律形式发布并实施，税收法定原则落到实处，有力推动企业加大环保投入，加速实现由"被动减排"向"主动治污"的转变。

现如今，我国已构建起以环境保护税为主体，以资源税、耕地占用税为重点，以车船税、车辆购置税、增值税、消费税、企业所得税等税种为辅助，涵盖资源开采、生产、流通、消费、排放五大环节八个税种的生态税收体系。

业界专家认为，绿色税制在推动经济发展方式转变、产业结构转型升级、能源结构调整优化、节能环保技术创新和绿色消费模式建构等方面提供支持，助力经济社会发展全面绿色转型。

税收制度引领经营主体向绿而行

2018 年 1 月 1 日，我国开征环境保护税。在中华人民共和国领域和中华人民共和国管辖的海域，直接向环境排放应税污染物的企、事业单位和其他生产经营者，是环境保护税的纳税人。

"环境保护税'多排多征、少排少征、不排不征'的杠杆调节作用，引导企业由'被动减排'向'主动治污'转变，推动企业走上节能环保、绿色发展之路。"湖南省税务局党委委员、副局长皮本固表示。环境保护税申报数据显示，湖南省主要应税污染物排放量稳步下降，环境保护税的正向激励效应明显。

"环境保护税开征让我们更加重视绿色发展，这些年，我公司在有组织治理项目、噪声治理项目、无组织治理项目方面等投入大量资金，这既能减少污染物排放、保护改善环境，又能升级改造治理设施、推动绿色转型升级。"在湖南，一家水泥有限公司副总经理王伟表示。据悉，该企业累计享受环境保护税减免近 300 万元。

在环保税法的正向激励下，浙能台州的一批火电企业纷纷加入了节能减排的队伍。"2021 年我们缴纳的环保税约 300 万元，较 2018 年增加了不到 30%，但我们的发电产能提高了 3 倍有余。"一家公司负责人杨华菲有感于绿色税制推动企业低碳转型的重大作用。近年来，该企业建成两台超临界 100 万千瓦的超低排放燃煤发电机组，高效脱除烟气中的有害物质，实现"烟囱无烟"。

绿色税制激励经营主体转型升级

2020 年 9 月 1 日，《中华人民共和国资源税法》正式实施，将从价计征改革成果上升固化为法律制度，发挥资源税促进资源节约集约利用和生态环境保护的重要作用。

在山东省肥城市，一家集工业盐生产、岩盐开采、畜牧盐加工销售为一体的企业，现有制盐生产线两条，采用"自备发电机组＋五效真空制盐生产线"模式，年生产精制工业盐 260 万吨，岩盐资源储备 4.2 亿吨。"《中华人民共和国资源税法》为企业带来的是'真金白银'。"据企业财务负责人李立星介绍，近几年，企业为了降低成本不断创新，资源税法实施后，单说工业盐一项，就为企业节省了 1 000 多万元的税款，为企业加速转型升级提供了动力。

"建设人与自然和谐共生的美丽中国，离不开对环境污染的有效治理，作为宏观调控的重要工具，税收在此过程中发挥着重要作用。"北京国家会计学院副院长、教授李旭红在接受人民网记者采访时表示，以环保税为主体的绿色税收体系带来了有效的节能减排效应，相关减税优惠政策，激发了企业绿色发展的积极性，有效引导企业从被动减排向主动减排转变，助力经济社会实现高质量发展。

（资料来源：人民网 https://baijiahao.baidu.com/s?id=1780710160562409929&wfr=spider&for=pc）

税法导航

《中华人民共和国城市维护建设税法》
《中华人民共和国印花税法》
《中华人民共和国契税法》
《环境保护、节能节水项目企业所得税优惠目录（2021 年版）》

项目概述

本项目学习其他税种应纳税额的计算及纳税申报，详细介绍关税、城市维护建设税及教育费附加、印花税、房产税、环境保护税、契税、土地增值税、车船税、城镇土地使用税和耕地占用税的纳税人、征税范围、税率和征收率及优惠政策的运用，以及这些税种的征收管理规定和应纳税额的计算方法。此外，重点介绍印花税纳税申报的规定和如何进行纳税申报。本项目结合丰富案例，有助于提升其他税种涉税业务处理水平及增强纳税人的责任风险意识。

任务 *6.1* 关税纳税实务

【任务目标】　1. 了解关税纳税义务人的分类，掌握关税征税范围。
　　　　　　　2. 掌握关税税率和征收率。
　　　　　　　3. 熟悉不同关税的优惠政策。
　　　　　　　4. 能够根据进口货物业务确定关税完税价格。
　　　　　　　5. 能够根据企业经济业务计算关税应纳税额。

6.1.1　认识关税

1. 关税的概念

海关是对出入国境的一切商品和物品进行监督、检查并照单征收关税的国家机关。关税中的"境"是指关境，又称"海关境域"或"关税领域"，是《中华人民共和国海关法》全面实施的领域。在通常情况下，一国的关境与其国境是一致的，包括国家全部的领土、领海、领空，但也存在两者不一致的情况。

关税是由海关依法对进出境的货物和物品征收的一种税。我国目前对进出境货物征收的关税分为进口关税和出口关税两类。关税的纳税义务人为进口准许进口货物的收货人、出口准许出口货物的发货人及准许进出境物品的所有人。

（1）关税的特点如下：纳税人的统一和一次性；征收上的过"关"性；税率上的复式性；征管上的权威性；对进出口贸易的调节性。

关税的分类见表 6-1。

表 6-1　关税的分类

分类标准	具体分类			
征收对象	进口税	出口税		
差别待遇	加重关税	优惠关税		
征收方式	从量税	从价税	混合税	滑准税
征收目的	财政关税	保护关税		

（2）关税的作用如下：增加国家财政收入；维护国家主权和利益；调控经济有效运行；加快改革开放进程。

2. 关税的纳税人

跨境电子商务零售进口商品按照货物征收关税和进口环节增值税、消费税，以购买跨境电子商务零售进口商品的个人作为纳税义务人，以实际交易价格（含货物零售价格、运费和保险费）作为完税价格。电子商务企业、电子商务交易平台企业或物流企业可作为代收代缴义务人。关税的纳税义务人见表 6-2。

表 6-2　关税的纳税义务人

情形		纳税人
进口货物		收货人
出口货物		发货人
进境物品	持有人	一切入境旅客随身携带的行李、物品
	所有人	各种运输工具上服务人员入境时携带的自用物品
	收件人	馈赠物品及以其他方式入境的个人物品
		个人邮递物品

注意

接受纳税人委托办理货物报关等有关手续的"代理人"可以代办纳税手续，但不是纳税人。

3. 关税的征税对象

关税的征税对象是指准许进出我国国境或关境的货物和物品。其征税范围具体包括以下三个方面。

1）进口货物的征税范围

我国目前进口应税货物大致有四类：①必需品类，即国内不能生产或生产较少的货物；②需要品类，即非必需品但仍属需要的货物；③非必需品类，即在国内已经大量生产或非国计民生必需物品；④限制进口类，即奢侈性货物。

2）出口货物的征税范围

为了鼓励出口贸易，我国仅选择了一些因种种原因，国家需要控制盲目出口的货物征收出口关税，对其他出口货物不征税。

3）入境物品的征税范围

对入境旅客的行李物品和个人邮递物品进口税的征税范围包括：一切入境旅客随身携带的行李和物品、各种运输工具上服务人员携带进口的自用物品、个人邮递物品、馈赠物品及以其他方式入境的个人物品。

4. 关税税率

关税税则又称海关税则、关税税率表，是指一国制定和公布的对进出其关境的货物征收关税的条例和税率的分类表。表内包括各项征税或免税货物的详细名称、税率、征税标准（从价或从量）、计税单位等，关税税率是整个关税制度的核心要素。目前我国的关税税率主要有以下几种。

1）进口货物税率

进口关税设置最惠国税率、协定税率、特惠税率、普通税率、关税配额税率等。对进口货物在一定期限内可以实行暂定税率。

注意

　　不同进口方式下，税率的具体运用有不同的规定；进口税率的选择使用与原产地有直接关系。

　　2）出口货物税率

　　现行税则仅对鳗鱼苗、部分有色金属矿砂及其精矿、生锑、磷、苯、山羊板皮、部分铁合金、钢铁废碎料、铜和铝原料及其制品、镍锭、锌锭、锑锭等 30 多种商品征收出口关税。但对上述范围内的 23 种商品实行 0～20%的暂定税率，其中 16 种商品为零关税，6 种商品的关税税率为 10%及以下。因此，我国真正征收出口关税的商品近 20 种，并且其税率都很低。

　　3）关税税率的运用

　　（1）进出口货物应当按照纳税义务人申报进口或者出口之日实施的税率征税。

　　（2）进口货物到达前，经海关核准先行申报的，应当按照装载此项货物的运输工具申报进境之日实施的税率征税。

　　（3）进出口货物的补税和退税，除税法规定的特别情况外，适用该进出口货物原申报进口或者出口之日所实施的税率。

　　4）跨境电子商务零售进口税收政策

　　跨境电子商务零售进口税收政策适用于从其他国家或地区进口《跨境电子商务零售进口商品清单》范围内的以下商品。

　　（1）所有通过与海关联网的电子商务交易平台交易，能够实现交易、支付、物流电子信息"三单"比对的跨境电子商务零售进口商品。

　　（2）未通过与海关联网的电子商务交易平台交易，但快递、邮政企业能够统一提供交易、支付、物流等电子信息，并承诺承担相应法律责任进境的跨境电子商务零售进口商品。

　　自 2019 年 1 月 1 日起，跨境电子商务零售进口商品的单次交易限值为人民币 5 000元，个人年度交易限值为人民币 26 000 元。

　　在限值以内的跨境电子商务零售进口商品，其关税税率暂设为 0；进口环节增值税、消费税取消免征税额，暂按法定应纳税额的 70%征收。

　　超过单次限值、累加后超过个人年度限值的单次交易，以及完税价格超过 2 000 元限值的单个不可分割商品，均按一般贸易方式全额征税。

　　跨境电子商务零售进口商品自海关放行之日起 30 日内退货的，可以申请退税，并相应调整个人年度交易总额。

　　完税价格超过 5 000 元单次交易限值但低于 26 000 元年度交易限值，且订单下仅一件商品时，可以自跨境电商零售渠道进口，按照货物税率全额征收关税和进口环节增值税、消费税，交易额计入年度交易总额。跨境电商年度交易总额超过年度交易限值的，应按一般贸易管理。

　　已经购买的电商进口商品属于消费者个人使用的最终商品，不得进入国内市场再次销售；原则上不允许网购保税进口商品在海关特殊监管区域外开展"网购保税＋线下自提"

模式。

5. 关税的优惠政策

（1）法定减免下列进出口货物关税：关税的法定减免税是税法中明确列出的减税或免税。符合税法规定可予减免税的进出口货物，纳税义务人无须提出申请，海关可按规定直接予以减免税。具体如下：

① 关税税额在人民币 50 元以下的一票货物。

② 无商业价值的广告品和货样。

③ 外国政府、国际组织无偿赠送的物资。

④ 在海关放行前遭受损失的货物。

⑤ 进出境运输工具装载途中必需的燃料、物料和饮食用品。

（2）下列进出口货物暂不缴纳关税：

① 在展览会、交易会、会议及类似活动中展示或者使用的货物。

② 文化、体育交流活动中使用的表演、比赛用品。

③ 进行新闻报道或者摄制电影、电视节目使用的仪器、设备及用品。

④ 开展科研、教学、医疗活动使用的仪器、设备及用品。

⑤ 在第①项至第④项所列活动中使用的交通工具及特种车辆。

⑥ 货样。

⑦ 供安装、调试、检测设备时使用的仪器及工具。

⑧ 盛装货物的容器。

⑨ 其他用于非商业目的的货物。

（3）有下列情形之一的，纳税义务人可以自缴纳税款之日起 1 年内申请退还关税。

① 已征进口关税的货物，因品质或者规格原因，原状退货复运出境的。

② 已征出口关税的货物，因品质或者规格原因，原状退货复运进境，并已重新缴纳因出口而退还的国内环节有关税款的。

③ 已征出口关税的货物，因故未装运出口，申报退关的。

（4）特定减免税。目前我国海关减免税货物包括科教用品、残疾人专用品、慈善捐赠物资、加工贸易产品、边境贸易进口物资、保税区进出口货物、出口加工区进出口货物及进口设备等。

（5）临时减免税。临时减免税是指法定减免税和特定减免税以外的其他减免税，是由国务院针对某个纳税人、某类商品、某个项目或某批货物的特殊情况，运用"一案一批"原则给予特别的临时性的减免税优惠。

（6）进境物品的减免税。海关总署规定数额以内的个人自用进境物品，免征进口税。

自 2010 年 9 月 1 日起，个人邮寄物品，应征进口税额在人民币 50 元（含 50 元）以下的，海关予以免征。

6.1.2 　关税税额的计算

1. 一般进口货物的完税价格

完税价格的确定见表 6-3。

表 6-3 　完税价格的确定

完税价格的确定	应计入	不应计入
以海关审定的成交价格为基础的到岸价格	进口货物的买方为购买该项货物向卖方实际支付或应当支付的价格	—
	进口人在成交价格外另支付给"卖方"的佣金	向境外采购代理人支付的"买方"佣金
	货物运抵我国关境内输入地点起卸"前"的包装费、运费、保险费和其他劳务费	① 报关费、商检费等"报关费用" ② 进口货物运抵境内输入地点起卸之"后"的运输及其相关费用、保险费
	为了在境内生产、制造、使用或出版、发行的目的而向境外支付的与该进口货物有关的专利、商标、著作权，以及专有技术、计算机软件和资料等费用	厂房、机械、设备等货物进口后进行基建、安装、装配、维修和技术服务的费用

注意：卖方付给进口人的"正常回扣"，应从成交价格中扣除。卖方违反合同约定延期交货的罚款（补偿），卖方在货价中冲减时，"罚款"（补偿）不能从成交价格中扣除。

（1）以成交价格为基础的完税价格需要符合下列条件：

① 进口货物的完税价格是指进口货物的计税价格。买方对进口货物的处置或使用不受限制，但国内法律、行政法规规定的限制和对货物转售地域的限制及对货物价格无实质影响的限制除外。

② 货物价格不受使该货物成交价格无法确定的条件或因素的影响。

③ 卖方不得直接或间接获得因买方转售、处置或使用进口货物而产生的任何收益，除非能够按照《中华人民共和国海关审定进出口货物完税价格办法》有关规定作出调整。

④ 买卖双方之间没有特殊关系，若有特殊关系，则应符合《中华人民共和国海关审定进出口货物完税价格办法》的有关规定。

（2）对实付或应付价格调整的有关规定具体如下：

① 进口货物完税价格中的货价应该是完整的，包括应由买方负担、支付的佣金、经纪费、包装费用、容器费用和其他经济利益，但不包括买方向自己采购代理人支付的购货佣金和劳务费用，也不包括货物进口后发生的安装费用和运输费用。

② 由买方负担的与该货物视为一体的容器费用。

③ 由买方负担的包装材料费用和包装劳务费用。

④ 与该货物的生产和向中国境内销售有关的，由买方以免费或者低于成本的方式提供并可按照适当比例分摊的料件、工具、模具、消耗材料及类似货物的价款，以及在境外开发、设计等相关服务的费用。

⑤ 与该货物有关并作为卖方向我国销售该货物的一项条件，应当由买方直接或间接支付的特许权使用费。特许权使用费是指买方为获得与进口货物相关的、受著作权保护的作品、专利、商标、专有技术和其他权利的使用许可而支付的费用。但在估定完税价格时，进口货物在境内的复制权费不得计入该货物的实付或应付价格之中。

⑥ 卖方直接或间接从买方对该货物进口后转售、处置或使用所得中获得的收益。

（3）进口货物的海关估价方法。

对于价格不符合成交条件或成交价格不能确定的进口货物，由海关估价确定。具体如下：

① 相同货物成交价格方法。

② 类似货物成交价格方法。

③ 倒扣价格方法。

④ 计算价格方法。

⑤ 其他合理的方法。

（4）进口货物完税价格中的运输及其相关费用、保险费的计算如下：

① 运输相关费用的确定。进口货物的运输及其相关费用，应当按照由买方实际支付或者应当支付的费用计算。

进口货物的运输及其相关费用无法确定的，海关应当按照该货物进口同期的正常运输成本审查确定。

运输工具作为进口货物，利用自身动力进境的，海关在审查确定完税价格时，不再另行计入运输及其相关费用。

② 保险费用的确定。进口货物的保险费，应当按照实际支付的费用计算。进口货物的保险费无法确定或者未实际发生的，海关应当按照"货价加运费"两者总额的 3‰计算保险费。其计算公式如下：

$$保险费＝（货价＋运费）×3‰$$

③ 邮运进口货物运保费的确定。邮运的进口货物，应当以邮费作为运输及其相关费用、保险费。

2. 特殊进口货物的完税价格

特殊进口货物的完税价格涉及加工贸易进口料件及其制成品、保税区及出口加工区货物、运往境外修理的货物、运往境外加工的货物、暂时进境的货物、租赁方式进口的货物、留购的进口货样、予以补税的进口货样、其他特殊方式进口货物等，有以下特别规定：

（1）运往境外加工的货物，以加工后的货物进境时的到岸价格与原出境货物价格之间的差额作为完税价格。

（2）运往境外修理的机械器具、运输工具或者其他货物，以海关审定的修理费和料件费作为完税价格。

（3）租赁方式进口的货物中，以租金方式对外支付的租赁货物，在租赁期间以海关审定的租金作为完税价格，利息应当予以计入；留购的租赁货物，以海关审定的留购价格作为完税价格。

（4）对于国内单位留购的进口货样、展览品和广告陈列品，以留购价格作为完税价格。

（5）减税或者免税进口的货物应当补税时，完税价格计算公式如下：

完税价格＝海关审定的该货物原进口时的价格×[1－补税时实际已进口的时间（月）÷（监管年限×12）]

上式中，"补税时实际已进口的时间"按月计算，不足 1 个月但超过 15 日的，按照 1 个月计算；不超过 15 日的，不予计算。

（6）易货贸易、寄售、捐赠、赠送等不存在成交价格的进口货物，海关与纳税义务人进行价格磋商后，按照上述海关估价方法确定完税价格。

3. 减税或免税进口的货物须予补税时的完税价格

减税或免税进口的货物须予补税时，应当以海关审定的该货物原进口时的价格扣除折旧部分的价值作为完税价格。其计算公式如下：

完税价格＝海关审定的该货物原进口时的价格×[1－申请补税时实际已使用的时间（月）÷（监管年限×12）]

进口货物完税价格由海关以该货物符合条件的成交价格为基础审定，包括货物运抵中华人民共和国境内输入地点起卸前的运输及相关费用、保险费。进口货物的运输及其相关费用，应当按照由买方实际支付或者应当支付的费用计算。进口货物的运输及其相关费用无法确定的，海关应当按照该货物进口同期的正常运输成本审查确定。进口货物的保险费，应当按照实际支付的费用计算。

4. 进口货物关税的计算

进口货物以海关审定的成交价格为基础的到岸价格（cost insurance and freight，CIF）作为完税价格：

$$CIF＝成本加运费价格（cost and freight，CFR）＋保险费$$
$$＝离岸价格（free on board，FOB）＋运费＋保险费$$

（1）进口货物到岸价计算进口关税：

$$完税价格＝CIF$$
$$进口关税税额＝完税价格×税率$$

（2）进口货物由卖方支付运费计算进口关税：

$$完税价格＝CFR÷（1－保险费率）$$
$$进口关税税额＝完税价格×税率$$

学中做 6-1

某进出口公司从日本进口 17 吨乙醛，保险费率为 0.3%，进口申报价格为 CFR 天津 USD306 000，外汇牌价为 USD100＝CNY700，关税税率为 5.5%，请问该批货物进口关税是多少？

解析：进口价折合为人民币＝306 000×7＝2 142 000（元）。

完税价格＝2 142 000÷（1－0.3%）＝2 148 445（元）。

进口关税税额＝2 148 445×5.5%＝118 164（元）。

（3）进口货物离岸价计算进口关税：

$$完税价格＝（FOB＋运费）÷（1－保险费率）$$
$$进口关税税额＝完税价格×税率$$

学中做 6-2

某进出口公司从美国进口 5 000 吨硫酸镁，进口申报价格为 FOB 旧金山 USD325 000，运费为每吨 40 美元，保险费率为 0.3%，外汇牌价为 USD100＝CNY700，关税税率为 5.5%，请问该批货物进口关税是多少？

解析：运费折算为人民币＝5 000×40×7＝1 400 000（元）。

进口价折合为人民币＝325 000×7＝2 275 000（元）。

完税价格＝（2 275 000＋1 400 000）÷（1－0.3%）＝3 686 058（元）。

进口关税税额＝3 686 058×5.5%＝202 733（元）。

（4）进口货物有佣金的到岸价计算进口关税。CIF 贸易中，CIFC3 表示 CIF 价格加 3%的佣金。

① 佣金 C 为给定金额，完税价格计算如下：

$$完税价格＝（CIFC－保险费－运费－佣金）÷（1＋出口关税税率）$$

② 佣金 C 为百分比，完税价格计算如下：

$$完税价格＝[CIFC×（1－C）－保险费－运费]÷（1＋出口关税税率）$$

学中做 6-3

天津某进出口公司向新加坡出口 5 吨黑钨砂，成交价为 CIF 新加坡 USD4 000，其中运费为 400 美元，保险费为 40 美元，关税税率为 20%，外汇牌价为 USD100＝CNY700，请计算该批出口货物的关税税额。

解析：换算成 FOB 价＝4 000－400－40＝3 560（美元）。

将 FOB 价折算为人民币＝3 560×7＝24 920（元）。

将其换算为不含出口关税的完税价格＝24 920÷（1＋20%）＝20 767（元）。

关税税额＝20 767×20%＝4 153.4（元）。

5. 出口货物完税价格

1）出口货物关税完税价格的确定

出口货物的完税价格由海关以该货物向境外销售的成交价格为基础审查确定，并应包括货物运至我国境内输出地点装载前的运输及其相关费用、保险费，但其中包含的出口关税税额及离境口岸至境外口岸之间的运输费、保险费（即在货物价款中单独列明的货物运至中国境内输出地点装载后的运输及其相关费用、保险费），应当扣除，计算公式如下：

$$出口货物完税价格＝离岸价格÷（1＋出口税率）$$

2）海关估定出口完税价格

海关与纳税义务人进行价格磋商后，依次以下列价格估定该货物的完税价格：

（1）与该货物同时或者大约同时向同一国家或者地区出口的相同货物的成交价格。

（2）与该货物同时或者大约同时向同一国家或者地区出口的类似货物的成交价格。

（3）根据境内生产相同或者类似货物的成本、利润和一般费用（含直接费用和间接费用）、境内发生的运输及其相关费用、保险费等计算所得的价格。

（4）按照合理方法估定的价格。

3）应纳税额的计算

（1）从价计税，应纳税额计算公式如下：

$$应纳税额＝应税进出口货物数量×单位完税价格×适用税率$$

（2）从量计税，应纳税额计算公式如下：

$$应纳税额＝应税进口货物数量×关税单位税额$$

（3）复合计税，应纳税额计算公式如下：

$$应纳税额＝应税进口货物数量×关税单位税额＋应税进口货物数量$$
$$×单位完税价格×适用税率$$

4）滑准税

滑准税是一种关税税率随进口商品价格由高至低而由低至高设置计征关税的方法。实行滑准税，进口商品价格越高，其进口关税税率越低；进口商品价格越低，其进口关税税率越高。其主要作用是保持滑准税商品的国内市场价格相对稳定，尽可能减少受国际市场价格波动的影响。

5）选择税和季节性关税

选择税是在从价税和从量税之间选择一种。目前，我国对天然橡胶实行选择税，在20%从价税和 2 000 元/吨从量税中，从低选择计征关税。

季节性关税是对同种货物在不同季节执行不同的关税税率。

6）报复性关税

报复关税是指为报复他国对本国出口商品的不公正、不平等待遇而对来自该国的进口货物加重征收的一种临时附加税。报复关税是各国间"贸易战"的最主要工具。计算公式如下：

$$关税税额＝关税完税价格×关税税率$$

$$报复性关税税额＝关税完税价格×报复性关税税率$$

$$进口环节消费税/增值税的完税价格＝\frac{关税完税价格＋关税＋报复性关税}{1－进口环节消费税税率}$$

7）反倾销税

反倾销税是指对低价倾销的外国商品征收的一种临时进口附加税。加征反倾销税必须基于进口国有关反倾销的法律和法规，并经国内、国际有关部门认定其进口产品倾销行为属实且对本国经济已构成损害，方可采用。计算公式如下：

$$反倾销税税额＝关税完税价格×反倾销税税率$$

$$进口环节消费税/增值税的完税价格＝\frac{关税完税价格＋关税＋反倾销税}{1－进口环节消费税税率}$$

学中做 6-4

2022 年 8 月，外贸公司出口一批货物，成交价格为 712 000 元。该批货物运至我国境内大连港装载前的运输及其相关费用为 4 600 元、保险费为 1 000 元。从大连港至维多利亚港的运费及保险费为 9 800 元，出口关税税率为 30%。要求：计算该公司出口货物应缴纳的关税税额。

解析：关税税额＝应税出口货物完税价格×出口关税税率，出口货物应以海关审定的成交价格为基础确定完税价格，关税完税价格＝712 000÷（1＋30%）＝547 692.31（元）。

6.1.3　关税的征收管理

关税征收管理的具体内容如下。

1. 进出口货物报关时间

进出口货物报关时间如表 6-4 所示。

表 6-4　进出口货物报关时间

征收类型	报送时间	申报地点
进口货物报关时间	自运输工具申报进境之日起 14 日内	货物的进境地海关申报
出口货物报关时间	除海关特准的外，应当在货物运抵海关监管区后、装货的 24 小时以前	货物的出境地海关申报

（1）进口货物报关时间：自运输工具申报进境之日起 14 日内，向货物的进境地海关申报。

出口货物报关时间：除海关特准的外，应当在货物运抵海关监管区后、装货的 24 小时以前，向货物的出境地海关申报。

（2）关税的缴纳地点：关境地缴纳或主管地缴纳。

（3）缴纳凭证：《海关进（出）口关税专用缴款书》。

（4）纳税义务人应当自海关填发税款缴款书之日起 15 日内向指定银行缴纳税款。

纳税义务人未按期缴纳税款的，从滞纳税款之日起，按日加收滞纳税款 0.5‰的滞纳金。

纳税义务人因不可抗力或者国家税收政策调整不能按期缴纳税款的，经海关批准，可以延期缴纳税款，但最长不得超过 6 个月。

2. 报关应提交的材料

报关应提交的材料具体如下：

（1）进出口货物报关单。

（2）合同。

（3）发票。

（4）装箱清单。

（5）载货清单（舱单）。

（6）提（运）单。

（7）代理报关授权委托协议。

（8）进出口许可证件。

（9）海关要求的加工贸易手册（纸质版或者电子版）及其他进出口单证。

3. 关税的退还

1）纳税人发现多缴关税的退还

纳税义务人发现多缴税款的，可以自缴纳税款之日起 1 年内，以书面形式要求海关退还多缴的税款并加算银行同期活期存款利息。

海关应当自受理退税申请之日起 30 日内查实并通知纳税义务人办理退还手续。

纳税义务人应当自收到通知之日起 3 个月内办理有关退税手续。

纳税义务人可以申请退还关税的具体情形如下：

（1）已征进口关税的货物，因品质或者规格原因，原状退货复运出境的。

（2）已征出口关税的货物，因品质或者规格原因，原状退货复运进境，并已重新缴纳因出口而退还的国内环节有关税款的。

（3）已征出口关税的货物，因故未装运出口，申报退关的。

2）海关发现多征税款的退还

海关发现多征税款时，应当立即通知纳税义务人办理退还手续。

4. 关税的补征

海关在进出口货物放行后发现少征或者漏征税款的，应当自缴纳税款或者货物放行之日起 1 年内向纳税义务人补征税款。

5. 关税的追征

海关监管货物因纳税义务人违反规定造成少征或者漏征税款的，海关应当自纳税义务人应缴纳税款之日起 3 年内追征税款，并从应缴纳税款之日起至海关发现违规行为之日止按日加收少征或者漏征税款 0.5‰的滞纳金。

【任务实施】

韩盛商贸有限公司是具有进出口经营权的外贸公司，2022 年 10 月经有关部门批准从境外进口 30 辆小轿车，每辆小轿车货价为 150 000 元，运抵我国海关前发生的运输费用、保险费用无法确定，经海关查实其他运输公司相关业务的运输费用占货价的比例为 2%。该公司向海关缴纳了相关税款，并取得完税凭证。该公司委托运输公司将小轿车从海关运回本单位，支付运输公司运输费用 90 000 元，并取得了运输公司开具的普通发票。该公司当月售出 24 辆小轿车，每辆取得含税销售额 409 500 元。此外，该公司自用两辆小轿车并作为企业固定资产。

　　该公司月初将上月购进的价款为 400 000 元的库存材料，经海关核准委托境外公司加工一批货物，月末该批加工货物在海关规定的期限内复运进境以供销售。该公司支付给境外公司的加工费为 200 000 元、进境前的运输费和保险费共 30 000 元。该公司向海关缴纳了相关税款，并取得了完税凭证。

　　按照要求进行如下计算（提示：小轿车关税税率为 60%、货物关税税率为 20%、增值税税率为 13%、消费税税率为 8%）。

　　（1）计算小轿车在进口环节应缴纳的关税、消费税和增值税。

　　（2）计算加工货物在进口环节应缴纳的关税、增值税。

　　解析：

　　（1）小轿车在进口环节应缴纳的关税、消费税和增值税：

　　① 确定关税的完税价格＝[150 000×30×（1+2%）]×（1+0.3%）＝4 603 770（元）。

　　注意考虑占货价 2%的运费和占货价与运费合计的 3‰的保险费，将货价、运费和保险费三项相加计算完税价格。

　　② 确定关税应纳税额＝4 603 770×60%＝2 762 262（元）。

　　③ 确定增值税、消费税的组成计税价格＝（4 603 770+2 762 262）÷（1−8%）＝8 006 556（元）。

　　从价计税项目增值税和消费税的组成计税价格公式表述不同，但计算结果相同。

　　④ 确定消费税税额＝8 006 556×8%＝640 524（元）。

　　⑤ 确定增值税税额＝8 006 556×13%＝1 040 852（元）。

　　（2）加工货物在进口环节应缴纳的关税、增值税：

　　① 确定关税的完税价格＝200 000+30 000＝230 000（元）。

　　② 确定关税税额＝230 000×20%＝46 000（元）。

　　③ 确定增值税的组成计税价格＝230 000+46 000＝276 000（元）。

　　④ 确定增值税税额＝276 000×13%＝35 880（元）。

任务 6.2　城市维护建设税及教育费附加纳税实务

　　【任务目标】　1. 了解城市维护建设税的纳税人和征税范围。

　　　　　　　　　2. 掌握城市维护建设税的税率和征收率。

　　　　　　　　　3. 熟悉城市维护建设税及教育费附加的优惠政策。

　　　　　　　　　4. 能够根据纳税人所在地的不同正确选择税率。

6.2.1　城市维护建设税

1. 城市维护建设税的认知

1）城市维护建设税的纳税依据和征税范围

城市维护建设税的纳税依据是指缴纳"两税"（增值税、消费税）的单位和个人。任何单位或个人，只要缴纳"两税"中的一种，就必须同时缴纳城市维护建设税。

（1）单位包括国有企业、集体企业、私营企业、股份制企业、其他企业和行政单位、事业单位、军事单位、社会团体、其他单位。

（2）个人包括个体工商户及其他个人。自 2010 年 12 月 1 日起，外商投资企业和外国企业也必须缴纳城市维护建设税。

2）城市维护建设税税率

城市维护建设税按照纳税人所在地不同实行差别税率，其税率具体如下：纳税人所在地在市区的，税率为 7%；纳税人所在地在县城或镇的，税率为 5%；纳税人所在地不在市区、县城或镇的，税率为 1%。

按照规定，企业缴纳城市维护建设税的适用税率，一律按其纳税所在地的规定税率执行。县政府设在城市市区的，其县属企业按照市区的规定税率征税。纳税人所在地为工矿区的，应当根据其行政区划分按照 7%、5%、1% 的税率计算纳税。

3）城市维护建设税的减免税政策

城市维护建设税的减免税政策具体如下：

（1）城市维护建设税按照减免后实际缴纳的"两税"税额计征，即随着"两税"的减免而减免。例如，对"两税"实行"先征后返""先征后退""即征即退"办法的，除另有规定外，对随"两税"征收的城市维护建设税一律不予退（返）还。

（2）对因减免税而须进行"两税"退库的，城市维护建设税也可同时退库。

（3）对海关进口产品征收增值税、消费税，不征收城市维护建设税。对出口产品退还增值税、消费税的，不退还已缴纳的城市维护建设税。

（4）对"两税"实行"先征后返""先征后退""即征即退"办法的，除另有规定外，对随"两税"附征的城市维护建设税，一律不退（返）还。

（5）对出口产品退还增值税、消费税的，不退还已缴纳的城市维护建设税。

（6）对国家重大水利工程建设基金免征城市维护建设税。

（7）其他需要核准备案的减免税，如节能环保方面的，对国家重大水利工程建设基金免征。例如，大学生、失业人员或自主就业退役士兵从事个体经营的，享有定额减免优惠政策。

2. 应纳税额的计算

城市维护建设税的计税依据为纳税人实际缴纳的增值税税额、消费税税额，以及出口货物、劳务或者跨境销售服务、无形资产增值税免抵税额。

城市维护建设税应纳税额的计算公式如下：

应纳税额＝纳税人实际缴纳的增值税税额、消费税税额和出口货物、
劳务或者跨境销售服务、无形资产增值税免抵税额×税率

学中做 6-5

2022 年 6 月 30 日，步阳国际房地产开发公司计算企业当月应缴纳的增值税税额为 920 000 元。该企业地处某镇，城市维护建设税税率为 5%。请问该企业当月应缴城市维护建设税税额是多少？

解析：应纳税额＝920 000×5%＝46 000（元）。

3. 城市维护建设税的征收管理

1）纳税地点

城市维护建设税以纳税人实际缴纳的增值税、消费税为计税依据，分别与"两税"同时缴纳。纳税人缴纳"两税"的地点即为该纳税人缴纳城市维护建设税的地点。但属于下列情况的，纳税地点规定如下：

（1）代收代缴、代扣代缴"两税"的单位和个人，以扣缴义务人所在地的规定税率计算代收、代扣城市维护建设税。

（2）流动经营等无固定纳税地点的单位和个人，按照纳税人缴纳"两税"所在地的规定税率就地缴纳城市维护建设税。

（3）纳税人跨地区提供建筑服务、销售和出租不动产的，其在建筑服务发生地、不动产所在地预缴增值税时，按照预缴地城市维护建设税税率就地计算缴纳城市维护建设税。

城市维护建设税以纳税人实际缴纳的增值税、消费税为计税依据，分别与"两税"同时缴纳。所以，纳税人缴纳"两税"的地点，就是该纳税人缴纳城市维护建设税的地点。但是属于下列情况的，纳税地点如下：

① 代扣代缴、代收代缴"两税"的单位和个人，同时也是城市维护建设税的代扣代缴、代收代缴义务人，其城市维护建设税的纳税地点在代扣代收地。

② 跨省开采的油田，下属生产单位与核算单位不在一个省内的，其生产的原油在油井所在地缴纳增值税，其应纳税额由核算单位按照各油井的产量和规定税率划拨各油井所在地缴纳。因此各油井应缴纳的城市维护建设税由核算单位计算，随同增值税一并汇拨油井所在地，由各油井在缴纳增值税的同时，一并缴纳城市维护建设税。

③ 对管道局输油部分的收入，由取得收入的各管道局于其所在地缴纳营业税。因此，城市维护建设税也应由取得收入的各管道局于其所在地缴纳营业税时一并缴纳。

④ 对流动经营等无固定纳税地点的单位和个人，应随同"两税"在经营地按适用税率缴纳。

预缴增值税的纳税人在其机构所在地申报缴纳增值税时，以其实际缴纳的增值税税额为计税依据，并按机构所在地的城市维护建设税适用税率计算缴纳城市维护建设税。

城市维护建设税税率表见表 6-5。

表 6-5　城市维护建设税税率表

纳税人所在地区	税率/%
市区	7
县城和镇	5
市区、县城和镇以外的其他地区	1

2）纳税期限

由于城市维护建设税是由纳税人在缴纳"两税"时同时缴纳的，因此其纳税期限分别与"两税"的纳税期限一致。

3）纳税申报

城市维护建设税与"两税"同时申报缴纳，纳税人应当按照相关税法规定如实填写《城市维护建设税纳税申报表》。例如，房地产开发公司经营地在厦门，施工地在大连，该公司在建筑服务发生地、不动产所在地预缴增值税时，应按预缴地城市维护建设税税率就地计算缴纳城市维护建设税。

6.2.2 教育费附加和地方教育附加

1. 教育费附加和地方教育附加征收范围的确定

教育费附加和地方教育附加对缴纳增值税、消费税的单位和个人征收，以其实际缴纳的增值税、消费税为计征依据，分别与增值税、消费税同时缴纳。

自 2010 年 12 月 1 日起，对外商投资企业、外国企业及外籍个人征收教育费附加。

2. 教育费附加和地方教育附加计征对象的确定

教育费附加和地方教育附加以纳税人实际缴纳的增值税税额、消费税税额为计征依据，随"两税"同时征收，其本身没有特定的课征对象，征管方法也完全比照"两税"的有关规定办理。

3. 教育费附加和地方教育附加计征依据的确定

教育费附加和地方教育附加的计征依据是指纳税人实际缴纳的"两税"税额和出口已批准免抵的增值税。纳税人因违反"两税"有关规定而加收的滞纳金和罚款，是税务机关对纳税人违法行为的经济制裁，不作为教育费附加和地方教育附加的计征依据。

教育费附加和地方教育附加以"两税"税额为计征依据并同时征收，如果要免征或者减征"两税"，就要同时免征或者减征教育费附加和地方教育附加。

4. 教育费附加的计算

教育费附加的征收率曾几经变化。1986 年开征教育费附加时，规定征收率为 1%；1990 年 5 月《国务院关于修改〈征收教育费附加的暂行规定〉的决定》中规定征收率为 2%；按照 1994 年 2 月 7 日《国务院关于教育费附加征收问题的紧急通知》的规定，现行教育费附加征收率为 3%。地方教育附加的征收率统一为 2%。具体计算公式如下：

应纳教育费附加＝（实际缴纳的增值税税额＋消费税税额）×征收率（3%）

应纳地方教育附加＝（实际缴纳的增值税税额＋消费税税额）×征收率（2%）

企业应当在"应交税费"科目下设置"应交教育费附加"明细科目，专门用来核算企业实际发生和缴纳的教育费附加。该科目的贷方反映企业按照税法规定计算的应缴纳的教育费附加，借方反映企业实际向税务机关缴纳的教育费附加，其余额在贷方反映企业应交而未交的教育费附加。

学中做 6-6

沈阳万科房地产公司分别在 2022 年 4 月 1 日、5 月 1 日、6 月 1 日按照规定预缴增值税税额 292 000 元，其同时应预缴的教育费附加为多少？

解析：应纳教育费附加＝292 000×3%＝8 760（元）。

5. 教育费附加的征收管理

教育费附加不是税，它是与税收同时收取的一种费用。由于它是由税务机关随同增值税、消费税一并收取的，因此通常将其视同税收。

与城市维护建设税一样，凡是缴纳增值税、消费税的单位和个人，都应当缴纳教育费附加。按照规定，教育费附加应当与增值税、消费税同时缴纳。凡是办有职工子弟学校的单位，应当按照规定缴纳教育费附加，然后由教育部门根据其办学的情况酌情返还给办学单位，作为对其所办学校经费的补贴。

【任务实施】

山西西凤饮品有限公司是一般纳税人，2022 年 10 月缴纳增值税税额 146 459.88 元，已预交 10 000 元，当月应缴纳消费税税额 254 000 元，该公司适用的城市维护建设税、教育费附加、地方教育附加的计征比率分别为 7%、3% 和 2%。该公司当月减免增值税税额为 1 550.30 元。请根据山西西凤饮品有限公司 2022 年 10 月的业务进行如下核算：

（1）计算当月应缴纳增值税税额。

（2）计算当月应缴纳的城市维护建设税、教育费附加、地方教育附加的税额。

（3）计算当月应减免城市维护建设税、教育费附加、地方教育附加的税额。

（4）根据计算结果填制 2022 年 10 月纳税申报表。

解析：

（1）增值税应纳税额＝146 459.88－10 000＝136 459.88（元）。

（2）当月应缴纳的城市维护建设税税额＝（146 459.88＋254 000）×7%＝28 032.19（元）。

当月应缴纳的教育费附加＝（146 459.88＋254 000）×3%＝12 013.80（元）。

当月应缴纳的地方教育附加＝（146 459.88＋254 000）×2%＝8 009.20（元）。

（3）当月应减免城市维护建设税税额＝1 550.3×7%＝108.52（元）。

当月应减免教育费附加＝1 550.3×3%＝46.51（元）。

当月应减免地方教育附加＝1 550.3×2%＝31.01（元）。

（4）纳税申报表的填制。

城建税、教育费附加、地方教育附加税（费）申报表

税款所属期限：自 2022 年 10 月 1 日至 2022 年 10 月 31 日　　　　填表日期：2022 年 11 月 10 日　　　　金额单位：元（列至角分）

纳税人识别号　　9123013287637656J

纳税人信息	名称		山西西凤饮品有限公司				☑单位　　□个人				
	登记注册类型		山西西凤饮品有限公司			所属行业		工业企业			
	身份证件号码					联系方式		7689656			

税（费）种	计税（费）依据					税率（征收率）	本期应纳税（费）额	本期减免税（费）额		本期已缴税（费）额	本期应补（退）税（费）额
	增值税		消费税	营业税	合计			减免性质代码	减免额		
	一般增值税	免抵税额									
	1	2	3	4	5=1+2+3+4	6	7=5×6	8	9	10	11=7-9-10
城建税	146 459.88		254 000.00		400 459.88	7%	28 032.19		108.52		27 923.67
教育费附加	146 459.88		254 000.00		400 459.88	3%	12 013.80		46.51		11 967.29
地方教育附加	146 459.88		254 000.00		400 459.88	2%	8 009.20		31.01		7 978.19
合计							48 055.19		186.04		47 869.15

以下由纳税人填写：	
纳税人声明	此纳税申报表是根据《中华人民共和国城市维护建设税暂行条例》、《国务院征收教育费附加的暂行规定》、《财政部关于统一地方教育附加政策有关问题的通知》和国家有关税收规定填报的，是真实的、可靠的、完整的。
纳税人签章	代理人签章　　　　　　　　　代理人身份证号
以下由税务机关填写：	
受理人	受理日期　　年　月　日　　受理税务机关签章

本表一式两份，一份纳税人留存，一份税务机关留存。

减免性质代码：减免性质代码按照国家税务总局制定下发的最新《减免性质及分类表》中的最细项减免性质代码填报。

任务 6.3　房产税和契税纳税实务

【任务目标】　1. 了解房产税和契税的纳税人和征税范围。

　　　　　　　2. 掌握房产税和契税的税率和征收率。

　　　　　　　3. 熟悉房产税和契税的优惠政策。

　　　　　　　4. 能够正确计算房产税当期应缴纳的税额。

6.3.1　房产税

1. 认识房产税

房产税是依据房产价值或房产租金收入向房产所有人或经营人征收的一种财产税。

房产税的纳税义务人是指产权所有人、经营管理单位、承典人、房产代管人或使用人。

若事业单位拥有房产（房产所有权人），则其自然是房产税的纳税人。即使事业单位使用的房产为国有（全民所有），也应缴纳房产税，是房产税的纳税人。自 2009 年 1 月 1 日起，对外商投资企业、外国企业和组织以及外籍个人和港澳台同胞等在内地拥有的房产也征收房产税。

2. 房产税的纳税人和征税范围

房产税以房产为征税对象。房地产开发企业建造的商品房在售出前不征收房产税，但对售出前房地产开发企业已使用或出租、出借的商品房应按规定征收房产税。

房产是以房屋形态表现的财产。独立于房屋之外的建筑物，如围墙、烟囱、水塔、室外游泳池等不属于房产。

3. 房产税的计算

1）计税依据

房产税的计税依据有两种：房产的计税余值和房产租金收入。

（1）房产的计税余值。按照税法规定，对于事业单位自用的房产，应以房产的计税余值为计税依据。

房产的计税余值是指房产原值一次减除 10%～30% 的自然损耗等因素后的余额。具体减除幅度由各省、自治区、直辖市人民政府根据当地具体情况确定。

（2）房产租金收入。按照税法规定，对于纳税人出租的房产，应以房产租金收入为房产税的计税依据。房产租金收入是指纳税人出租房产所得到的报酬，包括货币收入和实物收入。对以劳务或其他形式作为报酬抵付房租收入的，应当根据当地同类房产的租金水平确定标准租金，按照规定计征房产税。房产出租的，计征房产税的租金收入中不含增值税。

（3）根据税法规定，房产税的计算方法有两种。

① 按照房产原值一次减除 10%～30% 后的余值计算。其计算公式如下：

$$年应纳税额 = 房产账面原值 \times （1 - 10\% \sim 30\%）\times 1.2\%$$

② 按照租金收入计算。其计算公式如下：

$$年应纳税额 = 年租金收入 \times 适用税率（12\%）$$

以上方法均是按年计算的。可以采用分期缴纳方式，若按半年缴纳，则以年应纳税额除以 2；若按季缴纳，则以年应纳税额除以 4；若按月缴纳，则以年应纳税额除以 12。

学中做 6-7

沈阳报社为自收自支事业单位，拥有两幢营业楼，其在"固定资产——房屋"科目账面原值为 58 000 000 元；该报社另有两座写字楼，专门用于出租，每年收取租金收入 12 000 000 元。当地政府规定，按照房产原值一次扣除 30% 后作为房产的计税余值。

解析：按照税法规定，对于事业单位自用的房产，应以房产的计税余值为计税依据，适用 1.2% 税率计算纳税。按照房产计税余值计算的应纳税额如下：

年应纳税额 = 58 000 000 × （1 - 30%）× 1.2% = 487 200（元）。

月应纳税额 = 年应纳税额 ÷ 12 = 487 200 ÷ 12 = 40 600（元）。

按照税法规定，对于出租房屋取得租金的房产，应按其租金收入适用 12% 的年税率纳税。

按照租金收入计算的应纳税额如下：

年应纳税额＝12 000 000×12%＝1 440 000（元）。

月应纳税额＝1 440 000÷12＝120 000（元）。

每月合计应纳税额＝40 600＋120 000＝160 600（元）。

2）税率的选择

按照税法规定，房产税采用比例税率、从价计征。依照房产余值计算缴纳的，年税率为 1.2%；依照房产租金收入计算缴纳的，年税率为 12%。

个人出租住房不分用途，均按 4%征收。对企事业单位、社会团体及其他组织按市价向个人出租用于居住的住房，减按 4%的税率征收房产税。

3）优惠政策的运用

下列房产免税：

（1）国家机关、人民团体、军队自用的房产。

（2）由国家财政部门拨付经费的事业单位自用的房产。

（3）宗教寺庙、公园、名胜古迹自用的房产。

（4）个人所有非营业用的房产。

（5）经财政部批准免税的其他房产。

4. 房产税的征收管理

1）纳税期限

房产税实行按年计算、分期缴纳的征收办法，具体纳税期限由各省、自治区、直辖市人民政府规定。一般可采取按季或半年缴纳。按季缴纳的，可在 1 月、4 月、7 月、10 月缴纳；按半年缴纳的，可在 1 月、7 月缴纳；税额较大的，可以按月缴纳；个人出租房产的，可以按次缴纳。

2）纳税义务发生时间

纳税义务发生时间一般在交付（办完手续）的次月起。具体如下：

（1）纳税人将原有房产用于生产经营，从生产经营之月起缴纳房产税。

（2）纳税人自行新建房屋用于生产经营，从建成之日的次月起缴纳房产税。

（3）纳税人委托施工企业建设的房屋，从办理验收手续的次月起缴纳房产税。

（4）纳税人购置新建商品房，自房屋交付使用的次月起缴纳房产税。

（5）纳税人购置存量房，自办理房屋权属转移、变更登记手续，房地产权属登记机关签发房屋权属证书的次月起缴纳房产税。

（6）纳税人出租、出借房产，自交付出租、出借房产的次月起缴纳房产税。

（7）房地产开发企业自用、出租、出借本企业建造的商品房，自房屋使用或交付的次月起缴纳房产税。

（8）自 2009 年 1 月 1 日起，纳税人因房产的实物或权利状态发生变化而依法终止房产税纳税义务的，其应纳税款的计算应当截止到房产的实物或权利发生变化的当月末。

3）纳税地点

房产税应在房产所在地缴纳。房产不在同一地方的纳税人，应按其房产的坐落地点分别向房产所在地的税务机关缴纳房产税。

房产税纳税申报。纳税人应当按照税法有关规定及时办理纳税申报，并如实填写《房产税纳税申报表》。

6.3.2　契税

1. 认识契税

契税是在土地、房屋发生权属转移时，国家按照当事人双方签订的合同（契约）及所确定价格的一定比例向权属承受人征收的一种税。

契税是对土地、房屋权属转移行为征税，是唯一从需求方进行调节的税种。

2. 契税的纳税人和征税范围

契税的纳税人是指我国境内承受土地、房屋权属转移的单位和个人。

契税以我国境内转移土地、房屋权属的行为作为征税对象。

3. 契税的计算

1）计税依据

契税的计税依据是指土地、房屋权属转移时双方当事人签订的契约价格。具体如下：

（1）国有土地使用权出让、土地使用权出售、房屋买卖，以成交价格为计税依据。

（2）土地使用权赠与和房屋赠与，由征收机关参照土地使用权出售、房屋买卖的市场价格核定。

（3）土地使用权交换和房屋交换，以所交换的土地使用权、房屋的价格差额为计税依据。交换价格相等的，免征契税；交换价格不相等的，由支付差价款的一方缴纳契税。

（4）以划拨方式取得土地使用权的，经批准转让房地产时，以补交的土地使用权出让费用或土地收益作为计税依据。

（5）房屋附属设施按照其他规定确定。

2）税率的选择

契税采用比例税率，实行 3%～5%的幅度税率，具体由省级政府确定。

个人首次购买 90 平方米以下普通住房，契税税率暂时统一下调至 1%。

3）优惠政策的运用

（1）国家机关、事业单位、社会团体、军事单位承受土地、房屋用于办公、教学、医疗、科研和军事设施的，免征契税。

（2）城镇职工按照规定第一次购买公有住房的，免征契税。

（3）因不可抗力灭失住房而重新购买住房的，酌情减征或者免征契税。

（4）土地、房屋被县级以上人民政府征用、占用后，重新承受土地、房屋权属的，减免契税。

（5）纳税人承受荒山、荒丘、荒滩土地使用权，并用于农、林、牧、渔业生产的，免征契税。

（6）外国驻华使馆、领事馆等驻华机构及其外交代表、外交人员等承受土地、房屋权属的，经外交部确认，免征契税。

（7）法定继承人继承土地、房屋权属的，不征契税；非法定继承人根据遗嘱承受死者生前的土地、房屋权属的，属于赠与行为，应征契税。

（8）对拆迁居民因拆迁重新购置住房的，对购房成交价格中相当于拆迁补偿款的部分免征契税，对超过拆迁补偿款的部分征收契税。

4）应纳税额的计算

契税应纳税额依照各省、自治区、直辖市人民政府确定的适用税率和税法规定的计税依据计算征收。其计算公式如下：

$$应纳税额＝计税依据×适用税率$$

学中做 6-8

周某原有两套住房，2013 年 8 月出售其中一套住房，成交价为 700 000 元。周某将另一套住房以市场价格 600 000 元与谢某的住房进行了等价置换；此外，又以 1 000 000 元价格购置了一套新住房，已知适用的契税税率为 3%。下列方法中，准确计算周某应缴纳的契税税额的有（　　　）。

A. 1 000 000×3%＝30 000（元）

B.（1 000 000＋600 000）×3%＝48 000（元）

C.（1 000 000＋700 000）×3%＝51 000（元）

D.（1 000 000＋700 000＋600 000）×3%＝69 000（元）

解析：答案 A。契税是由承受土地、房屋权属转移的单位和个人缴纳的；对于交换土地使用权或房屋的，交换价格相等的，免征契税。本题中，只有购买新住房需要缴纳契税。

学中做 6-9

甲乙两单位互换经营性用房，甲单位换入的房屋价格为 4 900 000 元，乙单位换入的房屋价格为 6 000 000 元，当地适用的契税税率为 3%。请问乙单位应纳契税税额是多少？

解析：房屋不等价交换，由多交付资产一方按照价差缴纳契税。乙单位应纳契税税额＝（6 000 000－4 900 000）×3%＝33 000（元）。

4. 契税的征收管理

1）纳税期限

纳税人应当自纳税义务发生之日起 10 日内向土地、房屋所在地的税务机关办理纳税申报，并在税务机关核定的期限内缴纳税款。

2）纳税义务发生时间

纳税人签订土地、房屋权属转移合同的当天，或者纳税人取得其他具有土地、房屋权属转移合同性质凭证的当天。

3）纳税地点

契税实行属地征收管理。纳税人发生契税纳税义务时，应向其土地、房屋所在地的税务机关申报纳税。

4）纳税申报

纳税人应当按照税法有关规定及时办理纳税申报，并如实填写《契税纳税申报表》。

【任务实施】

辽宁建安建筑工程有限公司 2022 年初拥有建筑物原值为 48 000 000 元（含相关土地使用权金额），总占地面积为 60 000 平方米。具体情况如表 6-6 所示。

表 6-6　建筑物信息表

项目	年初原值/元	占地面积/米²
厂房	25 000 000	20 000
仓库	10 000 000	15 000
露天游泳池	2 000 000	2 000
厂办托儿所	3 000 000	1 000
车库	8 000 000	7 000
厂区内绿地		10 000
无偿给公安局使用		5 000
合计	48 000 000	60 000

（1）该企业 3 月给厂房安装了中央空调，空调原价为 2 000 000 元。

（2）该企业 5 月 31 日将仓库出租给其他单位，免租期为两个月，自 8 月 1 日起收取租金，含税月租金为 105 000 元。

（3）该企业 8 月末取得公共绿地下的一处独立地下建筑作为仓库，该地下建筑原价为 2 500 000 元，土地垂直投影为 600 平方米。

该企业当地房产税损耗减除比例为 20%。地下建筑物用于仓储，以原价 60% 作为应税原值；城镇土地使用税税率为每平方米年税额 4 元，该企业选择简易计税方法计算缴纳增值税税额。要求：计算该企业当年应缴纳的房产税税额和城镇土地使用税税额。

解析：本题涉及房产税和城镇土地使用税。

（1）安装中央空调调增房产原值，从安装次月起缴纳房产税。

① 厂房房产税税额 $= 25\,000\,000 \times (1-20\%) \times 1.2\% + 2\,000\,000 \times (1-20\%) \times 1.2\% \times 9 \div 12 = 254\,400$（元）。

② 仓库房产税税额 $= 10\,000\,000 \times (1-20\%) \times 1.2\% \times 7 \div 12 + 105\,000 \div (1+5\%) \times 12\% \times 5 = 116\,000$（元）。

在两个月免租期内，该企业从价计征房产税。

③ 车库房产税税额 $= 8\,000\,000 \times (1-20\%) \times 1.2\% = 76\,800$（元）。

露天游泳池不属于房产；厂办托儿所免征房产税和城镇土地使用税。

④ 首先对独立地下建筑物进行原值折算，再折算计税余值，然后计算房产税应纳税额。

$2\,500\,000 \times 60\% \times (1-20\%) \times 1.2\% \times 4 \div 12 = 4\,800$（元）。

该企业的房产税应纳税额＝254 400＋116 000＋76 800＋4 800＝452 000（元）。

（2）计算城镇土地使用税。

① 厂区内应税土地应纳城镇土地使用税。

应纳税额＝（60 000－1 000－5 000）×4＝216 000（元）。

② 独立地下空间应纳城镇土地使用税。

应纳税额＝600×4×50%×4÷12＝400（元）。

该企业的城镇土地使用税应纳税额＝216 000＋400＝216 400（元）。

任务 6.4 资源税和环境保护税纳税实务

【任务目标】 1. 了解资源税和环境保护税的纳税人和征税范围。

2. 掌握资源税和环境保护税的税率和征收率。

3. 熟悉资源税和环境保护税的优惠政策。

4. 能够正确计算当期应缴纳的税额。

6.4.1 资源税

1. 认识资源税

1）资源税的纳税人

资源税的纳税人是指在中华人民共和国领域和中华人民共和国管辖的其他海域开发应税资源的单位和个人。资源税的纳税人应当依法缴纳资源税。

资源税是为了促进资源合理开发利用、调节资源级差收入而对从事资源开发的单位和个人征收的一种税。

2）资源税征税范围

资源税的税目包括能源矿产、金属矿产、非金属矿产、水气矿产和盐五大类，在五个税目下面又设有若干子目，涵盖了所有已经发现的矿种和盐。资源税按不同的资源品目分别实行固定税率和幅度税率。原矿和选矿的适用税率应分别确定。资源税一般指自然资源税。开发利用国有资源的单位和个人为纳税人，以重要资源品为征税对象，旨在消除资源条件优劣对纳税人经营所得利益影响的税类，包括矿产资源税和城镇土地使用税等。（财政部 国家税务总局发布《关于全面推进资源税改革的通知》）。

2. 资源税的计算

1）计税依据

（1）从价定率办法征收时计税销售额的确定。计税销售额为纳税人销售应税产品向购买方收取的全部价款和价外费用，但不包括收取的增值税销项税额。

价格明显偏低或无销售价格的，采用最近时期同类产品的销售价格或组成计税价格。

（2）从量定额办法征收时计税销售量的确定。凡直接对外销售的，以实际销售数量为征税数量；凡产品自用的，以移送自用数量为征税数量；其他不能提供数量的，按照规定办法计算数量。

2）税率的选择

资源税实行幅度比例税率和幅度定额税率。资源税税目、税率表见表 6-7。

表 6-7 资源税税目、税率表

税目		税率
一、原油		销售额的 5%～10%
二、天然气		销售额的 5%～10%
三、煤炭	焦煤	每吨 8～20 元
	其他煤炭	每吨 0.3～5 元
四、其他非金属矿原矿	普通非金属矿原矿	每吨或每立方米 0.5～20 元
	贵重非金属矿原矿	每吨或每立方米 0.5～20 元
五、黑色金属矿原矿		每吨 2～30 元
六、有色金属矿原矿	稀土矿	每吨 0.4～60 元
	其他有色金属矿原矿	每吨 0.4～30 元
七、盐	固体盐	每吨 10～60 元
	液体盐	每吨 2～10 元

纳税人开采或者生产不同税目应税产品的，应当分别核算不同税目应税产品的销售额或者销售数量；未分别核算或者不能准确提供不同税目应税产品的销售额或者销售数量的，从高适用税率。

纳税人开采或者生产应税产品自用的，应当依法缴纳资源税；但纳税人将自产应税产品用于连续生产应税产品的，不缴纳资源税。

3. 资源税优惠政策

（1）有下列情形之一的，免征资源税：

① 开采原油及在油田范围内运输原油过程中用于加热的原油、天然气。

② 煤炭开采企业因安全生产需要抽采的煤层气。

（2）有下列情形之一的，减征资源税：

① 从低丰度油气田开采的原油、天然气，减征 20%资源税。

② 高含硫天然气、三次采油和从深水油气田开采的原油、天然气，减征 30%资源税。

③ 稠油、高凝油减征 40%资源税。

④ 从衰竭期矿山开采的矿产品，减征 30%资源税。

根据国民经济和社会发展需要，国务院对促进资源节约集约利用、保护环境等情形可以规定免征或者减征资源税，并报全国人民代表大会常务委员会备案。

（3）有下列情形之一的，各省、自治区、直辖市可以决定免征或者减征资源税：

① 纳税人开采或者生产应税产品过程中，因意外事故或者自然灾害等原因遭受重大损失。

② 纳税人开采共伴生矿、低品位矿、尾矿。

免征或者减征资源税的具体办法由各省、自治区、直辖市人民政府提出，报同级人民代表大会常务委员会审议决定，并报全国人民代表大会常务委员会和国务院备案。

对于纳税人的免税、减税项目，应当单独核算其销售额或者销售数量；未单独核算或者不能准确提供销售额或者销售数量的，不予免税或者减税。

4. 资源税应纳税额的计算

资源税按照《资源税税目税率表》实行从价计征或者从量计征。具体计征方式由各省、自治区、直辖市人民政府提出，报同级人民代表大会常务委员会审议决定，并报全国人民代表大会常务委员会和国务院备案。

1）资源税应纳税额计算的基本公式

资源税实行从量定额方法征税，按照应税产品的征税数量和规定的单位税额计算。其计算公式如下：

$$应纳税额＝销售额×比例税率＝征税数量×单位税额$$

纳税人申报的应税产品销售额明显偏低且无正当理由的、有视同销售应税产品行为而无销售额的，除财政部、国家税务总局另有规定外，按照下列顺序确定销售额：

（1）按照纳税人最近时期同类产品的平均销售价格确定。

（2）按照其他纳税人最近时期同类产品的平均销售价格确定。

（3）按照组成计税价格确定。组成计税价格计算公式如下：

$$组成计税价格＝成本×（1＋成本利润率）÷（1－税率）$$

上式中，成本是指应税产品的实际生产成本；成本利润率由各省、自治区、直辖市税务机关确定。

学中做 6-10

山西矿业公司 2022 年 7 月将自采的高岭土原矿直接销售，销售额为 200 000 元（销售量为 1 000 吨）。该企业还将自采的高岭土原矿洗选加工成精矿后销售，销售额为 400 000 元（销售量为 500 吨）。山西省适用的折算率为 0.67，平均选矿比为 3。高岭土原矿资源税率为 4%（不考虑运杂费、外购矿扣减、减免税）。要求：计算该企业本月资源税应纳税额。

解析：以高岭土原矿为征税对象。该企业既销售高岭土原矿又销售精矿，需要通过折算率、选矿比将精矿销售额、精矿销售量进行折算。

资源税应纳税额＝（原矿部分销售额＋精矿部分销售额×折算率）×税率＝（200 000＋400 000×0.67）×4%＝18 720（元）。

精矿销售额折算为原矿销售额＝精矿销售额×折算率＝400 000×0.67＝268 000（元）。

精矿销售量换算为原矿销售量＝精矿销售量×选矿比＝500×3＝1 500（吨）。

2）资源税征税数量的确定

纳税人开采或者生产应税产品销售的，以销售数量为征税数量。纳税人开采或者生产应税产品自用的，以自用数量为征税数量。

（1）对符合条件的采用充填开采方式采出的矿产资源，资源税减征 50%；对符合条件的衰竭期矿山开采的矿产资源，资源税减征 30%。具体认定条件由财政部、国家税务总局规定。

（2）鼓励利用低品位矿、废石、尾矿、废渣、废水、废气等提取矿产品，由省级人民政府根据实际情况确定是否减税或免税，并制定具体办法。

5. 资源税的征收管理

1）纳税期限

资源税的纳税期限为 1 日、3 日、5 日、10 日、15 日或 1 个月。纳税人以 1 个月为一期纳税的，自期满之日起 10 日内申报纳税。

2）纳税义务发生时间

资源税的纳税义务发生时间比照流转税的纳税义务发生时间确定。纳税人销售应税产品的，纳税义务发生时间为收讫销售款或者取得索取销售款凭据的当日；纳税人自用应税产品的，纳税义务发生时间为移送应税产品的当日。

3）纳税地点

应税产品开采或生产所在地的税务机关。

4）纳税申报

纳税人应当向应税产品开采地或者生产地的税务机关申报缴纳资源税。

资源税按月或者按季申报缴纳；不能按照固定期限计算缴纳的，可以按次申报缴纳。

纳税人按月或者按季申报缴纳的，应当自月度或者季度终了之日起 15 日内向税务机关办理纳税申报并缴纳税款；按次申报缴纳的，应当自纳税义务发生之日起 15 日内向税务机关办理纳税申报并缴纳税款。

6.4.2　环境保护税

1. 认识环境保护税

1）环境保护税的纳税人

环境保护税的纳税人是指在中华人民共和国领域和中华人民共和国管辖的其他海域，直接向环境排放应税污染物的企业事业单位和其他生产经营者。环境保护税的纳税人应当依法缴纳环境保护税。

2）环境保护税征税范围

应税污染物是指《中华人民共和国环境保护税法》《环境保护税税目税额表》《应税污染物和当量值表》规定的大气污染物、水污染物、固体废物和噪声。

3）环境保护税优惠政策

（1）有下列情形之一的，不属于直接向环境排放污染物，不缴纳相应污染物环境保护税：

① 企业事业单位和其他生产经营者向依法设立的污水集中处理、生活垃圾集中处理

场所排放应税污染物的。

② 企业事业单位和其他生产经营者在符合国家和地方环境保护标准的设施、场所储存或者处置固体废物的。

大气污染物（除四类重金属污染物项目外）适用税额为每污染当量 1.2 元，四类重金属污染物项目（铬酸雾、汞及其化合物、铅及其化合物、镉及其化合物）适用税额为每污染当量 1.8 元。水污染物（除五类重金属污染物项目外）适用税额为每污染当量 1.4 元，五类重金属污染物项目（总汞、总镉、总铬、总砷和总铅）适用税额为每污染当量 1.8 元。

（2）环境保护税的减免。下列情形之一的，暂予免征环境保护税：

① 农业生产（不含规模化养殖）排放应税污染物的。

② 机动车、铁路机车、非道路移动机械、船舶和航空器等流动污染源排放应税污染物的。

③ 依法设立的城乡污水集中处理、生活垃圾集中处理场所排放相应应税污染物，不超过国家和地方规定的排放标准的。

④ 纳税人综合利用的固体废物符合国家和地方环境保护标准的。

⑤ 国务院批准免税的其他情形。

免征环境保护税，须由国务院报全国人民代表大会常务委员会备案。

（3）环境保护税的减免。

① 纳税人排放应税大气污染物或者水污染物的浓度值低于国家和地方规定的污染物排放标准 30% 的，减按 75% 征收环境保护税。

② 纳税人排放应税大气污染物或者水污染物的浓度值低于国家和地方规定的排放标准 50% 的，减按 50% 征收环境保护税。

2. 环境保护税的计算

（1）按照下列方法确定应税污染物的计税依据。

① 应税大气污染物按照污染物排放量折合的污染当量数确定。

② 应税水污染物按照污染物排放量折合的污染当量数确定。

③ 应税固体废物按照固体废物的排放量确定。

④ 应税噪声按照超过国家规定标准的分贝数确定。

（2）应税大气污染物、水污染物的污染当量数，以该污染物的排放量除以该污染物的污染当量值计算。按照下列方法计算环境保护税应纳税额。

① 应税大气污染物的应纳税额为污染当量数乘以具体适用税额。

② 应税水污染物的应纳税额为污染当量数乘以具体适用税额。

③ 应税固体废物的应纳税额为固体废物排放量乘以具体适用税额。

④ 应税噪声的应纳税额为超过国家规定标准的分贝数对应的具体适用税额。

（3）应税大气污染物、水污染物、固体废物的排放量和噪声的分贝数，按照下列方法和顺序计算。

① 纳税人安装使用符合国家规定和监测规范的污染物自动监测设备的，按照污染物自动监测数据计算。

② 纳税人未安装使用污染物自动监测设备的，按照监测机构出具的符合国家有关规定和监测规范的监测数据计算。

③ 因排放污染物种类多等原因不具备监测条件的，按照国务院环境保护主管部门规定的排污系数、物料衡算方法计算。

④ 不能按照第①项至第③项规定的方法计算的，按照各省、自治区、直辖市人民政府环境保护主管部门规定的抽样测算方法核定计算。

3. 环境保护税的征收管理

（1）环境保护税的纳税义务发生时间。环境保护税的纳税义务发生时间为纳税人排放应税污染物的当日。

（2）环境保护税的纳税期限。环境保护税按月计算，按季申报缴纳。不能按照固定期限计算缴纳的，可以按次申报缴纳。

（3）环境保护税的纳税地点。环境保护税的纳税人应当向应税污染物排放地的税务机关申报缴纳环境保护税。

（4）环境保护税的纳税申报实务。环境保护税按月计算，按季申报缴纳。不能按照固定期限计算缴纳的，可以按次申报缴纳。纳税人按季申报缴纳的，应当自季度终了之日起15日内向税务机关办理纳税申报并缴纳税款。

【任务实施】

位于山西省平县县城的某内资原煤生产企业为一般纳税人，从事衰竭期煤矿的开采。2022年10月，该企业发生以下业务：

（1）为新建的材料库购买建材和支付建筑劳务费，取得一般纳税人开具的增值税专用发票，货物金额为800 000元；支付一般纳税人建筑劳务费，增值税专用发票上注明的金额为800 000元。

（2）购进低值易耗品，取得的增值税专用发票上注明的增值税税额合计为80 000元。

（3）开采原煤10 000吨。采取分期收款方式销售9 000吨原煤，每吨不含税单价为500元，购销合同约定本月应收取1/3的价款，但实际只收取不含税价款1200 000元。另外支付销售活动中不含税运费，并取得运输企业（增值税一般纳税人）开具给该企业的增值税专用发票，发票上注明的金额为40 000元。

（4）为职工宿舍供暖，使用了本月开采的200吨原煤；另将本月开采的500吨原煤无偿赠送给有长期业务往来的某客户。

（5）将2018年8月购入的一座材料仓库转让，该仓库原购入时取得一般计税方法的增值税专用发票，不含增值税金额为2 000 000元，转让时开具增值税专用发票，专用发票金额为2 500 000元。

（6）月末盘点时发现月初购进的低值易耗品的1/5因管理不善而丢失。

（说明：相关可抵扣进项税的票据在本月抵扣；增值税月初留抵税额为0；假设该煤矿所在地原煤的资源税税率为6%。）

要求：根据上述资料，按照下列序号计算回答问题。

（1）计算该企业当月转出的增值税进项税额。

（2）计算该企业当月可抵扣的增值税进项税额合计数。

（3）计算该企业当月的增值税销项税额合计数。

（4）计算该企业当月应缴纳的增值税合计金额。

（5）计算该企业当月应缴纳的资源税。

（6）计算该企业当月应缴纳的城市维护建设税和教育费附加、地方教育附加。

解析：

（1）计算该企业当月转出的增值税进项税额。

进项税额转出 $= 80\,000 \times \dfrac{1}{5} = 16\,000$（元）。

（2）计算该企业当月可抵扣的增值税进项税额合计数。

可抵扣进项税额 $= 800\,000 \times 13\% + 800\,000 \times 9\% = 176\,000$（元）。

可抵扣进项税额 $= 80\,000$ 元。

可抵扣进项税额 $= 40\,000 \times 9\% = 3\,600$（元）。

可抵扣进项税额 $= 2\,000\,000 \times 10\% \times 40\% = 80\,000$（元）。

进项税额转出 $= 16\,000$ 元。

当月可抵扣的增值税进项税额合计数 $= 176\,000 + 80\,000 + 80\,000 + 3\,600 - 16\,000 = 323\,600$（元）。

（3）计算该企业当月的增值税销项税额。

按照合同约定的金额计算销售额和销项税额，原煤使用 13% 的增值税额率。

销项税额 $= 9\,000 \times 500 \times \dfrac{1}{3} \times 13\% = 195\,000$（元）。

将自产产品用于职工福利和赠送，应视同销售计算销项税额。

销项税额 $= (200 + 500) \times 500 \times 13\% = 45\,500$（元）。

销项税额 $= 2\,500\,000 \times 9\% = 225\,000$（元）。

销项税额合计数 $= 195\,000 + 45\,500 + 225\,000 = 465\,500$（元）。

（4）计算该企业当月应缴纳的增值税税额。

应纳税额 $= 465\,500 - 323\,600 = 141\,900$（元）。

（5）计算该企业当月应缴纳的资源税税额。

原煤销售和视同销售原煤应纳资源税税额 $= [9\,000/3 + (200 + 500)] \times 500 \times 6\% \times (1 - 30\%) = 77\,700$（元）。

衰竭期煤矿开采的煤炭减征 30%。

（6）计算该企业当月应缴纳的城市维护建设税和教育费附加、地方教育附加。

合计税额 $= 141\,900 \times (5\% + 3\% + 2\%) = 14\,190$（元）。

任务 6.5　土地增值税纳税实务

【任务目标】　1. 了解土地增值税的纳税人和征税范围。

2. 掌握土地增值税的税率和征收率。

3. 熟悉土地增值税的优惠政策。

4. 能够根据不同情况正确计算土地增值税实际缴纳税额。

6.5.1　认识土地增值税

土地增值税是对有偿转让国有土地使用权、地上建筑物及其附着物（以下简称房地产）并取得收入的单位和个人，就其转让房地产所取得的增值额征收的一种税。

6.5.2　土地增值税的纳税人和征税范围

土地增值税的纳税人是指转让国有土地使用权、地上建筑物及其附着物并取得收入的单位和个人，包括各类企业单位、事业单位、国家机关、社会团体、个体经营者及其他单位和个人。

转让国有土地使用权、地上建筑物及其附着物，取得收入的行为，这些都属于土地增值税的征税范围。具体如下：

（1）对转让的土地使用权征税。

（2）对土地增值收入征税。

（3）只对转让的房地产征税，不转让的不征。

6.5.3　土地增值税的计算

1. 计税依据

土地增值税以纳税人转让房地产所取得的收入减除扣除项目金额后的增值额作为计税依据。收入包括货币收入、实物收入、其他收入。扣除项目包括取得土地使用权所支付的金额；房地产开发成本；房地产开发费用；与转让房地产有关的税金；其他扣除项目。

2. 税率的选择

土地增值税实行四级超率累进税率，它以增值额与扣除项目金额的比率大小从低到高划分为四个级次。

四级超率累进税率每级"增值额未超过扣除项目金额"的比例，均包括本比例数。土地增值税四级超率累进税率表见表 6-8。

表 6-8　土地增值税四级超率累进税率表

级次	增值额占扣除项目金额的比例	税率/%	速算扣除率/%
1	50%（含）以下	30	0
2	50%~100%（含）	40	5
3	100%~200%（含）	50	15
4	200%以上	60	35

3. 优惠政策的运用

（1）纳税人建造普通标准住宅出售，增值额未超过扣除项目金额 20%的，免征土地增值税；增值额超过扣除项目金额 20%的，应当就其全部增值额按照规定计税。

（2）因国家建设需要依法征用、收回的房地产，免征土地增值税。

（3）居民个人拥有的普通住宅，在其转让时暂免征收土地增值税；个人因工作调动或改善居住条件而转让非普通住宅，经向税务机关申报核准，凡居住满 5 年或 5 年以上的，免征土地增值税；居住满 3 年未满 5 年的，减半征收土地增值税；居住未满 3 年的，按照规定计算征收土地增值税。

6.5.4 应纳税额计算

土地增值税的计税依据为纳税人转让土地所得的增值额，即纳税人转让土地取得的收入减除规定扣除项目金额后的余额。

1. 应税收入的确定

应税收入是指纳税人转让房地产所取得的全部价款及有关的经济利益，包括货币收入、实物收入及其他收入在内的全部收入。

"营改增"后，纳税人转让房地产的土地增值税应税收入不含增值税。适用增值税一般计税方法的纳税人，其转让房地产的土地增值税应税收入不含增值税销项税额。

适用简易计税办法的纳税人，其转让房地产的土地增值税应税收入不含增值税应纳税额。

简化土地增值税预征税款计算。房地产开发企业采取预收款方式销售自行开发的房地产项目的，可以按照以下方法计算土地增值税预征计征依据：

$$土地增值税预征计征依据＝预收款－应预缴增值税税款$$

2. "营改增"后预征土地增值税预收收入确认

需要注意的是，预交土地增值税的收入确定，按规定预收房款应按规定的预征率缴纳土地增值税。在"营改增"后，预收房款需要按照规定预缴增值税。土地增值税预收收入原则上也是不含税收入，但由于是预售，其不含税收入的确定是按照预售收入扣除应预缴的增值税计算的。根据国家税务总局公告 2016 年第 70 号，房地产开发企业采取预收款方式销售自行开发的房地产项目的，可以按照规定采取下列方法计算土地增值税预征计征依据：

$$预征计征土地增值税＝预收款－应预缴增值税税款$$
$$一般计税方法应预缴增值税税款＝预收款÷（1＋9\%）×3\%$$
$$简易计税方法应预缴增值税税款＝预收款÷（1＋5\%）×3\%$$

3. 关于"营改增"后视同销售房地产的土地增值税应税收入确认问题

纳税人将开发产品用于职工福利、奖励、对外投资、分配给股东或投资人、抵偿债务、换取其他单位和个人的非货币性资产等，发生所有权转移时应视同销售房地产，其收入按照下列方法和顺序确认。

（1）按照本企业在同一地区、同一年度销售的同类房地产的平均价格确定。

（2）由主管税务机关参照当地当年、同类房地产的市场价格或评估价值确定。

4. 纳税人安置回迁户，其拆迁安置用房应税收入和扣除项目的确认

纳税人安置回迁户，其拆迁安置用房应税收入和扣除项目的确认具体如下：

（1）房地产企业用建造的本项目房地产安置回迁户的，安置用房视同销售处理，其收入按照下列方法和顺序确认。

① 按照本企业在同一地区、同一年度销售的同类房地产的平均价格确定。

② 由主管税务机关参照当地当年、同类房地产的市场价格或评估价值确定。

同时将此确认为房地产开发项目的拆迁补偿费。房地产开发企业支付给回迁户的补差价款，计入拆迁补偿费；回迁户支付给房地产开发企业的补差价款，应抵减本项目拆迁补偿费。

（2）开发企业采取异地安置，异地安置的房屋属于自行开发建造的，房屋价值按照下列方法和顺序确认。

① 按照本企业在同一地区、同一年度销售的同类房地产的平均价格确定。

② 由主管税务机关参照当地当年、同类房地产的市场价格或评估价值确定。

计入本项目的拆迁补偿费；异地安置的房屋属于购入的，以实际支付的购房支出计入拆迁补偿费。

（3）货币安置拆迁的，房地产开发企业凭合法有效凭据计入拆迁补偿费。

5. 扣除项目的确定

转让房地产所取得的收入，允许从中扣除的项目概括如下：

（1）取得土地使用权所支付的金额。

（2）开发土地和新建房及配套设施的成本（简称房地产开发成本）。

（3）开发土地和新建房及配套设施的费用（简称房地产开发费用）。

（4）旧房及建筑物的评估价格。

（5）与转让房地产有关的税金。

（6）加计扣除。

6. 法律依据

（1）房地产开发成本是指纳税人房地产开发项目实际发生的成本，包括土地征用及拆迁补偿费、前期工程费、建筑安装工程费、基础设施费、公共配套设施费、开发间接费用。

土地征用及拆迁补偿费包括土地征用费、耕地占用税、劳动力安置费及有关地上、地下附着物拆迁补偿的净支出、安置动迁用房支出等。

前期工程费包括规划、设计、项目可行性研究和水文、地质、勘察测绘、"三通一平"等支出。

建筑安装工程费是指以出包方式支付给承包单位的建筑安装工程费，以自营方式发生的建筑安装工程费。

基础设施费包括开发小区内道路、供水、供电、供气、排污、排洪、通信、照明、环卫、绿化等工程发生的支出。

公共配套设施费包括不能有偿转让的开发小区内公共配套设施发生的支出。

开发间接费用是指直接组织、管理开发项目发生的费用，包括工资、职工福利费、折旧费、修理费、办公费、水电费、劳动保护费、周转房摊销等。

（2）旧房及建筑物扣除项目。

① 房屋及建筑物的评估价格计算如下：

$$评估价格＝重置成本价格×成新度折扣率$$

注意

评估仅仅针对房地产，不评估土地。单纯的土地使用权转让，计算土地增值税税额时，一般不需要评估价格。

② 取得土地使用权所支付的地价款和按照国家统一规定缴纳的有关费用。

③ 转让环节缴纳的税金。

学中做 6-11

某房地产公司销售一套房屋，含税销售收入为 11 100 000 元，假设该房屋对应的土地成本为 4 000 000 元。纳税人适用简易计税方法，则土地增值税应税收入为多少？

解析：土地增值税应税收入（不含增值税收入）＝11 100 000÷（1＋5%）＝10 571 429（元）。

（3）"营改增"后，纳税人转让旧房及建筑物，凡不能取得评估价格但能提供购房发票的，按照下列方法计算：

① 提供的购房凭据为"营改增"前取得的营业税发票的，按照发票所载金额（不扣减营业税），并从购买年度起至转让年度止每年加计 5%计算。

② 提供的购房凭据为"营改增"后取得的增值税普通发票的，按照发票所载价税合计金额从购买年度起至转让年度止每年加计 5%计算。

③ 提供的购房发票为"营改增"后取得的增值税专用发票的，按照发票所载不含增值税金额加上不允许抵扣的增值税进项税额之和，并从购买年度起至转让年度止每年加计 5%计算。

"营改增"后，土地增值税纳税人接受建筑安装服务取得的增值税发票，应当按照规定在发票的备注栏注明建筑服务发生地县（市、区）名称及项目名称，否则不得计入土地增值税扣除项目金额。

学中做 6-12

旧房转让"营改增"后增值税和土地增值税计算。

2022 年 6 月，某房地产公司以不含增值税税额的售价 20 000 000 元出售一幢已使用 4 年的办公楼，账面原值为 3 000 000 元，累计折旧 300 000 元。该办公楼有取得时的原始购买发票，发票所载金额为 3 000 000 元。支付房地产转让有关费用 80 000 元。该房产未进行资产评估。考虑增值税、印花税、城市维护建设税、教育费附加等因素。计算转让该房产的土地增值税应纳税额。

解析：土地增值税纳税人转让房地产的收入为不含增值税收入。进项税额允许在销项税额中计算抵扣的，不计入扣除项目；进项税额不允许在销项税额中计算抵扣的，可计入扣除项目。扣除项目中不包含企业转让不动产缴纳的增值税。

（1）办公楼转让收入 20 000 000 元，应缴增值税税额＝（20 000 000－3 000 000）×5%＝850 000（元）。

（2）与转让房地产有关的税金＝850 000×（7%＋3%）＋20 000 000×0.5‰＝95 000（元）。

（3）支付房地产转让有关费用 80 000 元。

（4）土地增值税扣除项目＝发票所载金额×[1＋（转让年度－购买年度）×5%]＋与房地产转让有关税金＋与房地产转让有关费用＝3 000 000×[1＋4×5%]）＋95 000＋80 000＝3 775 000（元）。

（5）增值额＝20 000 000－3 775 000＝16 225 000（元）。

（6）增值率＝16 225 000÷3 775 000＝430%。

（7）应纳土地增值税税额＝16 225 000×60%－3 775 000×35%＝8 413 750（元）。

（4）关于与转让房地产有关的税金扣除问题。

①　"营改增"后，计算土地增值税增值额的扣除项目中"与转让房地产有关的税金"不包括增值税。

②　"营改增"后，房地产开发企业实际缴纳的城市维护建设税、教育费附加，凡能按照清算项目准确计算的，允许据实扣除。凡不能按照清算项目准确计算的，则按该清算项目预缴增值税时实际缴纳的城市维护建设税、教育费附加扣除。其他转让房地产行为的城市维护建设税、教育费附加扣除比照上述规定执行。

（5）应纳税额的计算。

①　增值额的计算公式如下：

$$增值额＝转让收入－扣除项目金额$$

转让收入是指纳税人转让房地产取得的全部价款和相关经济利益。

②　计算增值率。土地增值税按照纳税人转让房地产所取得的增值额和规定的税率计算征收。土地增值税增值率的计算公式如下：

$$增值率＝增值额÷扣除项目金额×100%$$

学中做 6-13

2022 年 5 月，某房地产开发公司转让其 5 年前购入的一块土地，取得转让收入 29 000 000 元，该土地购进价为 13 000 000 元，取得土地使用权时缴纳相关税费 650 000 元，转让该土地时缴纳相关税费 1 600 000 元。计算该房地产开发公司转让该土地的增值率是多少？

解析：未开发的土地直接转让不享受加计扣除优惠。

可扣除项目＝13 000 000＋650 000＋1 600 000＝15 250 000（元）。

增值额＝29 000 000－15 250 000＝13 750 000（元）。

增值率＝13 750 000÷15 250 000＝90.16%。

学中做 6-14

某房地产开发公司转让其 5 年前购入的一块土地，取得转让收入 18 000 000 元，该土地购进价为 12 000 000 元，取得土地使用权时缴纳相关税费 400 000 元，转让该土地时缴纳相关税费 350 000 元。计算该房地产开发公司转让该土地应缴纳的土地增值税税额是多少？

解析：可扣除项目＝12 000 000＋400 000＋350 000＝12 750 000（元）。

增值额＝18 000 000－12 750 000＝5 250 000（元）。

增值率＝5 250 000÷12 750 000×100%＝41.18%。

落在第一档，税率为 30%。

土地增值税应纳税额＝5 250 000×30%＝1 575 000（元）。

③ 应纳税额的计算公式如下：

$$应纳税额＝\sum（每级距的土地增值税×适用税率）$$

在实际工作中，一般采取速算扣除法计算，计算公式如下：

$$应纳税额＝增值额×适用税率－允许扣除项目金额×速算扣除系数$$

6.5.5 土地增值税的纳税申报

1. 土地增值税的纳税期限

土地增值税的纳税人应在转让房地产合同签订后的 7 日内到房地产所在地主管税务机关办理纳税申报，并向税务机关提交房屋及建筑物产权、土地使用权证书，土地使用权转让、房产买卖合同，房地产评估报告及其他与转让房地产有关的资料。

2. 土地增值税的纳税地点

土地增值税的纳税人应向房地产所在地主管税务机关办理纳税申报，并在税务机关核定的期限内缴纳土地增值税。

（1）企业转让房地产的纳税地点是房地产所在地主管税务机关。

（2）自然人转让房地产：当转让的房地产坐落地与其居住所在地一致时，在其住所所在地的税务机关申报纳税；当转让的房地产坐落地与其居住所在地不一致时，在办理过户手续所在地的税务机关申报纳税。

3. 土地增值税的纳税申报实务

房地产企业竣工结算前预售房地产取得的收入，可以预征土地增值税，最后再进行清算。申报流程：先预缴申报，后清算申报。

按月预缴。纳税人按预征率预缴土地增值税，并在次月 15 日内向主管税务机关报送《土地增值税预缴纳税申报表》及其他相关资料；待房地产项目全部竣工结算并销售完毕，纳税人按照规定办理纳税申报。纳税人可在 90 日内向主管税务机关提出清算申请。

房地产公司预缴申报需要提供以下材料：

（1）房屋产权证、土地使用权证。

（2）土地使用权转让、房产买卖合同。

（3）其他资料：取得土地使用权支付的金额、房地产开发成本的会计资料、房地产开发费用方面的资料、与转让有关的完税凭证及其他与房地产有关的资料。

（4）根据税务机关要求提供房地产评估报告。

4. 清算申报期限

（1）应当进行清算的项目。纳税人应在满足条件之日起 90 日内到主管税务机关办理清算手续。

（2）税务机关要求纳税人清算的项目。税务机关确定项目是否需要清算。若需要清算，则由税务机关下达清算通知，纳税人应在收到通知之日起 90 日内到税务机关办理清算手续。

【任务实施】

　　某房地产企业销售自己开发的房地产项目，假设转让取得含税收入为 150 000 000 元，扣除项目中土地出让金为 30 000 000 元，开发成本中建筑材料成本为 30 000 000 元，外包建筑人工成本为 10 000 000 元，房地产开发费用中的利息支出为 12 000 000 元（不能按照转让房地产项目计算分摊利息支出，也不能提供金融机构证明），房地产开发费用计算扣除比例为 10%。

　　解析："营改增"后，假设该企业所有成本均取得按照适用税率计税的增值税专用发票，则转让房地产应纳增值税税额＝（150 000 000－30 000 000）÷（1＋9%）×9%＝9 908 256.88（元），不含税转让收入＝150 000 000－9 908 256.88＝140 091 743（元）。

　　各项扣除项目的金额如下：

　　（1）土地出让金 30 000 000 元。

　　（2）开发成本＝30 000 000÷（1＋13%）＋10 000 000÷（1＋9%）＝35 722 984（元）。

　　（3）开发费用＝（土地出让金＋开发成本）×10%＝（30 000 000＋35 722 984）×10%＝6 572 298.4（元）。

　　（4）与转让房地产有关的税金＝城市维护建设税＋教育费附加＋地方教育附加＝[9 908 256.88－30 000 000÷（1＋13%）×13%－10 000 000÷（1＋9%）×9%]×（7%＋3%＋2%）＝675 748.964（元）。

　　（5）加计扣除＝（土地出让金＋开发成本）×20%＝（30 000 000＋35 722 984）×20%＝13 144 596.8（元）。

　　以上五项扣除金额合计为 86 115 628.164 元。土地增值率＝（140 091 743－86 115 628.164）÷86 115 628.164×100%＝63%，适用税率为 40%，速算扣除系数为 5%。应纳土地增值税税额＝（140 091 743－86 115 628.164）×40%－86 115 628.164×5%＝17 284 664.53（元）。

任务 6.6　车辆购置税和车船税纳税实务

【任务目标】　1. 了解车辆购置税的纳税人和征税范围。

2. 掌握车船税的税率和征收率。

3. 熟悉车辆购置税和车船税的优惠政策。

4. 能够正确计算车辆购置税和车船税当期应缴纳的税额。

6.6.1　车辆购置税

1. 车辆购置税的认知

车辆购置税是以在中国境内购置的规定车辆为征税对象、在特定的环节向车辆购置者征收的一种税。就其性质而言，车辆购置税属于直接税的范畴。

车辆购置税的特点：征收范围单一；征收环节单一；税率单一；征收方法单一；征税具有特定目的；价外征收，税负不发生转嫁。

1）车辆购置税纳税人的确定

车辆购置税的纳税人是指在我国境内购置应税车辆的单位和个人。具体行为如下：

（1）购买使用行为（含购买自用的国产应税车辆和购买自用的进口应税车辆）。

（2）进口自用行为。

（3）受赠使用行为。

（4）自产自用行为。

（5）获奖使用行为。

（6）拍卖、抵债、走私、罚没等方式取得并使用的行为。

2）车辆购置税征税范围的确定

车辆购置税以列举的车辆作为征税对象，未列举的车辆不纳税。其征税范围包括汽车、摩托车、电车、挂车、农用运输车。

2. 车辆购置税的计算

1）车辆购置税计税依据的确定

计税依据：应税车辆的价格。应税车辆购置来源不同，计税价格的组成也就不同。车辆购置税的计税依据有以下几种情况。

（1）购买自用。计税依据为纳税人购买应税车辆而支付给销售方的全部价款和价外费用（不含增值税）。

（2）进口自用。以组成计税价格为计税依据，其计算公式如下：

$$组成计税价格＝关税完税价格＋关税＋消费税$$

＝（关税完税价格＋关税）÷（1－消费税率）

若进口自用的是应缴消费税的小轿车，则这个组成计税价也是进口消费税、增值税的计税依据。

（3）其他自用。纳税人自产、受赠、获奖和以其他方式取得并自用的应税车辆的计税价格：凡不能或不能准确提供车辆价格的，由主管税务机关依照国家税务总局核定的相应类型的应税车辆的最低计税价格确定。

（4）最低计税价格作为计税依据的确定。纳税人购买自用或者进口自用应税车辆，申报的计税价格低于同类型应税车辆的最低计税价格，又无正当理由的，按照最低计税价格征收车辆购置税。

2）特殊情形应税车辆的最低计税价格规定

几种特殊情形应税车辆的最低计税价格规定如下：

（1）对已缴纳并办理了登记注册手续的车辆，其底盘和发动机同时发生更换，其最低计税价格按照同类型新车最低计税价格的70%计算。

（2）免税、减税条件消失的车辆，其最低计税价格的确定方法如下：

最低计税价格＝同类型新车最低计税价格×[1－（已使用年限÷规定使用年限×100%）]。其中，规定使用年限如下：国产车辆按10年计算；进口车辆按15年计算。超过使用年限的车辆，不再征收车辆购置税。

（3）非贸易渠道进口车辆的最低计税价格为同类型新车最低计税价格。

（4）进口旧车、因不可抗力导致受损的车辆、库存超过3年的车辆、行驶8万公里以上的试验车辆、国家税务总局规定的其他车辆，凡纳税人能够出具有效证明的，计税依据为其提供的统一发票或有效凭证注明的价格。

3）车辆购置税税率的判定

车辆购置税实行统一比例税率，税率为10%。

4）车辆购置税应纳税额的计算

车辆购置税应纳税额的计算公式如下：

$$应纳税额＝计税依据×税率$$

车辆购置税计税依据及税额计算见表6-9。

表 6-9　车辆购置税计税依据及税额计算

应税行为	计税依据	税额计算
购买自用	支付给销售方的全部价款和价外费用（不含增值税额）	应纳税额＝支付的不含增值税价款×10%
进口自用	组成计税价格＝关税完税价格＋关税税额＋消费税税额	应纳税额＝组成计税价×10%
其他自用	凡不能提供或准确提供车辆价格的，以国家税务总局核定的最低计税价格为计税依据	应纳税额＝最低计税价格×10%
申报的计税价格低于同类型应税车辆的最低计税价格，又无正当理由的	最低计税价格为计税依据	应纳税额＝最低计税价格×10%

学中做 6-15

2022 年 3 月 8 日，张某从上海大众汽车有限公司购买一辆桑塔纳轿车供自己使用，支付含增值税价款 189 000 元，另支付代收临时牌照费 150 元、代收保险费 2 850 元、车辆装饰费 2 650 元。支付的各项价费均由上海大众汽车有限公司开具"机动车销售统一发票"和有关票据。请计算该车辆购置税应纳税额。

解析：计税价格＝（189 000＋2 650）÷（1＋17%）＝163 803.42（元）。

应纳税额＝163 803.42×10%＝16 380.34（元）。

学中做 6-16

2022 年 3 月 8 日，李默从上海大众汽车有限公司购买一辆桑塔纳轿车供自己使用，支付含增值税价款 189 000 元。2015 年 3 月 10 日，该车辆被转卖给张某（不享受免税条件的自然人）。请计算该车辆购置税应纳税额。

解析：计税价格＝189 000×（1－10%×6）＝75 600（元）。

应纳税额＝75 600×10%＝7 560（元）。

学中做 6-17

张某的车辆（计税价格为 200 000 元）已缴纳车辆购置税，但因发动机进水需要更换发动机和底盘。请计算车辆购置税应纳税额。

解析：组成计税价格＝200 000×0.7＝140 000（元）。

应纳税额＝140 000×0.1＝14 000（元）。

3．税收优惠

1）法定减免

（1）外国驻华使馆、领事馆和国际组织驻华机构及其外交人员自用车辆免税。

（2）中国人民解放军和中国人民武装警察部队列入军队武器装备订货计划的车辆免税。

（3）设有固定装置的非运输车辆免税。

（4）有国务院规定予以免税或者减税的其他情形，按照规定免税或减税。

2）退税

（1）公安机关车辆管理机构不予办理车辆登记注册手续的，凭公安机关车辆管理机构出具的证明办理退税手续。

（2）因质量等原因发生退回所购车辆的，凭经销商的退货证明办理退税手续。

学中做 6-18

某部队在更新武器装备过程中将一辆雷达车进行更换，并将其改制为后勤用车。该车的使用年限为 10 年，目前已使用 4 年，属于列入军队武器装备计划的免税车辆，该车辆经核定的最低计税价格为 56 000 元。计算车辆购置税税额是多少？

解析：应纳税额＝同类型新车最低计税价格×［1－（已使用年限/规定使用年限）×100%］×税率＝56 000×［1－（4/10×100%）］×10%＝3 360（元）。

3）其他情形

（1）防汛部门和森林消防部门用于指挥、检查、调度、报汛（警）、联络的设有固定装置的指定型号的车辆。

（2）回国服务的留学人员用现汇购买 1 辆自用国产小汽车。

（3）长期来华定居专家进口 1 辆自用小汽车。

4. 车辆购置税的纳税申报

1）车辆购置税的纳税环节

纳税人应在向公安机关等车辆管理机构办理车辆登记注册手续前缴纳车辆购置税，即最终消费环节缴纳。车辆购置税是对应税车辆的购置行为课征的一种税，选择单一环节，实行一次课征制度。征税环节选择在使用环节（最终消费环节）。具体而言，车辆购置税是在应税车辆上牌登记注册前的使用环节征收。

2）车辆购置税的纳税期限

（1）购买自用的应税车辆，应当自购买之日（发票上注明的销售日期）起 60 日内申报纳税。

（2）进口自用的应税车辆，应当自进口之日（报关进口的当天）起 60 日内申报纳税。

（3）自产、受赠、获奖和以其他方式取得并自用的应税车辆，应当自取得之日起 60 日内申报纳税。

3）车辆购置税的纳税地点

纳税人购置应税车辆，应当向车辆登记注册地的主管税务机关申报纳税；购置不需要办理车辆登记注册手续的应税车辆，应当向纳税人所在地的主管税务机关申报纳税。车辆登记注册地是指车辆的上牌落籍地或落户地。

4）车辆购置税的纳税方法

车辆购置税的纳税方法主要有自报核缴、集中征收缴纳及代征、代扣、代收。

5）车辆购置税的纳税申报实务

纳税人在对车辆购置税进行纳税申报时，应当填报《车辆购置税纳税申报表》。

6.6.2　车船税

1. 认识车船税

车船税是指在中华人民共和国境内的车辆、船舶的所有人或者管理人按照《中华人民共和国车船税暂行条例》应缴纳的一种税。

1）车船税的纳税人

车船税的纳税人是指在我国境内车辆、船舶（以下简称车船）的所有人或管理人。

根据规定，从事机动车交通事故责任强制保险业务的保险机构为机动车车船税的扣缴义务人，在销售机动车交通事故责任强制保险时代收代缴车船税。

2）车船税的征税范围

车船税的征税对象是税法规定的车辆和船舶。具体包括：

① 依法应当在我国车船管理部门登记的车船。

② 依法无须在车船管理部门登记、仅在单位内部场所行驶或者作业的机动车辆和船舶。

2. 车船税的计算

1）计税依据的确定

按照车船种类和性能，车船税的计税依据分别确定辆、整备质量吨位、净吨位和米四种。具体规定如下：

（1）乘用车、商用客车、摩托车按辆计税。

（2）商用货车、挂车、专业作业车、轮式专用机械车按整备质量吨位计税。

（3）流动船舶按净吨位计税。

（4）游艇按艇身长度米计税。

2）税目与税率的选择

车船税税目与税率见表6-10。

表6-10　车船税税目与税率

税目	计税单位	每年税额/元	备注
乘用车	辆	60～5 400	核定载客9人（含）以下
商用客车	辆	480～1 440	核定载客9人以上，含电车
商用货车 专用车辆	整备质量吨位	16～120	含半挂牵引车、三轮车、低速载货车等；不含拖拉机，挂车按50%计
摩托车	辆	36～180	
机动船舶	净吨位	3～6	拖船和非机动驳船分别按船舶税额的50%计算
游艇	艇身长度米	600～2 000	

3）优惠政策的运用

下列车船免征车船税：

（1）捕捞、养殖渔船。

（2）军队、武警部队专用的车船。

（3）警用车船。

（4）依法应当予以免税的外国驻华使馆、领事馆和国际组织驻华代表机构及其有关人员的车船。

对节约能源、使用新能源的车船，可以减征或免征车船税。

对受严重自然灾害影响纳税困难及有其他特殊原因确需减税、免税的，可以减征或免征车船税。

省级政府可以根据实际情况，对公共交通车船及农村居民拥有并主要在农村地区使用的摩托车、三轮汽车和低速载货汽车定期减征或免征车船税。

4）应纳税额的计算

按照计税依据不同，车船税的计算方法有以下几种：

（1）乘用车、商用客车、摩托车应纳税额＝车辆数×适用单位税额。

（2）商用货车、专业作业车、轮式专用机械车应纳税额＝整备质量吨位×适用单位税额。

（3）挂车应纳税额＝整备质量吨位×适用单位税额×50%。

（4）机动船舶应纳税额＝净吨位×适用单位税额。

（5）拖船、非机动驳船应纳税额＝净吨位×适用单位税额×50%。

（6）游艇应纳税额＝艇身长度×适用单位税额。

新购置的车船自购置使用当月起按月计算车船税，车船税应纳税额的计算公式如下：

$$应纳税额＝（年应纳税额÷12）×应纳税月份数$$

3. 车船税的征收管理

1）车船税的纳税方式

（1）自行申报方式。

（2）代收代缴方式。

2）车船税的纳税义务发生时间

（1）车船税纳税义务发生时间为取得车船所有权或管理权的当月。

（2）在一个纳税年度内，已完税的车船被盗抢、报废、灭失的，纳税人可以凭有关管理机关出具的证明和完税证明，向纳税所在地的主管税务机关申请退还自被盗抢、报废、灭失月份起至该纳税年度终了期间的税款。

3）车船税的纳税期限

车船税按年申报，分月计算，一次性缴纳。纳税年度自每年公历 1 月 1 日起至 12 月 31 日止。具体申报纳税期限由各省、自治区、直辖市人民政府规定。

4）车船税的纳税地点

纳税人自行向主管税务机关申报缴纳车船税的，纳税地点为车船登记地；依法不需要办理登记的车船，纳税地点为车船所有人或者管理人所在地。

5）车船税的纳税申报实务

纳税人在对车船税进行纳税申报时，应当填报《车船税纳税申报表》。

【任务实施】

沈阳金杯汽车制造厂发生如下业务:

(1) 将自产的一辆客车用于本厂后勤生活服务,发票注明金额为 44 300 元,并按此金额申报纳税。经审核,国家税务总局对该类型车辆核定的最低计税价格为 47 000 元。该厂对作价过低问题提不出正当理由。

(2) 该厂为了发展体育事业,赞助城市运动会自产 5 辆旅行车,并在车辆造型、内外装饰方面做了改进,经审查核实,该旅行车的最低计税价格为 107 600 元。

(3) 该厂因故拍卖了一辆未上牌新车,成交价为 95 000 元,拍卖公司按其成交价向竞买者开具发票并收取了价款。国家税务总局核定同类型车辆的最低计税价格为 130 000 元。计算该厂各个环节应缴纳的车辆购置税税额。

解析:

(1) 应纳税额＝47 000×10%＝4 700(元)。

(2) 赠送行为属于受赠范围,接受车辆的使用者应按受赠应税车辆的政策规定缴纳车辆购置税。

应纳税额＝5×107 600×10%＝53 800(元)。

(3) 应纳税额＝130 000×10%＝13 000(元)。

任务 6.7　城镇土地使用税和耕地占用税纳税实务

【任务目标】　1. 了解城镇土地使用税的纳税依据和征税范围。

2. 掌握城镇土地使用税的税率和征收率。

3. 熟悉城镇土地使用税的优惠政策。

4. 能够正确选择城镇土地使用税的税率计算应纳税额。

6.7.1　城镇土地使用税

1. 城镇土地使用税的认知

城镇土地使用税是国家对在城市、县城、建制镇和工矿区范围内使用土地的单位和个人,按其实际占用的土地面积分等定额征收的一种税。

1) 城镇土地使用税纳税人的确定

城镇土地使用税的纳税人是指在城市、县城、建制镇、工矿区范围内使用土地的单位和个人。

2) 城镇土地使用税征税范围的确定

城镇土地使用税的征税范围是指税法规定的纳税区域内的土地。根据《城镇土地使用税暂行条例》的规定，凡在城市、县城、建制镇、工矿区范围内的土地，不论其是属于国家所有的土地还是集体所有的土地，都属于城镇土地使用税的征税范围。

2. 城镇土地使用税的计算

1）城镇土地使用税计税依据的确定

城镇土地使用税以纳税人实际占用的土地面积为计税依据，土地面积计量标准为每平方米。税务机关根据纳税人实际占用的土地面积，按照规定的税率计算城镇土地使用税应纳税额，向纳税人征收城镇土地使用税。

（1）由各省、自治区、直辖市人民政府确定的单位组织测定土地面积的，以测定的面积为准。

（2）尚未组织测量但纳税人持有政府部门核发的土地使用证书的，以证书确认的土地面积为准。

（3）尚未核发土地使用证书的，应由纳税人申报土地面积并据以纳税，待政府部门，核发土地使用证后再做调整。

2）城镇土地使用税税率的判定

城镇土地使用税采用定额税率，即采用有幅度的差别税额，按照大城市、中城市、小城市和县城、建制镇、工矿区分别规定每平方米城镇土地使用税年应纳税额。

城镇土地使用税税率见表 6-11。

表 6-11　城镇土地使用税税率

级别	人口	每平方米税额/元
大城市	50 万以上	1.5～30
中等城市	20～50 万	1.2～24
小城市	20 万以下	0.9～18
县城、建制镇、工矿区		0.6～12

注意

经省、自治区、直辖市人民政府批准，经济落后地区土地使用税的适用税额标准可以适当降低，但降低额不得超过《城镇土地使用税暂行条例》规定的最低税额的 30%；经济发达地区土地使用税的适用税额标准可以适当提高，但须报财政部批准。

3）城镇土地使用税优惠政策的运用

（1）城镇土地使用税减免的一般规定。

① 国家机关、人民团体、军队自用的土地（仅指这些单位的办公用地和公务用地），免征城镇土地使用税。

② 由国家财政部门拨付事业经费的单位自用的土地，免征城镇土地使用税。

③ 宗教寺庙、公园、名胜古迹自用的土地，免征城镇土地使用税（公园、名胜古迹中附设的营业单位、影剧院、饮食部、茶社、照相馆、索道公司经营用地等均应按照规定

缴纳城镇土地使用税）。

④ 市政街道、广场、绿化地带等公共用地，免征城镇土地使用税。

⑤ 直接用于农、林、牧、渔业的生产用地，免征城镇土地使用税。

⑥ 经批准开山填海整治的土地和改造的废弃土地，从使用的月份起免缴城镇土地使用税 5 年至 10 年。

⑦ 由财政部另行规定免税的能源、交通、水利设施用地和其他用地，免征城镇土地使用税。

⑧ 企业办的学校、医院、托儿所、幼儿园，其用地能与企业其他用地明确区分的，免征城镇土地使用税。

⑨ 对机场飞行区（含跑道、滑行道、停机坪、安全带、夜航灯光区）用地，场内外通信导航设施用地和飞行区四周排水防洪设施用地，免征城镇土地使用税。机场道路区分为场内、场外道路，场内道路用地免征城镇土地使用税。

⑩ 对盐场的盐滩、盐矿的矿井用地，暂免征收城镇土地使用税。

（2）城镇土地使用税减免的特殊规定。

① 对按照去产能和调结构政策要求停产停业、关闭的企业，自停产停业次月起，免征房产税、城镇土地使用税。企业享受免税政策的期限累计不得超过两年。

② 按照去产能和调结构政策要求停产停业、关闭的中央企业名单由国务院国有资产监督管理部门认定发布，其他企业名单由各省、自治区、直辖市人民政府确定的去产能、调结构主管部门认定发布。认定部门应当及时将认定发布的企业名单（含停产停业、关闭时间）抄送同级财政和税务部门。

各级认定部门应当每年核查名单内企业情况，将恢复生产经营、终止关闭注销程序的企业名单及时通知财政和税务部门。

③ 企业享受规定的免税政策，应按规定进行减免税申报，并将房产土地权属资料、房产原值资料等留存备查。

4）城镇土地使用税应纳税额的计算

城镇土地使用税按照纳税人实际占用的土地面积和规定的税额按年计算、分期纳税。计算公式如下：

$$年度应纳税额＝应税土地实际占用面积×适用单位税额$$
$$月（或季、半年）度应纳税额＝年度应纳税额÷12（或 4、2）$$

学中做 6-19

某企业下属的一家劳动服务公司与某学校校办工厂合用一块面积为 500 平方米的用地，其中劳动服务公司占地 300 平方米，其余为校办工厂实际占用。该地区适用年单位税额为每平方米 4 元，由当地税务机关每季度征收一次。请计算上述两单位每次应纳城镇土地使用税税额。

解析：劳动服务公司每次应纳城镇土地使用税税额＝300×4/4＝300（元）。

校办工厂每次应纳城镇土地使用税税额＝（500－300）×4/4＝200（元）。

3. 城镇土地使用税的纳税申报

1）城镇土地使用税的纳税义务发生时间

（1）纳税人购置新建商品房，自房屋交付使用之次月起缴纳城镇土地使用税。

（2）纳税人购置存量房，自办理房屋权属转移、变更登记手续、房地产权属登记机关签发房屋权属证书之次月起缴纳城镇土地使用税。

（3）纳税人出租、出借房产（由房产所有人缴纳），自交付出租、出借房产之次月起缴纳城镇土地使用税。

（4）以出让或转让方式有偿取得土地使用权的，应由受让方从合同约定交付土地时间的次月起缴纳城镇土地使用税；合同未约定交付时间的，由受让方从合同签订的次月起缴纳城镇土地使用税。

（5）纳税人新征用的耕地，自批准征用之日起满 1 年时开始缴纳城镇土地使用税。

（6）纳税人新征用的非耕地，自批准征用次月起缴纳城镇土地使用税。

（7）自 2009 年 1 月 1 日起，纳税人因土地权利发生变化而依法终止城镇土地使用税纳税义务的，其应纳税款的计算应当截止到土地权利发生变化的当月末。

2）城镇土地使用税的纳税期限

城镇土地使用税适用按年计算、分期缴纳的征收方法，具体纳税期限由各省、自治区、直辖市人民政府确定。

3）城镇土地使用税的纳税地点

城镇土地使用税在土地所在地缴纳。

纳税人使用的土地不属于同一省、自治区、直辖市管辖范围的，应由纳税人分别向土地所在地的税务机关缴纳城镇土地使用税；在同一省、自治区、直辖市管辖范围内，纳税人跨地区使用的土地，其纳税地点由各省、自治区、直辖市税务局确定。

4）城镇土地使用税的纳税申报实务

纳税人对城镇土地使用税进行纳税申报时，应当填报《城镇土地使用税纳税申报表》及其明细表。

6.7.2　耕地占用税

1. 耕地占用税的认知

1）耕地占用税纳税人的确定

耕地占用税的纳税人是指在中华人民共和国境内占用耕地建房或者从事其他非农业建设的单位和个人。

2）耕地占用税征税范围的确定

耕地占用税的征税范围包括纳税人为建房或从事其他非农业建设而占用的国家所有和集体所有的耕地。

2. 耕地占用税的计算

1）耕地占用税计税依据的确定

耕地占用税以纳税人实际占用的耕地面积为计税依据，以每平方米为计量单位。

2）耕地占用税税率的判定

耕地占用税实行地区幅度差别定额税率，以县为单位，按照人均占有耕地面积分设 4 档定额。

3）耕地占用税优惠政策的运用

（1）免征规定如下：

① 军事设施占用耕地。

② 学校、幼儿园、养老院、医院占用耕地。

（2）减税规定及其他规定如下：

① 铁路线路、公路线路、飞机场跑道、停机坪、港口、航道占用耕地，减按每平方米 2 元的税额征收耕地占用税。

② 农村居民占用耕地新建住宅，按照当地适用税额减半征收耕地占用税。

4）耕地占用税应纳税额的计算

耕地占用税应纳税额的计算公式如下：

$$应纳税额＝实际占用耕地面积（平方米）×适用定额税率$$

学中做 6-20

经批准某县新建一所初中，总占地面积为 200 亩，其中教学区为 60 亩，办公区为 10 亩，学生公寓为 30 亩，教职工住宅区为 30 亩，临路超市为 20 亩。其中，学生公寓 30 亩及临路超市 20 亩均为基本农田。请计算该学校耕地占用税应纳税额。

解析：该学校耕地占用税应纳税额＝20×666.67×22＋30×666.67×22×（1＋50%）＝953 338.1（元）。

教学区、办公区、学生公寓占地，免税；教职工住宅区、超市（属经营性场所）占地，应征税；占用基本农田的，在当地适用税额的基础上提高 50%征收。

3. 耕地占用税的纳税申报

1）耕地占用税的纳税期限

土地管理部门在通知单位或者个人办理占用耕地手续时，应当同时通知耕地所在地同级税务机关。

2）耕地占用税的纳税地点

纳税人占用耕地或其他农用地，应当在耕地或其他农用地所在地申报纳税。

3）耕地占用税的纳税申报实务

纳税人对耕地占用税进行纳税申报时，应填报"耕地占用税纳税申报表"。

【任务实施】

2022 年 5 月，辽阳市税务机关拟对辖区内金地房地产开发公司开发的房产项目进行土地增值税清算。该房地产开发公司提供该房产开发项目资料如下：

（1）2020 年 3 月以 80 000 000 元拍得一宗土地，用于房地产开发项目，并缴纳契税；该土地因闲置 1 年，故支付土地闲置费 4 000 000 元。

（2）2021 年 3 月，该房地产项目开始动工建设，发生开发成本 50 000 000 元：银行贷款凭证显示利息支出 10 000 000 元。

（3）2022 年 5 月，该房产项目已销售可售建筑面积的 80%，共计取得含税收入 210 000 000 元；公司以可售建筑面积的 20%投资入股某酒店，约定共担风险、共享利益。

（4）公司已按照规定的预征率预缴了土地增值税税额 12 000 000 元。

（其他相关资料：当地适用的契税税率为 5%，省级政府规定其他开发费用的扣除比例为 5%，该公司选择简易计税方法计算增值税。）

根据上述资料，按照要求计算回答问题，若有计算，则须计算出合计数。

（1）该公司清算土地增值税时允许扣除的土地使用权支付金额。

（2）该公司上述项目应缴纳的增值税税额。

（3）该公司清算土地增值税时允许扣除的城市维护建设税、教育费附加和地方教育附加合计。

（4）该公司计算土地增值税时可扣除项目金额合计。

（5）计算该公司清算土地增值税时应补缴的土地增值税税额。

（6）如何选择负责该公司销售不动产增值税预缴和申报的税务机关？

（7）如何选择负责该公司申报缴纳土地增值税的税务机关？该公司清算补缴土地增值税时是否加收滞纳金。

解析：

（1）该公司清算土地增值税时允许扣除的土地使用权支付金额＝80 000 000＋80 000 000×5%＝84 000 000（元）。

（2）该公司应该缴纳的增值税税额＝210 000 000÷80%÷（1+5%）×5%＝1 250 000（元）。

（3）该公司清算土地增值税时允许扣除的城市维护建设税、教育费附加和地方教育附加＝12 500 000×（7%＋3%＋2%）＝1 500 000（元）。

（4）扣除项目金额＝84 000 000＋（50 000 000－10 000 000）＋[10 000 000＋（84 000 000＋40 000 000）×5%]＋1 500 000＋（84 000 000＋40 000 000）×20%＝166 500 000（元）。

（5）增值额＝210 000 000÷80%÷（1+5%）－166 500 000＝83 500 000（元）。

增值率＝83 500 000÷166 500 000×100%＝50.15%，适用税率为 40%，速算扣除系数为 5%。

应纳土地增值税税额＝83 500 000×40%－166 500 000×5%＝33 400 000－8 325 000＝25 075 000（元）。

应补缴土地增值税税额＝25 075 000－12 000 000＝13 075 000（元）。

（6）该房地产开发企业需要向不动产所在地主管税务机关预缴增值税税款，向机构所在地主管税务机关申报纳税。

（7）纳税人向主管税务机关申报缴纳土地增值税。按照规定预缴土地增值税后，清算补缴的土地增值税税款时，在主管税务机关规定的期限内补缴的，不加收滞纳金。

"1+X"技能任务　印花税纳税申报

【技能任务目标】

1. 熟悉印花税的纳税人、征税范围。
2. 熟悉印花税的优惠政策。
3. 熟悉印花税纳税义务发生时间、纳税期限和征税地点。
4. 掌握印花税纳税申报表的填写和纳税申报流程。

1. 印花税的认知

印花税是对经济活动和经济交往中书立、领受、使用具有法律效力的应税凭证的单位和个人征收的一种税。印花税是一种具有行为税性质的凭证税，凡发生书立、领受、使用应税凭证的行为，必须依照《印花税法》有关规定履行纳税义务，并以合同记载的交易金额或应税经济凭证的数量为计税依据。

印花税具有覆盖面广、税率低、税负轻及纳税人自行完税等特点。

1）印花税的纳税人

（1）印花税的纳税人是指在中国境内书立、领受、使用税法所列凭证的单位和个人，主要包括立合同人、立账簿人、立据人、领受人和使用人。

（2）签订合同的各方当事人都是印花税的纳税人，但不包括合同的担保人、证人和鉴定人。

（3）对于在国外书立、领受，但在国内使用的应税凭证，其使用人为纳税人。如果同一凭证由两方或者两方以上当事人签订并各执一份，那么应由各方当事人就其所执的一份各自全额贴花。

> **注意**
>
> 印花税双向征收，签订合同或应税凭证的各方当事人都是纳税人。

2）印花税的征税范围

印花税共有 13 个税目，其中包括 10 类经济合同，分别是购销合同、加工承揽合同、建设工程勘察设计合同、建筑安装工程承包合同、财产租赁合同、货物运输合同、仓储保管合同、借款合同、财产保险合同、技术合同。除合同外，征税项目还包括产权转移书据、营业账簿及权利许可证照。

印花税的征税范围包括经济合同、产权转移书据、营业账簿、权利许可证照及经财政部门确定征税的其他凭证。因此，"印花税对纳税人来讲是一个普遍征收的税种"这一说法是比较确切的，但"只要从事经营活动就要缴纳印花税"这个观点是不准确的。现将与印花税的征税范围和计税依据有关的现行政策内容归纳如下：

（1）经济合同。在《印花税税目税率表》中列举了 10 种应税经济合同和四挡税率。

其中，财产租赁合同、仓储保管合同、财产保险合同的税率为千分之一；加工承揽合同、建设工程勘察设计合同、货物运输合同的税率为万分之五；购销合同、建筑安装工程承包合同、技术合同的税率为万分之三；借款合同的税率为万分之零点五。执行过程中应当注意以下几方面：

① 购销合同。购销合同应税凭证包括四部分：供应、预购、采购、购销结合及协作、调剂、补偿、易货合同；出版单位与发行单位之间订立的图书、报刊、音像征订凭证；以电子形式签订的各类应税凭证；发电厂与电网之间、电网与电网之间签订的购售电合同。需要注意以下几点。

a. 计税依据为购销金额，不做任何扣除。

b. 合同未列明金额的，按照合同所载购、销数量，依照国家牌价或者市场价格计算应纳税额。

c. 调剂合同（双方或多方互调合同）、以货易货合同属于"购"和"销"两个合同，应就"购"和"销"两个合同分别计算缴纳印花税。

d. 土地使用权出让合同、土地使用权转让合同、商品房销售合同不属于购销合同，按照产权转移书据万分之五征收印花税。

e. 单位和个人订阅图书、报刊、音像的征订凭证不征收印花税；国家电网公司系统、南方电网公司系统内部各级电网互供电量以及电网与用户之间签订的供用电合同不征收印花税。

② 加工承揽合同。加工承揽合同应税凭证包括加工、定做、修缮合同。此外，印刷、广告、测绘、测试等合同也属于加工承揽合同。其计税依据为加工或承揽收入金额，计算完税时主要看材料是谁提供的。

a. 在受托方提供原材料的情况下，凡在合同中分别记载加工费金额和原材料金额的，应当分别按照"加工承揽合同""购销合同"计税；若合同中未分别记载，则应就全部金额依照加工承揽合同计税。

b. 在委托方提供主要材料或原料、受托方只提供辅助材料的情况下，无论加工费和辅助材料金额是否分别记载，均以辅助材料金额与加工费的合计数依照加工承揽合同计税贴花。对委托方提供的主要材料或原料金额不计税。

③ 建设工程勘察设计合同，包括勘察、设计合同的总合同、分包合同和转包合同。其计税依据为勘察、设计收取的费用（即勘察、设计收入）。

④ 建筑安装工程承包合同。建筑安装工程承包合同包括建筑、安装工程承包合同的总合同、分包合同和转包合同。其计税依据为承包金额，不剔除任何费用。若施工单位将自己承包的建筑项目再分包或转包给其他施工单位，则其所签订的分包或转包合同仍应按照所载金额另行计税。

⑤ 财产租赁合同。财产租赁合同计税依据为租赁金额（租金收入），不包括融资租赁合同（暂按借款合同计税）和企业与主管部门签订的有关经营权的租赁承包合同。

⑥ 借款合同。借款合同包括银行及其他金融组织和借款人所签订的借款合同，但不包括银行同业拆借合同。贷款合同按照以下办法计税：

a. 凡是一项信贷业务既签订借款合同又一次或分次填开借据的，只以借款合同所载金额为计税依据计税；凡是只填开借据并作为合同使用的，应以借据所载金额为计税依据计税。

b. 流动资金周转性借款合同以其约定的最高额为计税依据，在签订时贴花一次，在限额内随借随还不签订新合同的，不再另贴印花。

c. 在基本建设贷款中，如果按年度用款计划分年签订借款合同，在最后一年按总概算签订借款总合同，并且总合同的借款金额包括各个分合同的借款金额，那么对这类基建借款合同，应按分合同分别贴花，最后签订的总合同只对借款总额扣除分合同借款金额后的余额计税贴花。

d. 在贷款业务中，如果贷方是由若干银行组成的银团，那么银团各方均承担一定的贷款数额。借款合同由借款方与银团各方共同书立，各执一份合同正本。对这类合同，借款方与贷款银团各方应分别在所执合同的正本上，按各自的借款金额计税。

e. 对银行及其他金融组织的融资租赁业务签订的融资租赁合同，应按合同所载租金总额，暂按借款合同计税。

f. 对借款方以财产作为抵押，从贷款方取得一定数量抵押贷款的合同，应按借款合同贴花；在借款方因无力偿还借款而将抵押财产转移给贷款方时，应再就双方书立的产权书据，按产权转移书据的有关规定计税。

⑦ 财产保险合同。财产保险合同包括财产、责任、信用、保证等保险合同。其中，只对财产保险合同征收印花税，对人寿保险合同不征收印花税。其计税依据为支付（收取）的保险费金额，不包括所保财产金额。

⑧ 技术合同。技术合同包括技术开发、转让、咨询、服务等合同。其计税依据为合同所载的价款、报酬或使用费。需要注意以下三点：

a. 技术开发合同只就合同所载的报酬金额计税，研究开发经费不作为计税依据。

b. 技术转让合同中包括专利申请转让、非专利技术转让所书立的合同，不包括专利权转让、专利实施许可所书立的合同，这部分属于产权转移书据合同，按照合同所载金额的万分之五贴花。

c. 咨询合同不包括一般的法律、会计、审计等方面的咨询合同，即对法律、会计、审计咨询合同不征收印花税。

⑨ 货物运输合同。货物运输合同包括民用航空运输合同、铁路运输合同、海上运输合同、内河运输合同、公路运输合同和联运合同。单据作为合同使用的，按合同贴花。其计税依据为取得的运输费金额（运费收入），不包括所运货物的金额、装卸费和保险费等。国内运输与国际运输的计税方法不同：

a. 国内货物联运。

（a）由起运地统一结算全程运费的，以全程运费作为计税金额，由起运地运费结算双方缴纳印花税。

（b）分程结算运费的，以分程的运费作为计税金额，分别由办理运费结算的各方缴纳印花税。

b. 国际货运。

（a）凡由我国运输企业运输的，运输企业以本程（国内）运费计算应纳税额；托运方持有运费结算凭证的，按全程运费计算应纳税额。

（b）外国运输企业运输进出口货物时，外国运输企业所持的运费结算凭证免纳印花税；托运方所持的运费结算凭证，以运费金额为依据计算缴纳印花税。

⑩ 仓储保管合同。仓储保管合同包括仓储、保管合同，仓单或栈单作为合同使用的，按合同贴花。其计税依据为仓储保管费用（保管费收入）的金额，不包括储存和保管货物金额。

除以上十种经济合同印花税的不同计税规定外，还应注意以下五点。

① 具有合同性质的凭证应视同合同征税。对于企业集团内具有平等法律地位的主体之间自愿订立、明确双方购销关系、据以供货和结算、具有合同性质的凭证，应按规定征收印花税。

② 对于企业集团内部执行计划使用的、不具有合同性质的凭证，不征收印花税。

③ 未按期兑现合同的，也应贴花。

④ 同时书立合同和开立单据的不重复贴花。

⑤ 有些合同在签订时无法确定计税金额。例如，技术转让合同中的转让收入是按销售收入的一定比例收取的或是按实现利润分成的；财产租赁合同只是规定了月（天）租金标准而无期限的。对于这类合同，可在签订时先按定额 5 元贴花，以后在结算时再按实际金额计税，补贴印花。

（2）产权转移书据。产权转移即财产权利关系的变更行为，表现为产权主体发生变更。产权转移书据是在产权的买卖、交换、继承、赠与、分割等产权主体变更过程中，由产权出让人与受让人之间所订立的民事法律文书。

印花税税目中的产权转移书据包括财产所有权、版权、商标专用权、专利权、专有技术使用权共五项产权的转移书据。其中，财产所有权转移书据是指经政府管理机关登记注册的不动产、动产所有权转移所书立的书据，包括股份制企业向社会公开发行的股票，因购买、继承、赠与所书立的产权转移书据。其他四项属于无形资产的产权转移书据。

此外，土地使用权出让合同、土地使用权转让合同、商品房销售合同按照产权转移书据征收印花税。

产权转移书据的印花税以书据中所载的金额为计税依据，税率为书据所载金额的万分之五。

（3）营业账簿。

印花税税目中的营业账簿归属于财务会计账簿，按照财务会计制度的要求设置的，反映生产经营活动的账册。按照营业账簿反映的内容不同，在税目中分为记载资金的账簿（简称资金账簿）和其他营业账簿两类，以便于分别采用按金额计税和按件计税两种计税方法。

（4）权利许可证照。权利许可证照，包括政府部门发给的房屋产权证、工商营业执照、商标注册证、专利证、土地使用证等，按件每件 5 元贴花。

（5）经财政部门确定征税的其他凭证。在实际工作中，除了把握以上应税凭证的计税政策外，还应注意以下几方面问题：

① 各类凭证不论以何种形式或名称书立，只要其性质属于条例中列举征税范围内的凭证，均应照章征税。

② 应税凭证是指在中国境内具有法律效力且受中国法律保护的凭证。

③ 适用于中国境内并在中国境内具备法律效力的应税凭证，无论其是在中国境内或是在境外书立的，均应依照印花税的规定计税。

④ 应税凭证所载金额为外国货币的，按凭证书立当日国家外汇管理局公布的外汇牌价折合人民币，计算应纳税额。

⑤ 同一凭证由两方或者两方以上当事人签订并各执一份的，应当由各方当事人就其所执的一份各自全额贴花。

⑥ 同一凭证因载有两个或两个以上经济事项而适用不同税率。例如，分别载有金额的，应分别计算应纳税额，相加后按合计税额贴花；未分别记载金额的，按税率从高计税贴花。

⑦ 已贴花的凭证，修改后所载金额增加的，其增加部分应当补贴印花税票。

⑧ 按比例税率计算纳税而应纳税额又不足 1 角的，免纳印花税；应纳税额在 1 角以上的，其税额尾数不满 5 分的不计，满 5 分的按 1 角计算贴花。对财产租赁合同的应纳税额超过 1 角但不足 1 元的，按 1 元贴花。

3）印花税税率

印花税实行"三自"缴纳方法，即纳税人按照应税凭证的性质和适用的税目、税率自行计算应纳税额、自行购买印花税并自行贴花。印花税税目、税率如表 6-12 所示。

表 6-12　印花税税目、税率

税目		税率	备注
合同（指书面合同）	借款合同	借款金额的万分之零点五	银行业金融机构，经国务院银行业监督管理机构批准设立的其他金融机构与借款人（不包括同业拆借）的借款合同
	融资租赁合同	租金的万分之零点五	
	买卖合同	价款的万分之三	动产买卖合同（不包括个人书立的动产买卖合同）
	承揽合同	报酬的万分之三	
	建设工程合同	价款的万分之三	
	运输合同	运输费用的万分之三	货运合同和多式联运合同（不包括管道运输合同）
	技术合同	价款、报酬或者使用费的万分之三	不包括专利权、专有技术使用权转让书据
	租赁合同	租金的千分之一	
	保管合同	保管费的千分之一	
	仓储合同	仓储费的千分之一	
	财产保险合同	保险费的千分之一	不包括再保险合同

续表

税目		税率	备注
产权转移书据	土地使用权出让单据	价款的万分之五	转让包括买卖（出售）、继承、赠与、互换、分割等
	土地使用权，房屋等建筑物和构筑物所有权转让书据（不包括土地承包经营权和土地经营权转移）	价款的万分之五	
	股权转让书据（不包括应缴纳证券交易印花税的）	价款的万分之五	
	商标专用权、著作权、专利权、专有技术使用权转让书据	价款的万分之三	
营业账簿		实收资本（股本），资本公积合计金额的万分之二点五	
证券交易		成交金额的千分之一	

2. 印花税优惠政策

印花税优惠政策具体如下：

1）免征印花税

（1）应税凭证的副本或者抄本。

（2）依照法律规定应当予以免税的外国驻华使馆、领事馆和国际组织驻华代表机构为获得馆舍书立的应税凭证。

（3）中国人民解放军、中国人民武装警察部队书立的应税凭证。

（4）农民、家庭农场、农民专业合作社、农村集体经济组织、村民委员会购买农业生产资料或者销售农产品书立的买卖合同和农业保险合同。

（5）无息或者贴息借款合同、国际金融组织向中国提供优惠贷款书立的借款合同。

（6）财产所有权人将财产赠与政府、学校、社会福利机构、慈善组织书立的产权转移书据。

（7）非营利性医疗卫生机构采购药品或者卫生材料书立的买卖合同。

（8）个人与电子商务经营者订立的电子订单。

2）印花税的减征

（1）根据国民经济和社会发展的需要，国务院针对居民住房需求保障、企业改制重组、破产、支持小型微型企业发展等情形，可以规定减征或者免征印花税，报全国人民代表大会常务委员会备案。

（2）为活跃资本市场、提振投资者信心，自 2023 年 8 月 28 日起，证券交易印花税实施减半征收（财政部　国家税务总局公告 2023 年第 39 号）。

3. 印花税应纳税额的计算

1）计税规则

印花税计税方式如表 6-13 所示。

表 6-13　印花税计税方式

计征方式	税目	计税依据	税率
从价计征	合同	① 合同中列明不含税价款或者报酬 ② 若合同价款和增值税未分别列明，则按照合计金额计税贴花	① 借款合同、融资租赁合同 0.5‰ ② 租赁合同、保管合同、仓储合同、财产保险合同 1‰ ③ 其他 0.3‰
	产权转移书据	列明的不含税价款	0.5‰
	营业账簿（资金账簿）	实收资本（股本）、资本公积的合计金额	2.5‰
	证券交易	成交金额	1‰
从量计征	权利许可证照	件数	定额税率 5 元/件

（1）合同计税依据如表 6-14 所示。

表 6-14　合同计税依据

类别	包括	不包括
买卖合同、建设工程合同	合同价款	
加工承揽合同	报酬	委托方提供的材料
租赁合同、融资租赁合同	租金	租赁财产价值
运输合同	运费	装卸费等其他杂费
仓储合同	仓储费	
保管合同	保管费	
借款合同	借款金额	利息
财产保险合同	保费	被保险物价值
技术合同	价款、报酬、使用费	

（2）产权转移书据计税依据如表 6-15 所示。

表 6-15　产权转移书据计税依据

适用情形	计税依据
价款与增值税分开列明	价款
价款与增值税未分开列明	价款与增值税的合计金额
未列明价款	① 按订立时市场价格确定 ② 依法执行政府定价的，按照其规定确定 ③ 按照实际结算价款确定

（3）营业账簿。

① 资金账簿。以"实收资本"与"资本公积"两项的合计金额为计税依据。

> **注意**
>
> 只征一次，金额不变不再纳税，金额增加差额纳税。

② 不记载金额的营业账簿免征印花税。

（4）权利证照。以件数作为计税依据（税额为 5 元/件）。各自涉及的价款或者报酬分别计算应纳税额（双向征收）。

2）印花税的其他规定

（1）同一应税凭证载有两个或两个以上经济事项并分别列明价款或者报酬的，按照各自适用税目、税率计算应纳税额；未分别列明价款或者报酬的，从高计算应纳税额。

（2）同一应税凭证由两方或者两方以上当事人书立的，应当按照各自涉及的金额分别计算应纳税额。

3）印花税应纳税额的计算

印花税执行比例税率与定额税率相结合的征收方式。

（1）从价计征。适用比例税率的应税凭证，以凭证上所记载的金额为计税依据。计税公式如下：

$$应纳税额＝计税金额×适用税率（按金额比例贴花）$$

（2）定额贴花。适用定额税率的应税凭证，以凭证件数为计税依据。计税公式如下：

$$应纳税额＝计税数量×定额税率（按件定额贴花）$$

在计算税额时，若应纳税额在 1 角以上，则其税额尾数不满 5 分的不计，满 5 分的按 1 角计算。财产租赁合同应纳税额超过 1 角、但不足一元的按一元纳税。

4. 印花税征收管理

1）印花税的纳税要求与方法

根据税额大小、贴花次数及税收征收管理的需要，印花税采用以下申报方法：

（1）自行贴花。

（2）汇贴或汇缴。

（3）核定征收。

（4）委托代征。

2）印花税的纳税期限

（1）印花税按季、按年计征的，纳税人应当于季度、年度终了之日起 15 日内申报并缴纳税款。

（2）实行按次计征的，纳税人应当于纳税义务发生之日起 15 日内申报并缴纳税款。

为减轻纳税人负担，增值税纳税人可在增值税申报期限内同时办理印花税申报纳税手续。例如，增值税按月申报的，印花税也按月申报；增值税按季申报的，印花税也按季申报。

非增值税纳税人在纳税义务发生时，应按规定及时办理印花税申报纳税手续。

纳税人符合规定减免印花税的信息，应在印花税申报时一并如实填报。

（3）凡具备网上申报条件的纳税人，均可通过网上申报方式缴纳印花税。其他纳税人可到主管税务机关办税服务厅申报缴纳印花税。印花税申报步骤如下：

① 办税服务。

② 填写申报表。

③ 申报印花税。

④ 选择所属期。

⑤ 缴纳税费。

3）征税地点

单位纳税人在机构所在地的税务机关纳税。个人纳税人在应税凭证订立、领受地或者居住地的税务机关纳税。出让或者转让不动产产权的纳税人在不动产所在地的税务机关纳税。

4）征收管理补缴及退缴

已缴纳印花税的凭证所载价款或者报酬增加的，纳税人应当补缴印花税；已缴纳印花税的凭证所载价款或者报酬减少的，纳税人可以向主管税务机关申请退还印花税税款。

> **注意**
>
> 补缴或退缴印花税的关键在于"凭证所载"金额是否发生变化。

技能任务实施

何光信息科技发展有限公司于 2022 年 3 月开业，该企业在当年发生以下有关事项：

（1）领受工商营业执照、营业账簿、房屋产权证、合同文书各一件。

（2）订立一份销售合同，合同金额为 2 000 000 元。

（3）订立一份借款合同，合同金额为 5 000 000 元。

（4）企业营业账簿中记载实收资本为 4 000 000 元。

（5）企业营业账簿中记载资本公积为 800 000 元。

（6）其他账簿 10 本。

要求：计算该企业当年应缴纳的印花税税额，并完成纳税申报工作。

解析：

第一步：计算需要缴纳印花税。

第（1）笔业务：企业领受权利许可证照应缴纳印花税税额＝4×5＝20（元）。

第（2）笔业务：订立一份销售合同应缴纳印花税税额＝2 000 000×0.3‰＝600（元）。

第（3）笔业务：订立一份借款合同应缴纳印花税税额＝5 000 000×0.05‰＝250（元）。

第（4）笔业务：营业账簿中记载实收资本应缴纳印花税税额＝4 000 000×0.5‰×50%＝100（元）。

第（5）笔业务：营业账簿中记载资本公积应缴纳印花税税额＝800 000×0.5‰×50%＝20（元）。

第（6）笔业务：企业其他营业账簿免征印花税。

企业当年应缴纳印花税税额＝20＋600＋250＋100＋20＝990（元）。

第二步：填写纳税申报表。

根据计算得出的印花税税额填写《印花税纳税申报表》（表6-16）。

表6-16 印花税纳税申报表

纳税人识别号：

纳税人信息	名称		何光信息科技发展有限公司		■单位　　□个人				
	登记注册类型			所属行业	电子				
	身份证件号码			联系方式					

应税凭证	计税金额或件数	核定征收		适用税率	本期应纳税额	本期已缴税额	本期减免税额		本期应补（退）税额
		核定依据	核定比例				减免性质代码	减免额	
	1	2	4	5	6＝1×5	7	8	9	10＝6－7－9
购销合同	2 000 000.00			0.3‰	600.00				600.00
加工承揽合同				0.5‰					—
建设工程勘察设计合同				0.5‰					—
建筑安装工程承包合同				0.3‰					—
财产租赁合同				1‰					—
货物运输合同				0.5‰					—
仓储保管合同				1‰					—
借款合同	5 000 000.00			0.05‰	250.00				250.00
财产保险合同				1‰					—
技术合同				0.3‰					—
产权转移书据				0.5‰					—
营业账簿（记载资金的账）	4 800 000.00	—		0.5‰	120.00				120.00
营业账簿（其他账簿）		—		5					
权利、许可证照		—		5	20.00				20.00
合计	—	—		—	990.00				990.00

以下由纳税人填写：

纳税人声明	此纳税申报表是根据《中华人民共和国印花税暂行条例》和国家有关税收规定填报的，是真实的	
纳税人签章		代理人身份证号

以下由税务机关填写：

受理人		受理税务机关

本表一式两份，一份纳税人留存，一份税务机关留存。

减免性质代码按照国家税务总局制定下发的最新《减免性质及分类表》中的最细项减免性质代码填报。

第三步：完成电子税务局纳税申报。

登录国家税务总局—电子税务局，进行网上申报操作。

（1）图6-1所示为印花税申报路径。

（2）登录电子税务局，印花税申报界面如图 6-2 所示。单击"我要办税"→"税费申报及缴纳"→"其他申报"→"印花税申报"按钮，打开"财产和行为税申报"界面，单击"印花税税源采集"按钮，打开表单，可以看到纳税人的基本信息和纳税所属期，如图 6-3 所示。

图 6-1

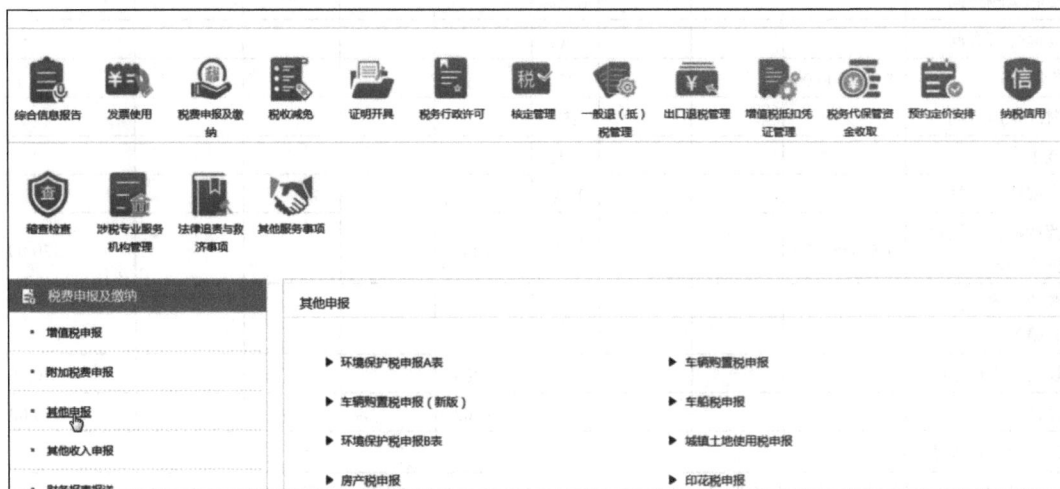

图 6-2

（3）根据应纳税凭证信息填报《印花税纳税申报（报告）表》。系统会自动按照计税金额（或件数）和税率计算印花税应纳税额。输入相关计税信息，有减免税的，输入减免性质代码和项目名称。如果有按次申报的，单击"添加"按钮输入相关信息。印花税税额填写如图 6-4 所示。

（4）小规模纳税人减征额，系统智能判定并匹配相应的减征额（图 6-5）。

（5）审核无误后，单击"申报"按钮（图 6-6）。

图 6-3

图 6-4

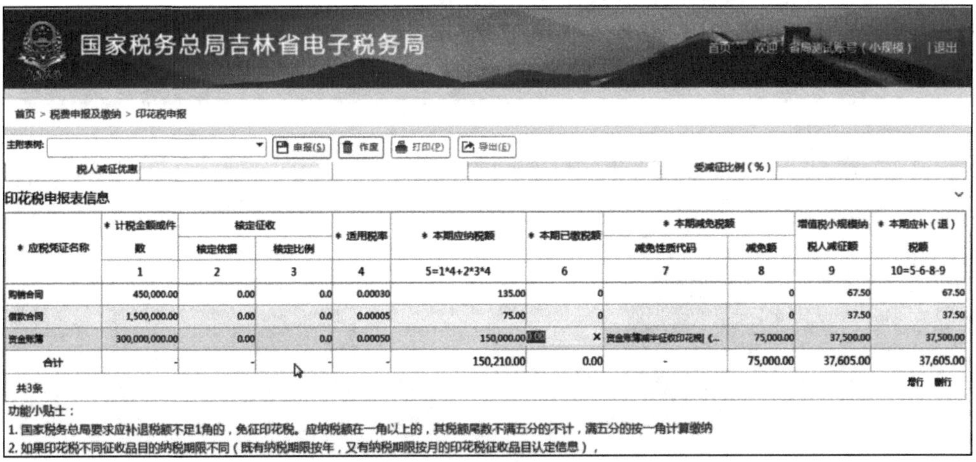

图 6-5

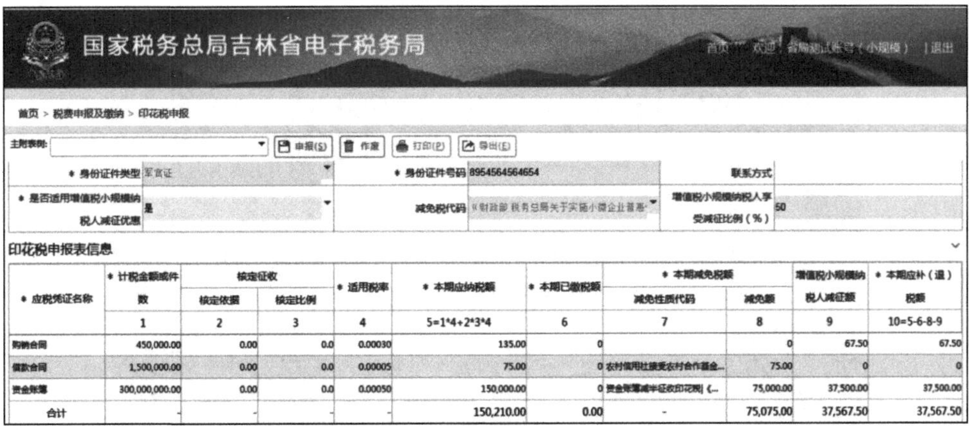

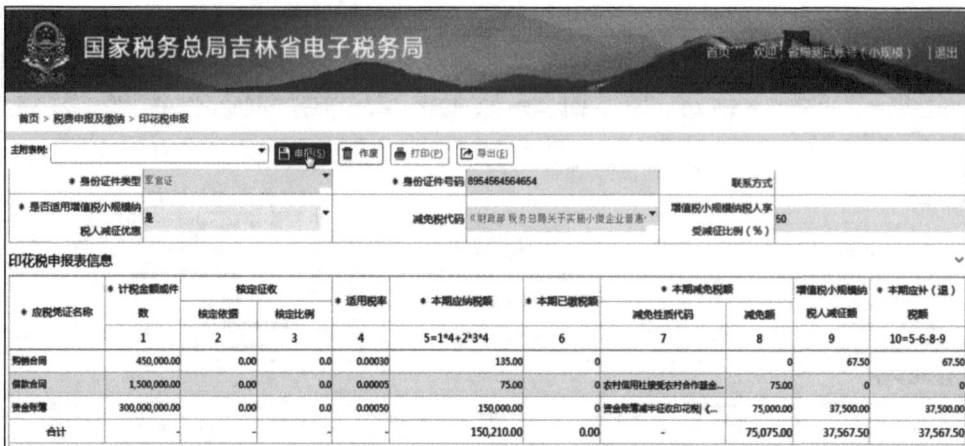

图 6-6

（6）单击"确定"按钮，申报成功（图 6-7）。

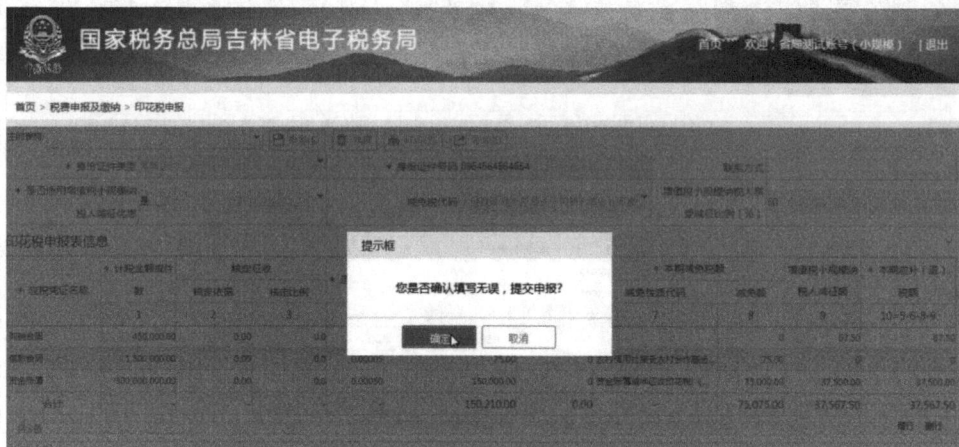

图 6-7

（7）确认印花税缴纳金额，网上银行扣款缴纳当期印花税，如图 6-8 所示。

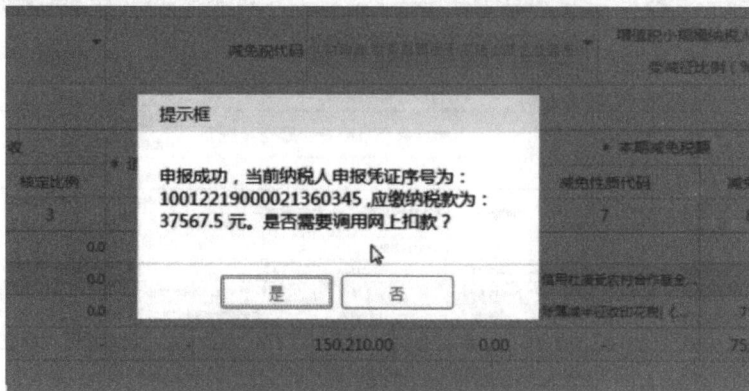

图 6-8

参 考 文 献

梁伟样，2021. 税务会计[M]. 北京：高等教育出版社.

梁文涛，孙杉，2022. 企业纳税实务[M]. 北京：高等教育出版社.

肖少平，孙迎芬，2020. 税法实务[M]. 北京：高等教育出版社.

宣国萍，2020. 企业纳税实务[M]. 北京：高等教育出版社.

中国注册会计师协会，2022. 税法[M]. 北京：经济科学出版社.

中华会计网校，2022. 中华会计网校梦想成真系列：应试指南[M]. 北京：人民出版社.